本书为浙江省哲学社会科学 浙江省传播与文化产业中心基地规划课题

"大众媒介'话语'研究"（项目号： 16JDGH028）成果

21世纪媒介理论丛书

——丛书主编 邵培仁——

"时尚"是什么——

基于中国媒介的话语分析

(1980—2010)

汤喜燕 著

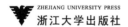

ZHEJIANG UNIVERSITY PRESS

浙江大学出版社

图书在版编目（CIP）数据

"时尚"是什么:基于中国媒介的话语分析:1980—
2010 / 汤喜燕著. —杭州:浙江大学出版社，2020.8(2021.3 重印)
(21 世纪媒介理论丛书 / 邵培仁主编)
ISBN 978-7-308-20199-5

Ⅰ.①时… Ⅱ.①汤… Ⅲ.①传播媒介—研究—中国
Ⅳ.①G219.2

中国版本图书馆 CIP 数据核字(2020)第 077522 号

"时尚"是什么
——基于中国媒介的话语分析(1980—2010)
汤喜燕　著

责任编辑	蔡圆圆	
责任校对	程曼漫	
封面设计	续设计	
出版发行	浙江大学出版社	
	（杭州市天目山路 148 号　邮政编码 310007）	
	（网址:http://www.zjupress.com）	
排　　版	杭州中大图文设计有限公司	
印　　刷	广东虎彩云印刷有限公司绍兴分公司	
开　　本	710mm×1000mm　1/16	
印　　张	17.5	
字　　数	323 千	
版印次	2020 年 8 月第 1 版　2021 年 3 月第 2 次印刷	
书　　号	ISBN 978-7-308-20199-5	
定　　价	68.00 元	

全新的时代需要全新的视维

——"21 世纪媒介理论丛书"序言

　　这是一个全新的时代,是一个全球化与本土化相互勾连、交融的时代,是一个基础研究与交叉研究相互依存、互补的时代;这是一个全新的时代,是一个全球联结、全民传播的新媒体传播时代,是一个高度自发、自主和自恋的人本主义时代。信息传播已走向不分日夜、无远弗届、时时更新、自由分享、透明开放、多元展现的"去专业化"的时代,它不只全面地影响了人类的工作、生活和娱乐,也普遍提升了每个人优化和创新的潜能,更让人们对生命的尊严、生活的质量和人生的规划有更丰富的需求。与此同时,中国媒介与传播研究似乎也再次走到了十字路口,正处于前所未有的"困惑与选择之中",面临着"向何处去"的问题。

　　那么,在这一特殊的全新的时代,中国媒介与传播研究最明智的选择是什么呢? 我认为,最明智的选择就是——

　　首先,以历史为经,以现实为纬。当一门学科再一次站在十字路口时,最重要的莫过于先静下心来,反思和回顾已经走过的路。但是,我们回顾和总结媒介研究的历史,并不是要沉溺于它、迁怒于它,而是要以史为鉴,从中吸取教训、累积经验,为当下的媒介理论和媒介现实服务。换句话说,我们研究历史,要联系现实,而研究现实,也不要割断历史。继往开来,承前启后,才能使媒介理论有着深厚的历史和现实根基。

　　其次,以媒介为经,以社会为纬。新闻是社会的镜子,媒介是社会的大脑。研究媒介需要联系社会,研究社会需要指向媒介。媒介是这一学术研究的起点和终点。因此,研究媒介理论,需要以锐利的学科眼光加以审视和分析,也要用社会的尺度来丈量和称衡;要强调媒介理论思维与话语的主导性,也要向更广阔的社会领域延伸和扩展。以媒介为经,可以确保其学术价值和理论意义;以社会为纬,可以落实其社会价值和实践意义。通过媒介研究,推动社会进步和国家发展。

再次,以规律为经,以意义为纬。规律所在,科学所托。积极探索和揭示媒介规律,是媒介理论研究的基本宗旨和首要使命。但是,作为一门社会科学,媒介理论研究不应该止步于探索和揭示媒介活动中内在矛盾诸方面的联系与斗争的客观法则及必然趋势,还应该突现和彰显这一过程的价值和意义,进而说服人们自觉遵循媒介规律,主动按媒介规律办事,从而进一步支配、制约和优化媒介活动的姿态、现状与趋势。规律、意义和行动共同构成了学术研究的金三角。

最后,以中国为经,以世界为纬。中国是媒介理论研究的坐标点,而世界则是它的参照系。如果媒介理论研究不同中国特定的历史、社会、文化条件相结合,不在中国五千年民族文化的土壤上生长出来,不能指导具体的媒介活动,而只是简单地贩卖、照搬和空谈西方媒介理论,那必然会遭到人们的拒绝,甚至反对。但是,要推进媒介理论走出国门、走向世界,同国际学界进行平等的对话和交流,则必须严格遵守学术规范和游戏规则,在坚持中国学术主体性的基础上,使其具有世界元素和全球视野。

正是出于这种思考与选择,我们组织撰写和出版了这套"21世纪媒介理论丛书"。

除此之外,丛书中的每一本著作,还都坚持以理论与现实中最迫切需要解决的问题为导向,选准研究的切入口,运用国际学术界最先进的理论与方法、最前沿的思想与观念,着力思考问题产生的原因、路径和影响,以及如何科学、合理地解决问题,努力将问题的研究向深度和广度开掘。同时,丛书作者尽力不受媒介理论研究中传统范式和旧有成果的束缚,面向现实,立足交叉,追踪前沿,聚焦集成,努力把内面和外面两个学术世界的优点和精华收归己用,并积极探索适合课题对象和内容的研究模式、思维方式和理论体系。

这套丛书的作者基本上都是浙江大学传播研究所出站或毕业的博士后、博士,他们有的已是教授、副教授,有的已在学术界有一定的知名度。在浙大访学和读研期间,他们利用学校丰富的馆藏资料,阅读了大量的国内外一流的新闻学、传播学、社会学、政治学和媒介学等方面的专著、教材和论文,掌握了一整套先进的科学研究方法和技巧,在通过博士论文答辩的基础上,又积极申报省级以上课题并获得立项,经过进一步深入研究和体系化,最终形成了已达预期目标的科研成果和学术专著。因此,这些成果和专著不仅符合上述要求,而且具有紧追前沿、观点新颖、内容创新、分析深刻、表述精当等特点,具有相当大的理论价值和实践意义。

但是,我们深知,当代学术研究,犹如学术探险,我们本不该有什么奢望。如果这套丛书能为媒介理论研究和媒介运营实践起到抛砖引玉的作用,能为中国媒介和谐与社会和谐的建设稍尽绵薄之力,又能引起媒介学界和业界人士的一些关注和批评,对于我们来说,就是莫大的荣幸和鼓励了。

邵培仁

2014 年 6 月 6 日

于浙江大学传播研究所

作为"聚合"之"媒"的时尚媒介

人类传播正在或已经进入影像时代。我们被影像包围,被影像左右,人类传播的重心正飞快地由语言、文字的线性文化转向画面、影像的块状文化,影像从来没有像今天这样居于社会活动和媒体传播的中心位置。

对此,海德格尔以"世界图像"、杰勒恩特以"镜像世界"、德波以"景观社会"、杰姆逊用"仿像社会"、米歇尔用"图像转向"等词语,为我们做了宏大、深刻而精彩的界定、描绘和预言。

在时尚传播中,人们更是奉行影像至上。时尚传播的内容叙述与形式结构体系已被彻底打破和颠覆,空间思维和影像逻辑似有替代时间思维和文字逻辑之势。传统的基于历史和时间的时尚传播理论,也已经无法解释今天的网络传播和社交媒体所激发出来的图像世界和时尚文化。

随着 4G 向 5G 技术飞速拓展、人工智能横空出世和第五次传播革命向第六次传播革命持续迈进,以电视、电影、网络与新媒体为媒介的视觉传播达到了空前的速度与频度,图像信息铺天盖地,一种更加复杂多变的时尚传播现象和时尚消费景观正在不断涌现,快闪、碎片、杂陈、不确定的时尚奇观正呈现和堆积在人们的面前。随着时尚传播中大众媒介与人际媒介的互动与融合,时尚传播日益向纵深发展和向全球扩散。正如汤喜燕所言:今日,"人们似乎觉得被时尚捕获是'应该的',甚至是'活该的'。在某些群体中,'时尚'不仅是必需的,甚至还被视作美德。在当下,时尚几乎成了席卷一切、吞噬一切的文化黑洞"。

人是灵性生物。人的态度和抉择不仅决定时尚生产、传播与消费的发展与繁荣,而且关涉其对未来社会、经济、文化和日常生活造成的冲击及影响的性质与走向。我们一方面需要密切关注和研究各种时尚传播的新变化、新转向和新热点,另一方面也需要在瞬息万变的当下保持定力,平心静气,通过最适合的媒介——时尚杂志——来客观理性地审视和分析时尚传播中最核心的问题——

时尚是什么。需要研究它在媒介时间轴线上意义的演化及同中国社会的互动关系，以及它在媒介空间剖面上意义的串连及同外部世界的交流与沟通，并由此及彼、由微知著地反映时尚传播的发展脉络、"热点时刻"、"时尚奇观"和世界潮流，进而揭示时尚传播的特质或规律。

汤喜燕副教授的新著《"时尚"是什么—— 基于中国媒介的话语分析（1980—2010）》，正是在这样的背景之下和基于这样的思考，经过长达十多年的研究与写作，完成的一部具有开拓性和创新性的时尚传播研究成果。

汤喜燕副教授研究时尚传播并非心血来潮、一时兴起，她从本科毕业进入媒体工作之后就对时尚传播和大众文化表现出较大的兴趣和热情，她在进入浙江大学攻读传播学专业硕士研究生之后即开始关注和研究时尚传播。我是她的导师，清楚记得她在课堂上关于时尚传播话题讨论的发言以及完成的相关课程论文。她曾经合作主编、写作和翻译过《大腕创意：全球著名企业和品牌平面广告创意经典》等与时尚传播相关的书籍和文章，喜燕的写作和翻译的文字总体上较为时尚、灵动和富有诗意。喜燕为《中国娱乐与创意产业发展报告（蓝皮书）》撰写的两个年度的总论性的发展报告，视野开阔，点评准确，能给人较多启迪。喜燕发表的《摩登：时尚在中国传播的第一块跳板》和《以"美"的名义：我国时尚杂志创办初期的生存话语》等论文，有历史纵深感和媒介记忆感，能将读者带进许多年前的社会场景中去加深对时尚意义的体味和理解。

2012 年末，我受同学程士安教授邀请主持复旦大学新闻传播学博士学位论文答辩会，读到了汤喜燕关于中国时尚传播与媒介研究的博士学位论文，虽然此时的时尚传播现象在国内已大行其道，但时尚传播研究却尚未受到学界应有的关注。喜燕从媒介话语的视角关注和研究时尚在中国的意义演化和扩散，探讨时尚产品在中国的生产和消费，我不仅不感到意外，而且觉得她对研究时机的把握恰到好处，并且由她来研究时尚也十分合适。因为她已经拥有较为丰富的生活观察和学术积累，同时，她本身也具有相应的审美尺度、文化素质和生活趣味。所以，她的时尚传播成果得到浙江省哲学社会科学规划课题立项也是理所当然。

汤喜燕的时尚传播研究，从一个非常有意思的现象出发：在我国从西方引入时尚观念及媒介之时，国内并不存在时尚工业，也不存在对时尚信息有需求的大众，而且中国主流意识形态也尚未接纳时尚传播。本来，这些在特殊时期、不当时刻引进的时尚媒介应该无法在这片土地上生存和发展。结果，它们非但生存了下来，而且还活得有声有色，成了我国媒介阵营里的重要一员。这种现象出现的表层原因似乎不言自明,但更深层次的社会根源及传播规律仍然值得学界持续探讨。

汤喜燕将时尚观念的引入与传播放在特定时空层面进行观照和分析,特别是注意将国外引入的时尚观念和时尚工业内容嵌入时代潮流和中国的社会情境之中,置于一个个"热点时刻",进行深入透视和解析,并转化成不断变化着、不断自我否定着的"中国版时尚"的概念,从而将时尚媒介生存、发展的正当性建筑在与时俱进的社会变革与发展的"土壤"之上,建立在对不断涌现的社会时尚需求的满足之中。这是对中国时尚媒介为何能在过去那种特殊环境下存在的阐释,是对时尚媒介研究初始问题的回答,也是对今后时尚媒介生存与发展和时尚产品生产与营销有益的启迪和提示,既有理论价值,也有现实意义。

在时尚意义变迁的过程中,汤喜燕认为,"时尚"作为一个概念,已成长为一个在中国城市里所向披靡的概念。凭借"时尚"概念的渗透、拓展、传播和变身,"中国版时尚"一直处于自我颠覆、自我改造和不断适应的过程中,随时随地调整和修正同中国社会机制的恰当接口,以便被本土文化所接纳,并找到合适的营养生态位。这就是本无可依托的时尚媒介得以生存发展并日益强大、时尚媒介的编辑们纷纷成了时尚"Icon"的根本原因。

顺着以上线索,基于福柯的异托邦理论,汤喜燕认为,自己提出的"中国版时尚"其实又是一个"异托邦"性质的概念。它具备一种特属于"异托邦"的权力——"中国版时尚"因"无所不在"又"无所在"而在中国产生的权力。"乌托邦"在世界上并不是一个真实存在的地方,但"异托邦"却可以借助大众媒介和网络及新媒体的整合营销传播,通过受众的感知、理解、想象、消费和再传播而真实存在,形成某种权力,并反过来构成某种传播力和影响力。这无疑是理论抽象层面的升华,不仅揭示了时尚媒介及传播潜藏的功能和力道,而且击中了大众传播包括新闻传播研究的关切点,并提出了新的思考方向和路径。

汤喜燕是浙江大学传播学硕士、复旦大学传播学博士,多年从事传播学教学与研究,不可能不知道什么是"媒介"。但是,在她的笔下,时尚媒介既是指居于传受两者之间、让两者之间产生关系的一种中介,也是两者的"聚合处"。她说,时尚媒介是一种聚合处,它好比俄罗斯套娃:媒介不再传通着什么,而是某种"准许进入"或"更进入"的吸引力——当它依托于一个异托邦概念而存在时。换句话说,中国的时尚媒介是一种无"介"之"媒"和"聚合"之"媒"。这无疑是对传统的媒介定义的颠覆和重构,是一种在时尚媒介研究基础上新的探索。

总之,我认为,汤喜燕副教授的新著《"时尚"是什么——基于中国媒介的话语分析(1980—2010)》一书,观点新颖,资讯丰富,视野开阔,语言灵动,在一些方面做出了创新性探索,是一本值得一读的好书。

邵培仁

2020 年 3 月 26 日

于杭州市沿山河畔寓所

[作者简介]邵培仁,浙江大学传播研究所教授,博士生导师,曾先后任浙江大学传播研究所所长、浙江大学人文学部副主任、浙江大学人文学院副院长、浙江大学传媒与国际文化学院党委书记、浙江大学学术委员会委员、浙江大学对外宣传领导小组副组长等,兼任浙江省重点创新团队浙江省国际影视产业研究中心主任、浙江省哲学社会科学重点研究基地浙江省传播与文化产业研究中心主任、浙江省文化产业重点研究基地浙江省娱乐与创意产业研究中心主任、《中国传媒报告》杂志主编、《中国娱乐与创意产业发展报告》主编,国际华莱坞学会会长、美国中国传媒研究会主席、浙江省传播学会会长、浙江省会展学会理事长,致力于传播学、媒介管理学、华莱坞电影理论、新世界主义媒介理论研究。

目 录
Contents

导论：时尚工业之外的中国时尚杂志

一、先于时尚工业的时尚杂志

1978 年中国开始改革开放。改革开放后，人们的生活发生了很大的变化。从 20 世纪 80 年代开始，我国媒介品种中出现了一类日后被叫作时尚杂志的刊物。这类刊物的兴起不仅推动了时尚杂志的发展，更是整体性地带动了时尚媒介的发展。今天无论是线上的还是线下的媒介，都有专门以时尚为内容归旨的媒介品类，即所谓"时尚媒介"。时尚媒介已然成为我国媒介阵营当中的重要一员，时尚杂志在此谱系中依然享有特殊地位。

与此同时，时尚在国人生活中的地位亦日益提升。即使不说所有的领域都跟时尚有关，至少可以说有太多的领域充斥着时尚的影子。人们的穿衣打扮、外在形象有时尚与不时尚之分；餐馆菜品有时尚与不时尚之分；街道空间有时尚与不时尚之分；人的行为方式亦有时尚与不时尚之分。时尚正日益包围人们的生活。无论是作为一个话题、一种现象、一个理念，还是一种生活方式，时尚都已经是国人日常生活的一部分了。

从字面意思来看，时尚即指一时之风尚。《辞海》（2010 年版）对时尚的解释为："一种外表行为模式的流传现象。如在服饰、语言、文艺、宗教等方面的新奇事物往往迅速被人们采用、模仿和推广。表达人们对美的爱好和欣赏，或借此发泄个人内心被压抑的情绪。属于人类行为的文化模式的范畴。时尚可看作习俗的变动形态，习俗可看作时尚的固定形态。"事实上，集体性的生活风尚的采纳或变迁，在任何时代的任何文化族群当中都是有可能存在的。当人们说"唐朝的时尚"或"远古的时尚"时，言说者即是在此意义上使用时尚一词的。这样的时尚是在任何时间、任何地域都有可能存在的，如："古代的中国和希腊、文艺复兴时代的意大利、十八世纪后的法国以及当代的美国，都是人所公认的时尚策源地,它们左右了周边国家甚至整个世界的时尚潮流。"①这里所说的时尚,便是在此意义上的。这个意义上的时尚只关注某种社会风尚的集体性变迁。"集体性"与"变化"是时尚在此意义层面的关切点。这可以认为是广义的时尚。

但今天更多的时候,人们并不是在此意义上谈及时尚的。如当人们评价某个明星"时尚度"如何时,此处的时尚是另有其意的,可视为狭义的时尚,也被学者们称为现代意义层面的或严格意义上的时尚。这种时尚是指源于 14 世纪,经由路易十四的推动,随着资本主义的发展而发展起来的一种事物。Davis 将这种时尚称为严格意义上的时尚,并在风格的接替变化上归结为三个特征:连续的(continual)、不中断的(uninterrupted)、制度化(institutionalized)的。② 时尚历史学家 Kimberly Chrisman-Campbell 将这种时尚的运行特征归纳为"季节性的、国际性的、公司化的、媒体驱动的,并且不断变化的"③。这里的五个相关要素可视为对 Davis 归纳的关于时尚风格制度的进一步说明。由此可见现代意义层面的时尚是与资本主义的发展相依相随的,是与经济力量、媒介力量交织在一起的。当这些要素中的某几个缺失时,就构不成所谓的时尚。当一个社会仅有群体性的服饰或生活方式的变迁,而没有经济力量(在今天更多地表现为品牌及公司制)与媒介力量的参与时,就不足以形成此种"制度性"的风格接替。这样的时尚往往是种自发的时尚,并不是当下人们广泛讨论的时尚。今天人们通常所讨论的时尚是与经济力量、媒介体系息息相关的,并在全球化、都市化进程中活跃着的——正所谓现代意义层面的时尚。正是在此意义层面上,Davis 认为时尚只能由中世纪以后的西方社会传递出来。④ 本书所讨论的正是此意义层面的时尚,后文若不作特殊说明,均是此意。

如果参照西方时尚媒介的发展历程,时尚媒介特别是时尚杂志是伴随着时尚工业的兴起而兴起的,是时尚工业的一部分。⑤ 作为平面的二维空间,早期的西方时尚杂志虽然不可能直接地再现真正的(real)服装,但在它诞生后的前 200

---

① 周晓虹. 时尚现象的社会学研究[J]. 社会学研究,1995(3):36.

② DAVIS F. Fashion, culture and identity[M]. Chicago: University of Chicago Press,1992:28.

③ CHRISMAN-CAMPBELL K. From Baroque elegance to the French revolution 1700-1790[M]//Linda W., Abby L. The fashion reader. New York: Berg,2007:6.

④ DAVIS F. Fashion, culture and identity[M]. Chicago: University of Chicago Press,1992:28.

⑤ KLEIN A I. Fashion: its sense of history, its selling power[J]. The business history review(Special Illustrated Fashion Issue),1963,37(1/2):1-2.

年里,这些杂志被人们视作是对流行款式的一种可靠记录。[①] 也即这些杂志是时尚工业用来推广时尚产品时所使用的工具。亦因之,时尚杂志受到时尚工业的重视,并被视为时尚工业的一部分。换句话说,时尚杂志是时尚工业的依附品——至少在初期是如此;没有时尚工业就没有时尚杂志,当然亦没有后来变得更庞杂的时尚媒介体系。

严格地说,我国的时尚杂志应该以 1989 年《ELLE》中文版的出版为标志——尽管它起初是以书代刊的形式出版的。但在此之前,市面上已有一些服装生活类杂志,如《上海服饰》《时装》等。这些生活类杂志早在《ELLE》创刊前就开始刊登一些来自西方时尚工业的内容,因此也可在更广泛的意义上将它们视作时尚杂志。[②] 在这些杂志的创办初期,国内尚没有时尚工业,国人亦不具备时尚意识,对于时尚信息的需求更无从谈起。事实上,在改革开放前,对于国人来说,时尚不仅是一个陌生的事物,而且还是一个有些负面意味的事物——特别是将时尚与资本主义的时装相关联时。因此,这些 20 世纪 80 年代中期以后创办的时尚杂志,如同无根之浮萍——既没有可依托的时尚工业,也没有现成的对时尚有需求的读者。一句话,这些媒介“生不逢时”。不合时宜的媒介的生存状态类似于在真空中求生的生物。这样的媒介如何生存? 这个问题,是所有的办刊者与观察者都不得不思考的问题,这也是这些刊物当年不被看好的现实原因:无论是在意识形态层面还是在经济层面,当时都缺乏时尚媒介的生存空间。

这些媒介如果要生存下来,既有的现实注定了它们将锻造中国版的时尚概念——因为只有凭借这独特的“中国版时尚”,才有可能为这些媒介在意识形态层面与经济层面赢得生存机会。一句话,这个中国版时尚概念是这些早期时尚杂志赢得生存的关键点。当然,后来的发展事实确认了这个中国版时尚概念的适存性。这些不被看好的杂志不仅生存了下来,而且其影响力日隆。那么在其自身的话语中,这些不合时宜的中国时尚媒介究竟建构了一个什么样的“时尚”呢? 此问题事实上还关联着其他的几个问题,即:这些媒介“为什么”以及“如

---

　① BREWARD C. Fashion on the page[M]//WELTERS L., LILLETHUN A. The fashion reader. Oxford:Berg,2007:278-281.

　② 《上海服饰》《时装》等服装生活类杂志事实上与《ELLE》《时尚》等真正的时尚杂志在内容上存在较大的区别,其市场生存逻辑也不尽相同;前者还可凭借一些对生活指导的内容(如服装裁剪图)赢得市场,后者的内容在其时可谓完全缺乏实用性。但无论如何,两者都刊有来自西方时尚工业的内容,这些内容在当时——至少在那些保守人士看来——依然不合正统,在此意义上,两者同样需要在主流话语体系中获得生存的合法性。

何"凭着"时尚",不仅获得了生存的合法性而且还将时尚媒介发扬光大了？这个由中国媒介勾画出来的时尚概念如何赋予了勾画者在真空中成长的魔力？这个中国版时尚与西方的时尚究竟有何差异？这种差异又意味着什么？笼统地说,即是这样一个问题:时尚是什么？

需要说明的是,本书对于时尚意义的探寻限定在我国媒介的话语中,是在媒介自身的话语中追踪其意义的建构及其变迁。媒介话语中的时尚当然不能等同于现实中的时尚;但作为对现实影响巨大的时尚媒介,我们也需要充分估量其对于日常生活中的时尚意义的影响:一方面,这些媒介话语中的时尚之意是形构现实时尚的一个重要来源;另一方面,这些媒介话语中的意义亦是人们理解时尚的一个重要视角。因此,厘清媒介话语中的时尚之意,对于理解现实中的时尚及时尚传播十分重要。

二、西方学者对时尚的探索

时尚现象与时尚研究兴起于西方。无论是在个体层面还是社会层面,时尚在今天均被西方学者认为是一个重要的问题。但在 20 世纪之前,时尚没能纳入严肃的学术研究的范畴,学者们对时尚有无意义表示质疑。当时的学者普遍认为时尚不能归入理性的研究,而是一种类似于疯狂的行为;对于社会或个人而言,时尚是无关紧要的、是没有意义的,因而是不值得深入研究的。作为较早涉及时尚的学者,康德基本执此观点。在康德生活的时代之前,时尚已是西方社会一种很普遍的社会现象了,但由于其变化较快且无明显的规律,也很难与美及具体的功能(如保暖等)关联上,人们往往将时尚视为一种不理性的行为,从而否定其重要性。康德作为较早涉及时尚的一个学者,受其同时代人的影响,也是否定时尚的意义及重要性的。他认为"时尚是归在虚荣的名下的,因为在这种动机里没有内在的价值;同时又归在愚蠢的名下,因为它同时却有一种压力,迫使人们奴颜婢膝地一味跟从社会上许多人向我们提供的样板的引导。……这样看来,时尚①终究并非一件鉴赏的事情,而主要与纯粹虚荣有关"②。因此,对人而言时尚是缺乏实在意义的,是一种虚假的趣味,只不过是生活中的琐事,从而是不值得研究的。

虽然时尚作为一种现象在西方社会已存在许久,但在很长一段时间内,学

---

① 原译文为"时髦",在此引用时将其更改为"时尚"。

② 康德.实用人类学[M].邓晓芒,译.上海:世纪出版集团,2005:156-157.

者们都认为时尚是不值得研究的。这个影响是深远的,以至于后来的时尚研究者,但凡开篇都要大费一番口舌,以证明时尚是有意义的,因而时尚研究是重要的、是值得的。可见时尚有无意义的问题,曾经确实是个问题。

真正对时尚展开严肃研究的首位学者当推德国哲学家齐美尔,他在1904年发表了《时尚》一文(中文版于2001年发表),从此拉开了时尚研究的序幕,也同时切断了将时尚作为不理性的疯狂行为的历史沿革。[①] 在这类研究中人们看到了时尚是值得研究的、时尚是具备意义的。在关于时尚的研究中,特别是涉及时尚的意义的研究中,细细梳理后,会发现存在着两种路径:符号的与非符号的。符号路径的研究将时尚视作一种(或一套)符号,并追寻这种(套)符号的能指与所指关系。非符号的路径则认为时尚不能解读为符号,无法在符号的能指、所指关系间追寻其意义,需要从另外的角度对其探究。在时尚的理论研究中,符号的路径是主流的。从齐美尔伊始,各种学者就不断地探寻着时尚究竟是种什么样的符号,从而不断地丰富着时尚作为符号的意义。

(一)符号的路径

齐美尔在《时尚》一文中认为,时尚是社会各阶层间用于统合与分化的一种工具,是较高社会阶层用于彰显其特殊性的工具。如果一个社会存在着其他彰显社会阶层的方式,时尚就没有可能存在。同样,社会中的最高阶层,如统治者,由于其铁定的权力等级,不需要依靠别的手段就可以彰显其社会地位,因此也不需要时尚。但较低的社会阶层,在期望与较高的社会阶层统合的欲望下,在既实现个性又不至于孤立的心理驱使下,会对较高阶层的时尚进行模仿。等到社会的较低阶层大量模仿了某种时尚时,这种所谓的时尚就不再存在了。因为此时的时尚已失去了彰显其较高阶层身份的功能了。"一旦一种时尚被广泛地接受,我们就不再把它叫作时尚了。……因为它的发展壮大即它的广泛流行抵销了它的独特性。"[②]从齐美尔的理论中,可以理出这样一条脉络:时尚必须是新奇的,唯其新奇才够独特,唯够独特才能表征较高的社会阶层;唯其表征了较高的社会阶层,才能吸引较低的社会阶层在意欲统合进较高社会阶层的心理下进行效仿。而较低的阶层一旦进行效仿,较高的阶层就会另找他物成为时尚,从而推动时尚周而复始地变化前行。时尚对于各阶层的作用其实还是类似于早前贵族的族徽,只是目前这个徽章向那些意欲效仿者开放了。而为了保有这个徽章的有效性,这些贵族会不断地炮制"新"的徽章,以示区别。总之,时尚是

---

① 西美尔.时尚的哲学[M].费勇,译.北京:文化艺术出版社,2001.
② 西美尔.时尚的哲学[M].费勇,译.北京:文化艺术出版社,2001:77.

阶层区分的一套符号。

　　时尚作为阶层区分的一套符号，是时尚研究中最早也是最广泛被关注的面向。早在齐美尔之前[①]，凡勃伦也基本持此观点。凡勃伦认为时尚本身是无关乎美或功能的，其之所以存在是出于有闲阶级彰显其消费的一种需要。通过对时尚物品的消费，有闲阶级确立了自身的优越性。[②] 在后来的研究中，布尔迪厄对品位的研究，也十分委婉地表达了这个意思。在布尔迪厄看来，个人的生活方式及品位对社会的区隔（distinction）起着十分重要的作用，而且这种品位本身是带有阶级或阶层印记的，并不能通过在校学习获得。这样，品位就成了社会区隔的一种力量。[③] 如果把时尚物品视作品位的一个载体，那么布尔迪厄的观点与齐美尔的观点之间是存在重合之处的，只不过布尔迪厄并不把社会视作那么线性的、高低分明的层级结构。总之，无论是什么样的社会形态，在这类研究中基本是依循齐美尔的符号路径将时尚视作阶层区分的一套符号的，人们在社会服从与个体自主的对抗性需求中，有策略地使用这套符号。用 Davis 的话来说："事实上，齐美尔是将时尚作为社会的服从与个人主义的对立，以及统一与区分过程的副产品来分析的。"[④]

　　随着时尚现象的演变以及社会本身的发展，仅将时尚视作社会阶层区分的符号，越来越不能解释各种时尚现象。特别是随着资本主义的发展，原来在 17、18 世纪存在的等级森严的社会阶层结构瓦解了，经济的发展让很多人都能够买得起大量的时尚产品，时尚作为阶层区分的一套符号已不能解释各种时尚现象。大量的研究开始在其他的向度上探寻时尚的意义。

　　性与性别被认为是与时尚关系最密切的两个方面。性的向度的研究最初是由心理学家弗吕格尔（Flügel）开启的。弗吕格尔历时性地研究了女性服装的变迁，认为时尚的变化无非是在转移女性的性感地带，如从强调乳房到强调腰部，从而保持男性对于女性身体的新鲜感。这就是被后来的研究者统称为"性感地带的转移理论"（theory of the shifting erogenous zone）的起源[⑤]。虽然弗吕格尔并没有将自己的理论总结为性感地带的转移理论，并且其研究是在心理

---

　　① 齐美尔的《时尚》一文发表于 1904 年，凡勃伦的《有闲阶级论》一书出版于 1895 年。

　　② 凡勃伦. 有闲阶级论[M]. 蔡受百，译. 北京：商务印书馆，2007.

　　③ BOURDIEU P. Distinction：a social critique of the judgment of taste[M]. Cambridge，Massachusetts：Havard University Press，1998.

　　④ DAVIS F. Fashion，culture and identity[M]. Chicago：University of Chicago Press，1992：23.

　　⑤ FLÜGEL J C. The psychology of clothes[M]. London：The Hogarth Press and the Institute of Psychoanalysis，1930.

学层面展开的,但是这个研究还是影响了后来不少的研究者去追寻时尚在性的方面的意义。在这类研究中,时尚作为一种符号,被视作承载着性欲的表达,是性欲表达的一套符号。这种以性为诉求点的论述,后来被波德里亚所批评。他认为这种思想是受了清教徒思维的影响。在清教盛行的时代,人们的性欲被压抑,而被压抑之处,往往是各种力量的爆发之处。① 正因如此,才会有那么多的研究将时尚直接简化为服装②后在性的层面加以解释。

　　性别是与时尚相关的另一个重要面向。按照 Rouse 的说法,在 1340 年以前,男人与女人的衣着是基本一样的,但随着时尚的到来,男人与女人的衣服有了区分,男、女的性别表现有了依托。③ 换句话说,时尚是性别的建构及修正的工具。但这与其说是个结论,不如说是个争论的焦点。Paoletti 就认为,社会的性别是一个复杂的传播问题,不能简单地就时尚或服装的变化来加以解读。服装的变化既不可能自动地带来性别的变化,也不可能十分生硬地被解读为是性别的不平等。但即便如此,Paoletti 还是认为衣服与人的性别表达之间是有联系的。对于 Paoletti 来说,问题不在于是不是性别建构或表达的工具,而是在多大程度上,时尚(或服装)是社会性别建构的工具。④ 换句话说,Paoletti 认为时尚是性别表达或建构的各类工具之一,而不是唯一的工具。因此,时尚在性别的向度上的意义并不是非常明确而清晰的。

　　正如 Paoletti 的解释,随着研究的深入与拓展,研究者们感到直接地、单一地追寻时尚的意义日益困难。既然有很多的时尚研究是基于服装展开的,那么时尚有何意义必须要基于服装能够表达的意思⑤(meaning)才能追寻。为此 Davis 专门研究了服装的意思。他认为服装作为时尚最主要的体现物,并没有如一些学者所认为的那样,如语言一般能被清楚地解读。服装表达的意思是很模糊的。它也没

---

　　①　BAUDRILLARD J. Fashion,or the enchanting spectacle of the code[M]//BARNARD M. Fashion theory:a reader. London:Routledge,2007.

　　②　服装虽然是时尚业当中非常重要的一支,但时尚绝不能仅被简化为服装。但西方早期的大量时尚研究确实集中在服装上,并将服装等同于时尚。

　　③　ROUSE E. Understanding fashion[M]. Oxford:BSP Professional Books,1989.

　　④　PAOLETTI J B,KIDWELL C B. Men and women:dressing the part[M]//KIDWELL C B,STEEL V. Men and women:dressing the part. Washington,DC:Smithsonian Institution,1989:158-161.

　　⑤　Davis 所说的时尚的意思是指一套服装对于他人来说携带着什么样的信息。他认为服装或时尚其意义是模糊的,是不可能被十分清晰地、稳定地解读的,不像语言一般有相对稳定的语法结构。其所说的时尚或服装的意义不同于本书所说的时尚对于个人及对于社会的意义。为示区别,在此用"意思"一词。

有一套如语法般的系统法则,可用以编码(code)及解码。Davis认为服装的解读是依循一种低符码(under code)的准则来进行的,类似于人们对音乐或艺术的解读方法。① 坎贝尔对于时尚、消费及认同之间的关系进行了仔细的梳理辨别,也认为服装并不可能携带或传递如语言那般十分清晰的信息(message),但它确实是有意思的(meaningful),只是坎贝尔认为这个意思也不是类似于音乐的。② 总之,两者都认为时尚或服装是充斥着意思的,究竟是何意思却很难说清楚。

既然服装的意思都不清晰,那么作为更大范围的时尚本身的意思就更为模糊了。为什么时尚的意思会是如此模糊的呢?Davis认为时尚已不如齐美尔或其他学者所认为的那样,"单一地"关乎社会阶层、性或性别,而是关乎包括但不限于性与性别、阶层的所有方面,即社会认同(social identity)。但现代社会的社会认同是矛盾的,而不是稳定不变的。这样的矛盾性体现在社会认同的所有方面。而在社会认同的任一方面,时尚都承载着表达及建构的作用。因此时尚或服装的意思一方面充满着矛盾,另一方面还承担着多向度的表达及建构,从而十分复杂。这样的状况使得其意思必然是模糊的。但也正因为时尚承载着社会认同的所有方面,虽然其意思是模糊的,但其意义却是重大的。

在此Davis将时尚的意义扩大了。作为一套符号体系,时尚不单单是阶层、身份、性或性别的符号,而是所有这些方面的一套符号,而且这套符号任一方面的能指与所指的关系都可能颠倒。这是一套复杂的、内在有矛盾的符号体系。但无论如何,它还是属于符号。Davis的观点在两个方面与之前的研究不一样:其一,时尚作为一套符号,指向社会认同的所有方面,而不是单一的哪个方面;其二,这套符号自身是矛盾的,能指与所指的关系是不稳定的,而不是相对固定的。如果说Davis批评齐美尔将时尚作为区分社会阶层的、单一的副产品来对待,那么Davis不过是将时尚扩大为社会认同的多重的副产品来分析的。在符号的意义上,Davis还是沿袭了齐美尔的路径。

但Davis的研究,让学者们看到了时尚意义可能的变化,特别是随着社会的变化而产生的变化。但究竟社会的变迁与时尚的变化有何关系?为此,Crane专门研究了19世纪至20世纪,时尚在各种社会结构以及各个阶层各个时段的具体问题,以期能廓清时尚究竟发生了什么样的变化、为何会发生这种变化以

---

① DAVIS F. Fashion, culture and identity[M]. Chicago: University of Chicago Press, 1992.

② CHRISMAN-CAMPBELL K. When the meaning is not a message: a critique of the consumption as communication thesis[M]//BARNARD M. Fashion theory: a reader. London: Routledge, 2007.

及既有的时尚认识是否适用等问题。她分析了四组材料(包括来自英国、法国、美国的工人阶级的历时的衣服及家庭预算的变化,以及她个人对于时尚设计师的访谈)后,不仅对齐美尔的理论进行了修正——时尚在阶层结构清晰的社会也不全然是线性下传的;而且也描画出了 19 世纪至 20 世纪时尚产生的变化——从单一的、标准的体系变化为多样的无标准的体系。在历时地纵向地描画时尚的变迁方面,Crane 的研究给出了十分有用的参考。[1] 但是无论其对齐美尔或布尔迪厄的理论做出怎么样的修正,Crane 坚持的一点是,时尚(或服装)是一种传播符号。只不过不同于 Davis,她认为这种传播不仅关乎社会认同,也关乎个人认同(individual identity)。个体无论处于什么阶层什么历史阶段都会主动地利用这种符号来表达自己,而不是被动地去遵循这种符号。因此在不同的社会群体间会产生不同的符号表达方式,各种社会问题也会在此符号上角力协商。于是围绕时尚,会形成一个社会议程进行的场所。各种问题会在这个场所中得以表达、表现或产生冲突;与此同时,社会本身的改变也不断地改变着这个场所的面貌与特征。通过 Crane 的研究,时尚的意义进一步扩大了,时尚是一套不仅关乎社会认同亦关乎个人认同的传播符号:社会议程的符号。值得一提的是,在这类研究中,时尚与其承载物服装或装饰是不加区分的,时尚和服装经常是相提并论的,并以词组的形式(fashion and clothes)出现。另外,时尚主要指女性时尚。

经过 Davis 与 Crane 的研究,时尚关乎的面向日益增多,作为符号,时尚的能指与所指的关系日益复杂。时尚能指与所指关系的扩大化与复杂化,被波德里亚推至极致。波德里亚认为在消费主义的社会中,时尚已关联到所有的面向,以至于其能指已无法确定某个参照的体系来生成其所指,从而最终无法再有明确的意义——但因此意义更为重大。时尚成了一个漂浮(flotation)的符号体系。[2] 在消费主义盛行的社会中,这个符号体系的价值就在于其作为符号本身的价值,在于通过这个符号分配其他各种符号。无限扩大的能指与所指关系,让时尚最终无法归结为任何一种意义明确的符号——哪怕是在最抽象的层面上。尽管波德里亚认为,时尚作为一种符号,其自身的意义已被掏空(能指与所指的位置已模糊,时尚进入所有的体系,除了变化还是变化,时尚的价值就在于分配各种符号),但他依然将时尚视为一种符号,视为一种漫无目的的、

---

[1]　CRANE D. Fashion and its social agendas:class,gender and identity in clothing[M]. Chicago:University of Chicago,2000.

[2]　BAUDRILLARD J. Fashion,or the enchanting spectacle of the code[M]//BARNARD M. Fashion theory:a reader. London:Routledge,2007.

漂浮的符号。从这个意义上来说,波德里亚也还是遵循着符号路径的。①

(二)非符号的路径

虽然在 20 世纪的研究中,对于时尚意义的探寻,大量的研究是在符号层面展开的,但不可否认的是,一直以来就存在着另一条路径,背离齐美尔的符号路径——非符号的路径。这个路径下的研究,首先是由布鲁默开启的。布鲁默对于时尚的研究,也是从反思齐美尔开始的。他认为齐美尔的研究或许可以很好地解释 17 世纪至 19 世纪那种存在着十分清晰的等级结构的社会,但却不适用于他所处的时代——20 世纪中叶了。布鲁默认为"时尚事实上具有一种不理性或者更好地表达为非理性(non-rational)的维度"②。时尚之所以成为时尚,是无关乎太多的社会结构及外在的各种意义的,是一种人们"要时尚"的意愿。在这种意愿之下,对一些风格产生了集体选择,从而形成了时尚的风格。而某种风格成为时尚,布鲁默认为并不能清晰地在意义层面或者说符号层面加以解读,这关键在于共同选择的过程。在此,布鲁默将时尚归结为一种过程。在谈到时尚出现的六个必须条件时,布鲁默以为"时尚不是由功利性或合理性考量引导的。这是它运作的第四个必须条件,换句话说,互相竞争的样式伪装出的优点和价值并不能通过开放的和明确的测试(test)加以说明。哪里存有在竞争样式之间基于客观性与有效性测试的选择,哪里就不会有时尚"③。说得更笼统一点就是,时尚是无法说明或加以检测的。如果不考虑布鲁默理论的社会适用性,将其放回至阶层社会中,较低阶层为什么采纳某种时尚,并不能如齐美尔这般详尽细致地归结为是为了模仿并统合进较高的社会阶层的理性需求。在布鲁默看来,时尚之所以成为时尚,是无法言明的,是人们的一种要时尚的意愿。正是这种意愿形成了所谓的时尚,也正是通过时尚,社会被整合了。因此,时尚本身就是一种用于形成社会秩序的中心机制,是因为人们通过"要时尚"的本源性愿望,产生了一种集体选择,在这个集体选择的过程中,不仅成就了时

① 波德里亚与罗兰·巴特所说的无意义并不是一回事。罗兰·巴特是采用结构主义的思维,企图将书写的时尚分析出类似于语言的一种结构关系,他发现这种关系是随机的,没有理由可追寻。因此,从时尚自身来说,罗兰·巴特认为它只是生成一套符号的工具,没有理性与意义可言。而波德里亚采纳符号的视角,从能指与所指的关系上来解读这套符号。他发现时尚作为一个能指,其所指已渗入任何领域,以至于不再有明确的所指。但在消费主义的时代,这个符号还是具有作为符号自身的价值,具有在社会中分配各种其他符号的作用的。

② BLUMER H. Fashion: from class differentiation to collective selection [J]. The sociology quarterly,1969(10):277.

③ BLUMER H. Fashion: from class differentiation to collective selection [J]. The sociology quarterly,1969(10):286-287.

尚,而且特定社会的结构形态得以生成、维系或改变。这用布鲁默自己的话来说:"在一个否则会极其碎片化的世界中,时尚引入了一个让事物一致与统一的显著办法。"①因此布鲁默对时尚是什么的回答可以概括为:时尚是一种集体选择的过程,而且这个过程是社会赖以整合的一个中心机制。

Partington 的研究也是从质疑齐美尔、凡勃伦开始的。她认为仅仅把时尚当作社会阶层的表达是只读取了时尚物品的意思,却没有关注各阶层的关系,而且一个时尚物品的意思本身跟各阶层之间的关系是不可分离的,因此脱离物品背后的阶层之间的关系,来读取一个物品的意思是没有意义的。她认为在大众市场时代,时尚发生了变化,齐美尔、凡勃伦的研究已不适合于大众市场运作下的时尚。资本主义扩张的需要催生了所谓的大众市场。大众市场的系统性设置,使得时尚是在各个分离的阶层集团内流转的。她在考察了 20 世纪 50 年代劳工阶层的女性对于迪奥(Dior)的新形象(new look)与功用性装束的采纳后,认为在大众市场时代,较低的社会阶层并不是被动地、简单地、一味地模仿较高的社会阶层的时尚,每个阶层会在时尚的演进中,产生属于自己阶层的采纳技巧,并按照自己的阶层技巧采纳某一种时尚风格,从而令该风格在此阶层内形成独特的意义。对于一个特定的阶层群体来说,时尚就是一个意义不断生成的过程。而这重新被建设的意义,不只是改变了时尚物品的意义,也使得与此时尚物品相关的各阶层、各集团的关系被重新加以协调。而且,这种协调是一个动态的、不断演进的过程。② 与布鲁默一样,Partington 将时尚归结至一种过程,只是与布鲁默不一样的是,Partington 的视点是在于社会各集团间的关系。时尚作为一个过程,是对于社会各集团各阶层的冲突的协调。当其将时尚作为一个不断生成意义的过程、一个阶层关系不断协调的场所时,Partington 的研究也远离了作为某种表达的符号路径。

坎贝尔对于时尚的研究,也是从对齐美尔与凡勃伦的讨论与批评开始的。在坎贝尔看来,齐美尔认为人有区别于他人的不同欲望是对的,但他错就错在将时尚限定在社会的精英阶层,并将时尚作为一种精英阶层区别于他人的方式。事实上不仅精英阶层会设置时尚,其他阶层也会设置时尚,特别是艺术家,他们对于社会的反叛以及在浪漫主义情怀的影响下,使他们最有可能引入新奇(novel)的东西,从而最有可能成为时尚的设置者。但问题是其他人为什么要跟

---

① BLUMER H. Fashion:from class differentiation to collective selection [J]. The sociology quarterly,1969(10):289.

② PARTINGTON A. Popular fashion and working-class affluence[M]//ASH J,WILSON E. Chic thrills:a fashion reader. London:Pandora,1992.

进,为什么会跟着采纳这种新奇的事物呢？在这里,坎贝尔认为是自我陶醉的享乐主义对新奇事物的追求。"自我陶醉的享乐主义代表了一种寻求快感的方式,将注意力集中在虚构的刺激物和刺激物带来的隐秘快感上,而且更多地依靠于情感而不是直接的感觉。"①坎贝尔认为这类似于一种对白日梦的迷恋,是内心世界对美梦成真的渴望。可为什么要对白日梦有此迷恋,却是无法解释的,来自于一种情感层面的、不能够诉诸理智层面的东西。这是来自人的隐秘的内心世界的东西,是不需要外在理由的一种情感。这样,坎贝尔对时尚的理解最终也离开了符号,走向了另一个过程。按照他的理解,时尚就是人类求新的渴望驱动下出现的一个过程,"由白日梦、渴望、求新欲望、消费、幻灭和再生的欲望所构成的一个循环周期,是一个完全自主的、并不依赖于模仿和竞相效仿的过程"②。正因如此,坎贝尔希望通过他的理论阐述,在消费主义的研究中发展出一种探讨普通消费者求新欲望的、以内心为指向的理论。需要说明的一点是,坎贝尔所谓的内心并不同于心理学的刺激反应等模式中的阐述,而更多的是指内心的情感与意愿,即人类世界中那一部分无法用理性进行测量的世界。坎贝尔认为这有可能属于人类本源性的部分。进入 21 世纪,这种声音得到了一些研究者的响应。哲学家史文德森认为时尚领域中所谓的"很土"或"很新潮"的问题是溢出理智思考的问题,"如果相信这一切都是由完全的理智思考所决定的,那就太天真了"③。

(三)符号与非符号的联结

事实上,对于时尚,直接的经验更多地告诉我们它应该不仅是一种符号,还包括这种符号以外的相关事物,只是我们尚未能厘清符号与非符号的界线在哪里,以及符号与非符号的相互关系如何等问题。在这方面,川村由仁夜的研究,或许能够给我们一些启示。她对时尚是什么的回答可以总结为:时尚是由对时尚的信仰维系的一种体制。"在时尚体制中,每个个体(时尚界的人,包括设计师)都参与了体制的运作,他们有共同的时尚信仰,不但集体创造时尚理念,也打造出借由持续时尚生产而存在的时尚文化。"④这里面包含两层意思。其一,时尚是种信仰。所谓信仰那是溢出理性层面的,是一种情感、一种意愿、一股不

---

① 坎贝尔.求新的渴望[M]//罗钢,王中忱.消费文化读本.北京:中国社会科学出版社,2003:283.

② 坎贝尔.求新的渴望[M]//罗钢,王中忱.消费文化读本.北京:中国社会科学出版社,2003:283.

③ 拉斯·史文德森.时尚的哲学[M].费勇,译.北京:北京大学出版社,2010:8.

④ 川村由仁夜.时尚学[M].陈逸如,译.台北:立绪文化事业有限公司,2009:90.

追问为什么的力量。其二，时尚是种生产时尚标签的体制。所谓体制就必须有清晰的规则与运作方式可循，意欲进入这个体制的各种东西当然要在理性的层面上、符号的层面上分析并应对这种体制。她认为一切的时尚现象都经由这种体制而产生。一件衣服当它还没有经历过这个体制之前，只是一件衣服，而不是时尚。只有一件衣服经由了这种体制，才被赋予了时尚的标签。当把时尚归结至此时，时尚显然不再等同于服装、服饰等具体的物品，而是一个抽象的标签。这个标签需要由对此标签有信仰的一个体制来生产。时尚之所以成为时尚，信仰与体制两者缺一不可。光有信仰（非符号层面的因素），没有体制（符号层面的因素）就无法产生时尚标签，形成实际的时尚现象；光有体制，而没有信仰，生产的标签就没有威力，体制就缺乏运作的动力。总之，在此体系下，符号与非符号处于一种互相需要、互相联结的状态。虽然川村由仁夜并未说明这样的时尚分析相对于过往的时尚研究有何意义，但在时尚研究的进程上，她第一次连起了符号与非符号的两条研究脉络，赋予时尚研究第三条道路的可能性；并且借由她的研究，时尚从其承载物中完全剥离出来。

总之，关于时尚意义的研究真正在学术界兴起后，一直存在着符号与非符号的路径差异。在符号的路径上，时尚的意义大致经历了这样的历程：从作为阶层区分的符号扩大至各种认同建构的符号，直到渗透至任何体系，以致时尚的能指与所指已无可能一一对应，时尚本身再也没有什么具体的、清晰可循的意义，只是作为一个符号，具备符号的价值。在非符号的路径上，时尚的意义被归结为某种无法言明的动机驱使下的一个社会过程。用今天在认知科学领域的研究成果来说的话，这种过程的形成与推动依赖一种类似于直觉性的智识（intuitive intelligence），这种直觉性的智识是不可表达的，是通过人的下意识或潜意识起作用的，是相对于逻辑性的智识的另一种重要的认知来源。① 不过，川村由仁夜的研究对两种路径做了联结，将时尚归结为是对时尚的信仰维系下的一种标签生产体制，给予了时尚的意义在第三种向度上进行探求的可能性。

在这些研究中，对于时尚，既有将其视为某种社会现象的，也有将其视为某种概念的；既有对作为现象的时尚的探求，也有对作为概念的时尚的探求。Davis 提议应分清作为现象的时尚与作为概念的时尚，并认为关于时尚的研究，应该在两个向度上展开：一是作为社会现象的时尚研究，二是作为概念的时尚

---

① WILLIAMS R. Cognitive theory[M]//SMITH K, MORIARTY S, BARBATSIS G, et al. Handbook of visual communication research：theory, methods and media. Mahwah, New Jersey：Lawrence Erlbaum Associates, Inc.，2005：193-210.

研究。① 顺着 Davis 的分类,纵观西方学者对于时尚的研究,可以发现作为现象的时尚研究关注时尚现象的传播路径、风格更替、参与人群的特征等等。这类研究通常在于回答什么时间、什么人群通过一种什么元素或风格形成了一种时尚。作为概念的时尚研究则更进一步地去探究时尚在各个层面,特别是哲学、社会学、文化人类学、传播学、政治学、经济学的意义,并试图披露时尚如何作为一种社会黏合剂、权力、符号或体制在特定的社会发挥作用。

时尚当然与各种时尚现象有关,却不等同于各种现象,也不等同于各种现象之和。在历史的演进中,时尚与时尚现象的关系亦会发生变化。或许在初期,当只有一种单一的时尚现象出现时,时尚是可以等同于时尚现象的。但当时尚现象不断发生演变时,作为概念的时尚,其意义(meaning/significance)就会发生改变,这种改变同时又会影响着作为现象的时尚。如当时尚的意义不再是阶级表征时,时尚现象的传播就不再呈现一种顺着阶级而纵向向下滴渗的特征。② 或者反过来说,时尚现象所呈现的特征的变化正暗示着时尚本身的意义的变迁。

此外,综合这两种分析的路径,我们还可以看到在其意义的变迁中,时尚的外延日益扩大。而日益扩大的外延,反过来使其内涵也不再那么清晰,任何事物、任何样式都有可能被认为是时尚的。正如 Crane 所说,在今天到底存不存在真正意义上的时尚也成了一个问题。③ 这警示我们,试图一劳永逸地探寻时尚之意是行不通的,某个关于时尚意义的解释——无论其研究多么完美,都是有其适用背景的。对于中国的时尚研究者来说,在参考西方既有研究的基础上,离析出我国特定现实下时尚的关切面,择取恰当的面向合理地勾连(articulation),才是探寻中国版时尚的可行之道。

三、分析框架

本书采用费尔克拉夫的话语分析框架,基于柯林斯的社会冲突的理论视角

① DAVIS F. Fashion,culture and identity. Chicago:University of Chicago Press,1992.

② 这正是布鲁默认为齐美尔的时尚研究已不合时宜的关键所在。可参见 BLUMER H. Fashion:from class differentiation to collective selection[J]. The sociology quarterly,1969 (10):275-291.

③ CRANE D. Fashion and its social agendas:class,gender and identity in clothing[M]. Chicago:University of Chicago Press,2000:168.

展开分析研究。

(一)费尔克拉夫的话语分析

自福柯的《知识考古学》面世以来,各个领域的研究者对于话语的关注度日益提升。费尔克拉夫在总结前人研究的基础上,提出了更为具体的话语分析的理论体系。费尔克拉夫对于话语持一种辩证的认识,也即话语不仅是反映社会现实的工具,同时也是建构社会的一种力量。用费尔克拉夫的原话来说则是:"话语不仅反映和描述社会实体与社会关系,话语还建造或'构成'社会实体与社会关系;不同的话语以不同的方式构建各种至关重要的实体,并以不同的方式将人们置于社会主体的地位。"①

不同于福柯只是将话语抽象地视为建构社会的一种权力,费尔克拉夫将语言分析与社会理论相连接,更具体地提出了话语分析的理论框架。费尔克拉夫的话语分析分三个层次,如图 A.1 所示。这三个层次从微观到宏观分别为文本层面、实践层面及社会宏观环境层面。文本层面的分析在 7 个标题之下展开:词汇、语法、连贯性、文本结构、言辞表达中的力量(承诺、要求、威胁等)、文本的连贯性和文本的互文性(后三项标题主要用于话语实践的分析,尽管涉及文本的形式属性)。话语实践部分关注话语的生产、分配与消费过程中的相应问题。社会实践主要观照社会的宏观层面的一些变化。② 这样三个层次的话语结构,体现了费尔克拉夫将语言分析与社会理论相连接的尝试。

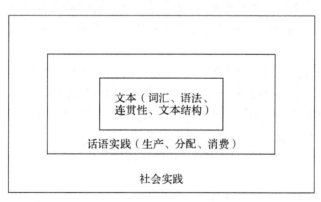

文本（词汇、语法、连贯性、文本结构）

话语实践（生产、分配、消费）

社会实践

图 A.1　费尔克拉夫三个方面的话语概念③

①　诺曼·费尔克拉夫.话语与社会变迁[M].殷晓蓉,译.北京:华夏出版社,2003:3.
②　诺曼·费尔克拉夫.话语与社会变迁[M].殷晓蓉,译.北京:华夏出版社,2003.
③　诺曼·费尔克拉夫.话语与社会变迁[M].殷晓蓉,译.北京:华夏出版社,2003:68.

费尔克拉夫的话语分析，不仅是理论的，同时也是方法的。在具体的方法层面，或许在特定的分析操作中，还需要有一些具体的处理，但作为一种理论，费尔克拉夫的话语理论是超越特定文化与语言的。关注话语的变迁，可以捕捉到社会实践的变迁；另一方面，话语本身的变迁，还对具体的社会实践起到了建构的作用。

(二)柯林斯的社会冲突理论

兰德尔·柯林斯是美国著名的社会学家，《冲突社会学：迈向一种解释的科学》[①]是其成名作，也是柯林斯非常重要的理论贡献。柯林斯的理论是基于过往的社会学理论发展起来的。不同于以往既有的冲突理论只是将冲突视为功能结构主义的一种补充，柯林斯是将冲突作为理解社会变迁的核心力量来对待的。他认为，人类的互动是基于冲突产生的。社会学能解释事物为什么在特定的时间以特定的方式发生，这种解释依赖的就是特定社会的互动生成机制。不同社会的所有特征都源于人类互动中的基本生成机制。社会也正是在这种基本的生成机制中演变行进的。[②]

柯林斯的冲突理论开始于对马克思理论的阐释。柯林斯认为马克思理论在前人的基础上增加了更多具体的关于冲突利益的决定性因素。柯林斯将马克思对于冲突社会学的贡献归结为以下三点：

(1)历史地来看，某些特别的财产会被国家以强制力量加以突出，如奴隶社会时的奴隶、封建社会时的土地，以及资本主义社会时的资本。这样一来，依靠财产进行划分形成的不同阶级必然成了政治权力斗争中的对立机构，如奴隶与奴隶主。

(2)物质条件决定了一个阶级在多大程度上能被有效地组织起来，去为自身的利益而战斗。这样的物质条件在阶级与政治力量之间起到调停作用。

(3)精神生产(mental production)的方式决定了何种利益及其背后的理念(idea)能有机会被表达，从而统治意识形态领域。

马克思最关注的是政治力量的决定性因素，柯林斯认为他的理论也暗示了社会分层方面的原则：

(1)生活的物质环境是个人生活方式的主要决定力量；既然财产关系是一个人区分自己的关键点，那么阶级文化和行为也将按照财产的控制者或缺失者

① COLLINS R. Conflict sociology: toward an explanatory science [M]. New York: Academic Press, Inc., 1975.

② COLLINS R. What does conflict theory predict about America's future? 1993 presidential address[J]. Sociological perspectives, 1993, 36(4): 289-313.

而分成两个对立面。

(2)在社会阶级的内部,动员一个团结的、交互的组织所需的物质条件是不一样的。这暗示着,另一些在阶级生活方式之中的重要差异起源于共同体的不同的组织形式和社会交往中的不同经验。

(3)对于精神生产方式的控制一方面制造了阶级之间的差异,另一方面也同时制造了阶级内部文化上的差异,因为总是有一些内容被更多地生产并传播着。

柯林斯认为马克思的这些观点提供了冲突理论的基础。另外,柯林斯还联结了韦伯的理论。韦伯在马克思的基础上,增加了另一个更复杂的纬度,即强调了动员及精神生产得以进行的条件是不同于财产的,它由另一套不同的资源构成。如此一来,社会的阶级划分就成了一个存在多重标准的复杂体系,各种有冲突的资源共存于同一个社会中,这就需要关注更具体而微观的各种组织及其资源的状态。此外,韦伯还有一个重要的贡献在于指出了另一种不同于物质形式的资源,叫作"情感生产手段"(means of emotional production)。这是宗教、国家等类似组织得以存在的内在力量,也是个体用以对付冲突的一种手段。这样一来,韦伯就把阶级的问题转移至组织身份的认同上来了。韦伯的这个观点与迪尔凯姆、弗洛伊德等有共通之处,即人不仅是一种有感情的、会怀疑的生物,也通过感情形成了各个层面的团结,这种团结在社会的各个仪式中均存在。

在韦伯"情感生产手段"的理论基础上,柯林斯进一步引出了戈夫曼的互动理论阐释身份认同的问题,即关注个体与个体之间的具体的互动,在互动中形成认同。这样一来,似乎把感情生产的机制放大了。不过,这种感情生产依然是在冲突的范畴下展开的,是将感情生产当作冲突中的一个主要武器来对待的。这种武器可以是一个组织用于对抗另一组织的资源,也可以是一种层级结构统治另一层级结构的力量。这样,柯林斯就把冲突的问题从宏观的社会阶级问题(马克思理论),联系到了中观的组织问题(韦伯等多种资源对社会进行阶层区分的理论及情感生产问题),直至微观的个人之间的互动(戈夫曼的情景中的个体之间的互动),打通了一条从宏观到微观的理论通路。凭借着这样一条理论通路,柯林斯将冲突理论视为解释社会变迁的有效机制。①

对于柯林斯的冲突理论来说,最基本的观点就是人类是社会的、但是倾向于冲突的动物,只要有各种统治的暴力存在,人类社会就会存在冲突。但并行存在的感情基础在冲突的同时带来了团结,将社会分成不同的组织,并被当作

① COLLINS R. Conflict sociology: toward an explanatory science [M]. New York: Academic Press,Inc.,1975:56-59.

策略性的资源加以使用。"组织"是柯林斯冲突理论中的关键词。柯林斯的组织不同于迪尔凯姆的组织。柯林斯是在泛化的意义上使用组织一词的,他认为没有什么理由可以将人际交往等一些关系排除在组织分析之外。① 在柯林斯的理论中,组织、群体有时是可以互换的概念。柯林斯的冲突理论主要包括以下四点:

(1)每一种社会资源都会产生潜在的冲突——在那些拥有资源者与未拥有资源者之间。三种可能产生冲突的基本资源为:经济、权力、身份与文化资源。

(2)围绕潜在的利益(interest),冲突是否发生,主要看这种利益相对立的一面被动员起来的程度。在这方面柯林斯将被动员的利益或者说资源分成了两类。第一类是情感道德及符号的利益或资源。这种资源动员最基本的方式是人们通过接触创造了共享的认同。这种认同产生了团结,但与此同时也产生了与此相对立的潜在的冲突。就如依据财产把人分成资产阶级与工人阶级,从而让工人阶级被置于为资产阶级工作而密切接触的生产生活状态。这种状态,加强了工人之间作为一个共同体的符号动员,这种动员同时明确了自己的对立面——资产阶级,并进而产生与此对立面的冲突。柯林斯认为正是在此意义上,马克思说资本主义将生产自己的掘墓者。换句话说,群体成员是通过对立面来认知自身并形成团结的。因此冲突理论不仅是单方面的,同时也是双方面的。也就是说,冲突与群体的认同是相伴相随的。没有群体的产生,就无法找到对立面;没有对立面,也就没有群体的认同。因此群体认同的确立,必然伴随着一个类似于二分世界的建立——敌我双方(无论这个"敌我"的冲突程度如何——是激烈的还是温和的甚或是隐藏的)。

(3)冲突会带来后续的冲突。一个冲突发生后,冲突并不会就此停止。因为一个冲突的中止点不过是一个新的资源分配方式,这种新的资源分配方式将带来新的对立面的划分,这样就会产生新的、后续的冲突。不过后续的冲突可能会有不同的形态。在这里柯林斯强调情感过程与情感能量。他认为个体在上一轮的冲突中获得的新的情感能量将进入到下一轮的冲突链中,并在下一轮的冲突链中释放出来,并又获得另一种更新的情感能量。如此这般,永不停息。

(4)当用于动员的资源用尽时,冲突会消失或降级。当用于动员的资源消耗太大时,冲突就会降级,如过长时间的战争等;因此消耗小的冲突历时就会长些,如恐怖主义活动与游击战。此外,一个系统官僚化之后冲突也会降级。另一种降级发生在冲突群体失掉了用于建立身份的仪式,这时参与冲突的一方没

---

① COLLINS R. Conflict sociology: toward an explanatory science [M]. New York: Academic Press, Inc., 1975:56-59.

有了群体的认同感,也就无所谓作为另一极的、对立面的"敌人",冲突就会降级或消失。如一些组织无法继续组织起一定规模的成员活动时,成员之间的认同就消失了,这时围绕此组织展开的冲突就会消失。

总体来看,柯林斯的冲突理论具备两面性。社会群体间的对抗与分离在于冲突的存在,但冲突本身也是社会团结的动力所在,社会团结是在冲突中产生的。这个过程是永无止息的。某一处的冲突的中止必然带来新一轮的冲突,"过去的暴行,想象的抑或真实的,产生着确切的循环;在上一轮中的无罪行径变成了下一轮的部分罪恶"①。社会正是在这种不断消失又出现的冲突中得以存在并发生着各种各样的变迁。不过需要指出的是,当涉及阶级的划分时,柯林斯认为物质资源方面的冲突依然是首要的因素。

冲突理论其实是伴随着互动理论的,互动是冲突的一个必然伴随物,从互动的角度来看,柯林斯的理论有以下要点:

(1)他将社会权力等级看作是发出命令者与接受命令者的结构,正是这样的生成机制确立了不同的阶层。这种等级不仅仅是经济地位的,而且也是世界观与行为方式的。

(2)社会本身是一种互动,是由一种互动的链条构成的,每一次互动都形成情感能量,并将这样的能量带到下次。因此所有的组织无非就是互动链,此外别无他物。

(3)互动本身有紧密与宽松之分,柯林斯把此称为仪式密度。老是跟较小范围的同一群人互动就会形成高的仪式密度,从而行为的一致性也会更高;而更多地与不同人打交道,并有较多的私密生活,行为的一致性就会更低些。柯林斯认为互动的群体间不仅有纵向的、阶层的差异——发出命令者与接受命令者的差异,还有横向的、水平的差异——不同个人或群体对于象征符号的认同程度的差异。横向差异的原因在于不同水平的仪式密度。经常见面互动的小群体,个体之间的感觉会更默契,个体之间也更会遵守一贯的预期行为进行互动。

(4)此外,柯林斯还认为虽然组织都可被视为互动链,但这些链条连接的方式是不一样的,也即互动的方式是不一样的。大组织与小组织的互动不一样,政治组织与亲属组织的互动也不一样。但无论如何连接,发出命令者是在链条的紧密端——对组织有更高的忠诚度,那些接受命令者是在链条的开口端——

---

① COLLINS R. What does conflict theory predict about America's future? 1993 presidential address[J]. Sociological Perspectives,1993,36(4):293.

较容易通过开口而脱离链条,这是在任何组织都一样的位置安排。[①]

总之,柯林斯认为人是社会的、但是倾向于冲突的生物。冲突是社会一切结构性变迁得以发生的内在动力。个体与个体之间、群体与群体之间均存在源于冲突而发生的互动。社会结构变迁的原因正在于人类不停进行着的各类互动。一个组织要存在,一方面需要与外在的对象(无论是现实的还是想象的)进行对抗,另一方面在对抗的同时产生情感能量、产生团结。因此柯林斯认为一切互动都可统归至组织的名义下进行分析[②]:在组织结构中分析冲突的展开以及情感能量的生产与传递。

将这些视角落实至费氏话语分析的层面,就须关注言语者如何在话语中划分或建构敌我双方,如何在言说中生产情感能量形成团结,从而确保组织的续存——当然也维系了组织的对立面。这种敌我双方的话语互动方式既受制于现有的社会结构带来的资源分配,同时也会改变现有的资源分配。对于那些不合时宜出现的中国时尚媒介来说,如果要存在,则必须不断完成内在的团结——在与对立面的冲突中完成内在的团结。因而在话语中,分析交互者的冲突与团结是关键点。具体来说,就是关于话语主体如何言说冲突并如何生产团结的问题,也即须关注时尚话语主体如何来建构时尚的对立面,并团结时尚的共享者的话语策略。这是分析的第一个方面,也是最重要与基础的内容。此外,冲突带来的互动,建构了互动者在组织中的不同位置。落实到话语层面则对应于话语实践中的"力量",即时尚话语主体(通常是编辑)以什么样的角色以什么样的口吻(如命令还是商讨)言说时尚。这种言说力量表明了言说者在时尚互动链中所处的位置。追踪言说力量的变化脉络,则可彰显言说者在互动链中位置变化的历程。这是分析的第二个方面。基于这两个方面的分析,本书期望从纵向的、历时的研究中,不仅描画出中国版时尚意义的变迁之旅;更为重要的是,在特定的社会实践背景下,彰显出媒介如何通过话语来对既有的社会实践(特别是编读关系、媒介地位)做出相应的改变。这些改变反过来又会影响着时尚本身的意义。

总的来说,本书将话语与冲突理论相联系,将话语视作冲突互动的一个工具,通过话语,承载冲突、产生团结,并改变既有的社会现实,这种改变又将产生下一轮新的话语层面的冲突。转换成更具体的问题则是:什么样的话语者(有

---

① 兰德尔·柯林斯,迈克尔·马科夫斯基. 发现社会之旅[M]. 李霞,译. 北京:中华书局,2001.

② COLLINS R. Conflict sociology: toward an explanatory science [M]. New York: Academic Press, Inc. ,1975:347.

何基于冲突层面的资源),用什么样的话语策略(在冲突理论的视野下,如何分离人群实现团结),建构了什么样的时尚的意义(与什么相对立)。

(三)时尚话语分析层次

参照费氏的话语分析框架,关于时尚的话语分析在以下三个层次展开。

1.与时尚相关的社会背景

这部分内容主要追寻时尚赖以存在的各个时期的相关社会现实,对应于费尔克拉夫理论的社会实践层面的内容;此外还关注时尚杂志自身的发展状况,对应于费尔克拉夫的话语实践层面的内容。这部分的分析还在于厘清时尚传播者用于生产分离与团结的可资利用的各种资源。

2.时尚话语策略

凯瑞提倡的传播的仪式观指出,传播"并非指讯息在空中的扩散,而是指在时间上对一个社会的维系;不是指分享信息的行为,而是共享信仰的表征"[①]。如果站在此立场上,那么时尚杂志就是一个实现人们对于时尚信仰的共享行为的阵地。这些共享时尚信仰的人们以及人们之间的关系,反过来又会影响到时尚信仰或时尚意义本身。换句话说,在这个时尚的话语体系里面,所有的话语实践者以及他们之间的关系,都是与话语本身的意义密切相关的。就时尚媒介来说,如何言说相关人员以及呈现自我的问题不仅事关时尚媒介、相关人员、自我呈现这三者之间的关系,而且这样的关系同时作用于时尚的意义。任何新的三者关系都会令时尚的意义发生变化,这样的变化在下一个时间点上又成为约束时尚媒介采纳特定的话语策略的外在结构,从而促使他们又去采纳新一轮的话语策略。这个过程将循环往复,正是布尔迪厄所谓的"structuring the structure"(在结构中重新建立结构)[②]。因此话语策略是时尚意义的一个重要关切点。对话语策略进行分析,是理解"时尚"的关键。具体来说,这种分析主要在于解析时尚媒介在现有的资源下如何呈现自身(包括作者)、如何圈划读者以及如何与读者言说。这三方面的问题是交缠在一起的。如何呈现自身与媒介如何圈划自己的读者有关系,而如何圈划读者又限定了对读者的言说方式,这样的言说方式又反过来在与读者的关系中,彰显了媒介自身的形象。置于柯林斯的冲突理论下,就需要去关注话语主体如何动员利益,如何划分对立面,如

---

① 詹姆斯·W.凯瑞.作为文化的传播[M].丁未,译.北京:华夏出版社,2005:7.

② BENSON R, NEVEU E. Introduction: field theory as a work in progress[M]//BENSON R, NEVEU E. Bourdieu and the journalism field. Cambridge, Malden: Polity Press, 2005:3.

何生产团结,从而改变既有的结构,这种结构反过来又如何为新的策略预设了限定等问题。就费氏的分析框架来说,这里的分析一部分对应于费氏理论中的话语实践,另一部分则对应于文本。

3.时尚在媒介文本中的意义的呈现

这部分内容对应于费氏理论中的文本分析层面的内容。时尚杂志通过两个方面来达成时尚意义的建构。其一是显性的建构方式,这是指时尚杂志直接展开关于时尚相关内容的讨论或是创新时尚语词的用法等;其二是隐性的建构方式,即这些时尚杂志对自身的呈现。时尚与时尚媒介是有密切关系的,时尚媒介对于自身的呈现(如内容选择、版块设置,以及各种角色的人员之间的关系呈现等)本身就是对于时尚之意的一种建构。目录与正文是此部分分析的重要文本来源。

(1)目录页的分析。时尚杂志的目录代表着杂志所认可的"时尚"的内涵与外延。因此,通过历时性的目录页的分析,可以获得以下信息:其一,可以较清晰地追踪到媒介中的"时尚"外延扩张的基本情况。其二,可以探寻到与时尚有关的语词的出现情况,如美、性感、都市、摩登,等等。通过这些在不同时间、不同情境下出现的与时尚有关的语词,可以梳理出时尚意义核心指向变迁的粗略脉络。其三,对时尚一词相关的标题分析,侧重于时尚的词性与语词的意义。综合这部分分析,可以获得两方面的内容:一是可以大致获得时尚意义的变迁脉络;二是可以确定大致的意义变化中的各个"热点时刻"及"节点"(包括外延、内涵变化的节点),建立相应的节点性文本的索引,找到话语实践分析中的具体的篇章。

(2)正文文本的分析。在具体的分析中,连贯性、力量与互文性是着重考虑的三个方面。更具体一点说即是:篇章是如何连贯起来的(通过什么既有的"共识""常识"或"共同的情感体验"即柯林斯所谓的"情感能量")、力量是如何被赋予的(即敌我双方是如何划分的),以及与什么样的其他文本如何产生互文性。

费尔克拉夫的话语分析,作为一种理论是具有较普遍的适用性的,但作为一种方法,在操作层面是有其局限性的。作为从英语文化中提炼出来的一种方法,费尔克拉夫的话语分析框架中有两方面是与其语言背景及语言所处的文化环境密切相关的:其一是分析的七个标题中的具体分析项;其二是赖以阐释的背景。笼统地来看,七个标题本身是所有语言中都需要考虑的分析向度。但文本层面除了词汇以外,语法、连贯性、文本结构针对不同的语言是有不同的分析方法、不同的分析要点的。在这方面,费尔克拉夫并未提出针对不同语言的文本分析的各个要点与方法。针对不同的语言,研究者需要自行完善各个分析点。此外，话语分析是一种阐释的方法，基于特定的背景进行阐释是阐释能够成立的前提。在这方面，费氏的理论架构中并没有提出过关于背景与阐释该如何关联的问题，甚至连一些原则性的指引都没有。若要将这个框架引入某种特定的文化与语言中，分析者需要自行对此框架进行"落点"的完善与"背景"（context）的建设。

相较于英语，汉语是一门十分独特的语言。崔应贤将汉语的特点归纳为以下几个方面：重意轻言与非形态；重简轻繁与非逻辑化；重感轻理与临摹性。总起来说就是"重综合，轻分析"①的特点。在语法上，汉语不像英语存在着较为清晰的推理转折的逻辑，而往往诉诸一种共同的情感体验。王力就曾说过："就句子的结构而言，西洋语言是法治的，中国语言是人治的。"②这样的特点决定了按英语惯常的分析点很难对中文进行分析，同时也决定了分析的落点无法像英语一样做到细致而具体，特别是无法严谨地分析句与句之间的联结起来的内在逻辑，重要的是在总体上把握篇章的意义。为此，特别需要留意情感的诉求，找出媒介动之以何种情感以及动员的方法。也即不仅需要找到"共识"，更需要找到"共感"，即时尚媒介在圈划了什么样的"敌人"过程中获得了什么样的共感。而这个共感是时尚共同体达成团结的情感基础。因此文本的七个向度依然是本研究参照的分析要素，但本研究不是固定地、刻板地、均等地分析这七个向度，而是在不同的话语中较灵活地使用这七个分析的向度。

（四）媒介样本

中国媒介话语中的时尚意义当然事关所有的媒介。从广义来说，所有的媒介与媒介话语都会参与时尚意义的传播，都对时尚的意义在中国的传播形成影响。但这种影响的程度显然是不同的。由于时尚杂志在我国时尚传播的独特地位，本研究的媒介样本主要集中在时尚杂志。之所以将样本集中在时尚杂志有两个原因：其一，我国的时尚媒介发端于杂志，杂志是我国早期涉足时尚内容的唯一媒介品类；其二，在本研究的分析时段（1980—2010）中时尚杂志是我国时尚媒介中最重要的一类。

具体来说，本书将重点关注四份杂志，分别是创刊于 1993 年的《时尚》（包括后来男女分刊的《时尚 COSMOPOLITAN》③与《时尚 ESQUIRE》）、创刊于 1988 年的《世界时装之苑 ELLE》④、创刊于 1995 年的《瑞丽服饰美容》，以及创

---

①　崔应贤. 现代汉语语法学习与研究入门［M］. 北京：清华大学出版社，2004：69.

②　王力. 王力文集：第一卷［M］. 济南：山东教育出版社，1984：53.

③　为简便起见，后文均用《时尚 COSMO》代称。

④　为简便起见，后文均用《ELLE》代称。

刊于 1985 年的《上海服饰》。之所以选这四本刊物,基于几方面的原因。

(1)从时尚杂志的经营体系来考虑的话,这四本刊物分属于市场上有代表性的三大体系:《ELLE》与《时尚》是"欧美系"的代表,《瑞丽服饰美容》是"日系"的代表,《上海服饰》则是本土时尚杂志的代表。而且,这些刊物背后的媒介集团,是市场上的时尚媒介的主要拥有者,即时尚、桦榭(2012 年已被赫斯特合并),以及瑞丽传媒集团。2010 年以前,我国其他媒介的时尚信息有很大一部分直接来自于除《上海服饰》之外的这三份刊物。

(2)历时地来看,这四本刊物在不同时期有不同的市场地位,对于时尚的意义建构具有不同作用。在 20 世纪 80 年代至 90 年代,《上海服饰》是中国时尚杂志市场上的一支奇葩,发行量曾高达 100 多万册,是其时影响力最大的相关刊物。《上海服饰》连同《ELLE》对于初期的时尚概念的引入具有极为重要的作用。《ELLE》在 1996 年之后经营状况渐入佳境,在 21 世纪来临前,成为中国时尚杂志的代表;进入 21 世纪后,《时尚》的发展势头非常强劲,随着男女两刊的分离,不仅《时尚 COSMO》在女性时尚期刊中具有重要地位,而且《时尚 ESQUIRE》是男性时尚期刊的代表。这两本刊物在 20 世纪 90 年代中以后乃至 21 世纪,是最为重要的时尚意义的建构者。《瑞丽服饰美容》代表着以实用为定位的"日系"时尚杂志,它对于时尚的意义建构的贡献主要在进入 21 世纪后——通过其独特的内容安排来实现。

(3)在本书设定的分析时段中,这四本刊物覆盖了中国时尚杂志的基本经营模式。《上海服饰》一直没有外资的介入,几乎属于硕果仅存的本土时尚刊物;《ELLE》与《瑞丽服饰美容》则相反,从创刊起就是采取版权合作的模式办刊的,代表着最纯粹的合作办刊的经营模式;《时尚》一开始是本土创办的刊物,后来与境外的成熟刊物进行版权合作,走过了一个从自主办刊到版权合作的过程。另外《时尚》一开始是男女合刊的,后来实行男女分刊的策略。男刊分离出来后,起先是自主办刊,后与 ESQUIRE 合作。《时尚 ESQUIRE》是中国时尚杂志市场上历史最长的男性时尚刊物。

除此以外,本书还将关注《人民日报》《中国青年》《中国妇女》《时装》,以及民国时期的一些相关刊物。对这些刊物的研究,主要在于追寻时尚在中国源起的文化背景及各个时段社会中关于时尚的既有认知。

四、内容结构

列维-斯特劳斯认为历史的发展并不是平均的,一天与一天之间的距离也不是对等的。在历史上存在着一些所谓的"热点时刻"。在这些用日期序号记录的时间段里面,大量的事情发生着,可称为是一种"历史压缩"①,或者说这些时间属于"热点时刻"。在本研究的梳理过程中,发现确实存在某些所谓的"热点时刻"。在全面梳理下,本书理出以下"热点时刻"及相关刊物:(1)1986—1989 年间的《上海服饰》与《ELLE》。这是时尚概念的初涉时期,两本刊物通过大量的内容完成了对时装概念的建构及其与服饰的区分,并初步涉及时尚,确立了时尚作为美的基调。(2)1995—1997 年间的《上海服饰》《ELLE》与《时尚》。在这几年中,特别是 1996 年,这些刊物展开了关于时尚或流行的大讨论,并且对于时尚一词有了大量的创新用法。这是意义建构的重要时刻,完成了时尚作为有限定的美的意义的建构。(3)2006 年《时尚 ESQUIRE》大举进攻时尚领域,并有大量论述男性时尚方面的内容;而《瑞丽服饰美容》也在这一年突增了修身美容等以身体为中心的内容。这些内容对于时尚与男性及身体的关联起到了突出的作用,在美的向度上拓展了原有的意义。(4)2008—2009 年间的《时尚 COSMO》《ELLE》。在这两年间,这些刊物的话语中突现了大量对于性及两性关系挑战的内容,这些内容构成了后期时尚意义中的挑战意味。基于这些热点时刻,本书将进行分阶段的叙述。

但需要说明的是,首先,"热点时刻"并不是绝对的,偶尔也有相关内容是在此时刻之外的。因此,相应地,在行文中亦有部分内容会溢出某个特定时刻及相关刊物。其次,本书内容虽然按时段展开,但研究的主旨不在于时间节点的精准划分,而在于探寻这些媒介话语中的时尚概念的变迁及其变迁的脉络。对于阶段的划分是为了达成研究的主旨,阶段划分本身并不是目的。事实上,在某一个既定的时间点上,刊物对时尚建构的意义可能有一部分是属于上一个阶段的,另一部分是属于下一个阶段的;另外,邻近的两三年内,还存在着意义反复回旋的情况。对于本书的研究主旨来说,精确的时间节点的切分既不可能也不需要。当然,没有确切的时间节点并不代表没有一个大致的、时间上的、段落性的变化趋势。

基于大约的热点时刻,本书内容按时段展开。第一章对 1919 年以后至 20 世纪 80 年代期间媒介话语中的三个文化概念——"摩登""美"及"奇装异服"的意义进行梳理分析。这三个文化概念的意义对后期时尚的意义形构起到了一种类似于文化土壤的作用。第二章对 90 年代以前的《上海服饰》与《ELLE》进行分析。在这个阶段,这些杂志通过"为了美"的办刊目的,达成了存在的正当

---

① 克洛德·列维-斯特劳斯.野性的思维[M].李幼蒸,译.北京:中国人民大学出版社,2006:236-241.

性诉求，并将时装作为时尚的同义词引入刊物，从而隐性地确立了时尚是一种全民共享的美的意义。第三章集中分析 90 年代中期《上海服饰》《ELLE》《时尚》对于时尚的大讨论。这场大讨论嵌入于我国都市化的进程。通过内嵌于都市化进程的大讨论，时尚作为一种美，开始与乡村脱离，成为一种有限定的美，其限定词主要是三个：都市、年轻与女性。第四章的分析集中在 2005 年之后纷涌而起的时尚杂志。在这个阶段，时尚在中国媒介话语中的意义的外延不断地被突破，以至于其内涵也发生了动摇。时尚之意不再与美有关，而成了一种态度——一种"挑战"的态度。在这里，当时尚之意成了挑战之后，时尚本身的意义也同时被挑战了，此时，时尚已再无确定的意义了。

在这样的历程中，随着时尚之确定意义的瓦解，时尚媒介与时尚媒介的生产者却日益强大。不仅时尚媒介开始了野蛮生长，时尚编辑更是在这个时尚意义瓦解的历程中一步步地壮大。通过一步步地划定时尚"敌人"，时尚编辑成了时尚组织中的命令发布者，其他人需要获准由他们施行的"净化"后方可进入时尚领地——一个存在着多种层级的领域。时尚俨然成了镜子一般的存在——你确实看到里面映出的那个世界，却永远无法真正进入那个世界——除非你被时尚终裁者赐予魔力。这样的时尚意义之旅实在是意味深长，让人无法不着迷于"时尚究竟是什么"的问题。第五章在回顾、总结全部分析后，回到这个令人着迷的问题：时尚是什么？

第一章 三个文化概念

　　历史学家们通常认为现代时尚最早可追踪至 14 世纪中叶的欧洲。① 在 14 世纪之前，人们的衣着变化较慢，更没有形成季节性的、集体性的衣着款式的更替。至 17 世纪，在路易十四的提倡下，随着资本主义的发展，形成了目前所谓的时尚，即现代意义的时尚。时尚历史学家 Kimberly Chrisman-Campbell 认为这种时尚具有"季节性的、国际性的、公司化的、媒体驱动的，并且不断变化的"② 特征。Davis 将这种时尚称为严格意义上的时尚，并将其风格更替特征归结为：连续的(continual)、不中断的(uninterrupted)、制度化的(institutionalized)。③ 可见现代意义的时尚是与资本主义的发展相依相随的，是与经济力量、媒体力量交织在一起的。当这些特性中的某几个缺失时，就不构成所谓的现代意义的时尚。尽管对于时尚兴起的确切时间，不同的历史学家持不同的意见④，但对于现代意义的时尚兴起于西方，鲜有异议⑤。

　　发达的经济是时尚存在的必要条件。就这一点来说，中西方都是一样的。当人们不具备足够的、可支配的经济收入时，时尚是无从谈起的。正因为如此，

　　① BOUCHER F. 20,000 years of fashion: the history of costume and personal adornment [M]. New York: Harry N. Abrams, 1967; LAVER J. Costume and fashion: a concise history [M]. London: Thames and Hudson, 1995.

　　② CHRISMAN-CAMPBELL K. From Baroque elegance to the French revolution 1700-1790[M]//WELTERS L, LILLETHUN A. The fashion reader. Oxford: Berg, 2007: 6.

　　③ DAVIS F. Fashion, culture and identity[M]. Chicago: University of Chicago Press, 1992: 28.

　　④ WELTERS L. Introduction[M]//WELTERS L, LILLETHUN A. The fashion reader. Oxford: Berg, 2007: 3.

　　⑤ DAVIS F. Fashion, culture and identity[M]. Chicago: University of Chicago Press, 1992; CHRISMAN-CAMPBELL K. From Baroque elegance to the French revolution 1700-1790[M]//WELTERS L, LILLETHUN A. The fashion history. Oxford: Berg, 2007: 6.

中国的时尚现象亦如西方一样是伴随着经济的发展而到来的。但对于中国这样一个具有五千年文明史,曾经一度引领世界、进入 20 世纪后又多变革的国家来说,其对时尚的承接土壤,特别是文化背景,是不同于西方的。古代中国的历朝历代都有服制的明确规定,不存在时尚的生存空间。自 17 世纪西方兴起时尚之后的很长一段时期,中国实行闭关自守的政策,与西方世界的接触交流不多,西方已大范围存在的时尚很难对国人生活形成影响。自晚清始,随着西方列强的入侵,中国被迫开始了与西方世界的接触。在与西方世界的接触中,时尚及其相关内容是作为一种最先侵入的元素,影响着中国社会的。[1] 因为"一种文化对于异质文化的吸收,往往首先开始于最表面的生活习尚层次"[2]。自此开始,西方的时尚方才影响中国;亦是从此时开始,国人日常文化中方才积淀起时尚成长的第一把尘土。而后,20 世纪二三十年代,中国社会真正出现了一些与时尚关系密切的问题和现象,这些问题和现象铸就了 90 年代后时尚被大规模接纳的基本文化背景。

时尚兴起的文化背景中,三个方面的内容最为人们关切,分别是兴起于 20 世纪二三十年代的摩登及摩登女郎现象,始于 50 年代、盛于七八十年代的关于美的大讨论,以及在 20 世纪不同时期进行的对于奇装异服的讨论和讨伐。这三方面的内容不仅构成了时尚在中国兴起的主要文化背景,而且亦基本决定了日后中国媒介对时尚的建构方式。对摩登、美及奇装异服的理解与再阐释成为日后中国媒介面对时尚时需要反复进行的工作。一句话,摩登、美、奇装异服这三个概念是后来的中国版时尚大厦得以建立的文化基石。

第一节　摩　登

在 20 世纪 30 年代的中国,社会上形成了一股"摩登"风。摩登成了人们竞相追逐的文化标签,也成了人们生活的一种方式。"近年来,'摩登'两字在中国成了一句普遍的口头语。"[3]"摩登两字,似乎是近几年来很流行的词语了,尤其在上海。翻开报纸一看,满纸的'摩登'名词,只要是流行的事物样式,大家都冠以'摩登'两字。"[4]可见,摩登之风行。正如 30 年代的杂志所言:"在这个一切以

① WU J. Chinese fashion:from Mao to now[M]. Oxford:Berg,2009.
② 严昌洪. 20 世纪中国社会生活变迁史[M]. 北京:人民出版社,2007:38.
③ 孟斯根. 中国"摩登"女子的危机[J]. 华年,1933,2(6):108.
④ 摩登[J]. 新生,1934,1(50):406.

摩登为最高标准的社会里,有谁肯自认为'不摩登'?"①

　　摩登最初来自佛教用语,是对梵语 mātanga 的音译,译作摩登伽,专指一种放浪淫荡的游民。摩登伽女则指古印度摩登伽种的淫女。② 在楞严大义中,有写到阿难经过摩登伽女处,受诱差点毁了戒身的段落。"尔时阿难,因乞食次,经历婬室,遭大幻术。摩登伽女,以娑毗迦罗先梵天咒,摄入婬室,婬躬抚摩,将毁戒体。"③楞严经在唐朝时就已传入中国,可见摩登伽的译名已存在很久了。1927 年由尚小云主演的《摩登伽女》一剧描述了一个叫摩登伽的异域美艳少女,后终登仙界的故事。此剧中的摩登伽正是来源于梵语的音译。④ 30 年代,大华烈士在《逸经》上翻译连载的《摩登伽女》,即是关于印度摩登伽传说的中文译稿。⑤ 摩登伽后被简略为摩登。明朝凌蒙初《二刻拍案惊奇》卷二十一中说:"似是摩登女来生世,那怕老阿难不动心。"此处的阿难与摩登女应该就是指楞严经中阿难经过摩登伽女处受诱的故事中的两个人物。因此有研究者认为:"'摩登'一词虽然在元明时期的运用还不普遍,但也绝非僻典。很难说,近世翻译 modern 为'摩登'时不是对佛经成词的借用。"⑥

　　今天人们往往认为摩登是英文 modern 的音译,最早是由田汉翻译的,但史学家们考证后发现并无直接的证据能证明这是田汉的创作。1928 年 2 月上海《中央日报》创立《摩登》副刊,由田汉主编,且这份副刊同时出现英文 modern 一词,因考虑到田汉身为主编,从而推断中文刊名"摩登"很可能是出自田汉之手。⑦ 但这毕竟只是一种推断,且无其他证据的佐证。因而,摩登作为 modern 的音译,其译者尚难定论。

　　modern 一词在陆谷孙主编的《英汉大词典》第二版中作为形容词的翻译条目为:(1)近代的,现代的;(2)现代化的,新式的,时髦的,摩登的;(3)(语言的)近代的,现代的(Middle,Old 之对);(4)现代派的。modern 作为名词的翻译条目有:(1)近代人,现代人;(2)具有现代观点的人;(3)现代派画家;(4)现代罗马体,现代体。按陆的解释,在中文中 modern 常见的翻译可概括为近代、现代和摩登。这和张勇的观点是一致的。"英文'modern'一词在现代汉语中有三种译

---

① 李瑞琼. 摩登妇女之摩登病[J]. 玲珑,1933,3(23):1088.
② 范富安. 摩登的两个来源[J]. 语文建设,2005(9):29.
③ 参见《大佛顶如来密因修证了义诸菩萨万行首楞严经》。
④ 邓小秋. 尚小云与摩登伽女[J]. 当代戏剧,2002(4):23.
⑤ 具体内容可参见 1936 年及 1937 年的《逸经》。
⑥ 范富安. 摩登的两个来源[J]. 语文建设,2005(9):29.
⑦ 张勇. 摩登考辨——1930 年代上海文化关键词之一[J]. 中国现代文学研究丛刊,2007(6):36-50.

法：近代、现代和摩登。"①在 20 世纪 30 年代，有时近代、现代、摩登三词是混合使用的。但到了 30 年代以后 modern 的翻译渐渐地固定下来，译作现代。② 但摩登一词却并没有因此而消失，反而成了中文当中的另一个固定词。

从 20 世纪 30 年代开始的摩登讨论，往往围绕"现代"与"现代性"；人们评价或批评摩登也往往是从"现代"入手的。"'Modern'这个字本来是用作形容词，可译为'现代的'，'近世的'；若看到'Modernize'，这个用作动词时，便当译为'革新''改革'等意；由此说来，'摩登'这字是有'新''不落伍'的意思。是与'旧''陈腐'等意成反面的；因之，凡所形容的事物有'摩登'这字资格的，必须充分具有'现代化''时代化'的实质才算恰当的。"③"我们要知道摩登两字，其意义不外是现代或最近的而已。故此当我们说及一位摩登女子，我们的想思（原文如此——笔者注）不过说她是一位现代的女性。"④在此意义上摩登也就是现代或现代性的另一个中文表述罢了。《摩登救国论》⑤《摩登都市计划的几个重要问题》⑥等文章中的摩登，都是取摩登的现代之意。这类文章中所说的摩登化也等同于今天所说的现代化。这样的言辞在 20 世纪 30 年代的报章上，可谓俯拾皆是。⑦ 李欧梵在《上海摩登》一书中，也是视摩登与现代或现代性为等同的概念。李的研究旨在说明上海是如何在现实的物质文化生活与想象的文学艺术的相互作用中来达至它的现代性问题的。田汉的电影《三个摩登女郎》，将摩登女郎描述为脱离了旧时期的约束而敢爱敢恨的现代女子。总之，将摩登视作现代性几乎是毋庸赘言的基本认识。

① 张勇.摩登考辨——1930 年代上海文化关键词之一[J].中国现代文学研究丛刊，2007(6):36.

② 张勇.摩登考辨——1930 年代上海文化关键词之一[J].中国现代文学研究丛刊，2007(6):36.

③ 桤后.怎样才摩登? 摩登又怎样? [J].女子月刊,1933,1(3):311.

④ 佩方.怎样才是摩登女性[J].玲珑,1932,2(62):531.

⑤ 天南.摩登救国论[J].十月谈,1933(9).

⑥ 莫朝豪.摩登都市计划的几个重要问题[J].工程学报,1933,1(2):1-14.

⑦ 20 世纪三四十年代的杂志文章，但凡探讨摩登的，往往都是从强调摩登作为 modern 的音译词其本意是"现代的"开始的，具体可参见:佩方.怎样才是摩登女性[J].玲珑,1932,2(62);桤后.怎样才摩登? 摩登又怎样? [J].女子月刊,1933,1(3);施莉莉.摩登女子的外表与实质[J].玲珑,1933,3(19);胡玉兰.真正的摩登女子[J].玲珑,1933,3(20):937;刘九."摩登"文化研究[J].朔望半月,1933(4):14-16;摩登[J].新生,1934,1(50):406;天南.摩登不颓废[J].十月谈,1933(11):3.甚至还有人为了传播真正的摩登概念而设置了一系列的问答题，用于纠正其时人们对于摩登的误解，具体可参见:黄嘉历.你摩登不摩登[J].家,1946(2):6.总之此类文章不一而足。

如果摩登仅仅等同于现代或现代性,并被广泛指认为现代或现代性,那么既没有必要大张旗鼓地进行讨论或纠正,更不可能作为一个独立的概念而存在——只要换作现代即可。之所以其时的媒介要不断地对摩登进行辨析或纠正,就是因为摩登意味复杂。梳理出摩登在现代或现代性之外所蕴含的意义,成为理解摩登及摩登现象的关键。

20 世纪 30 年代,摩登在汉语中的使用状况非常类似于今天的时尚:既作为名词,亦作为形容词被使用着。如前文所引:"在这个一切以摩登为最高标准的社会里,有谁肯自认为'不摩登'?"此处第一个摩登是以名词的词性被使用的,第二个摩登则是一个形容词。若将摩登两字换作时尚,此句不仅依然通顺可读,而且其语意也依然恰当。这样的契合实在有些意味深长。因之,这一节中探求的摩登之意,亦是将它作为名词与形容词一并考量后,综合得出的意涵。

一、摩登是都市的

都市是都市化的最终结果形态。"都市化(Metropolitanization)是城市化(Urbanization)的升级版本与当代形态。按照一般的分类原则,城市化可划分为城镇化、中小城市化与都市化三类。都市是都市化进程的核心与最高成果。这可以从两方面进行界定与阐释:从城市发展史的视角看,都市是人类城市历史发展的高级空间形态。在概念辨析的意义上,'都市'并非英语中既可译为'城市'也可译为'都市'的'Urban',而是来自希腊词汇、又被诸多西方社会学家使用的'Megalopolis'('巨大城市')。"[①]

摩登的出现,是伴随着中国都市化的进程到来的。不论摩登是否出自田汉之手,但其首先出现于 1928 年 2 月上海《中央日报》创立的《摩登》副刊,是不争的事实,"英文 modern 是在上海有了它的第一个译音"[②]。摩登也正是在上海这样的都市,开始了广泛的讨论,尔后才逐渐形成了属于它自己的意涵。摩登概念的成形,如李欧梵所论证的那样,一方面来自于具体的物质生活,另一方面来自于想象的文学艺术作品。在具体的物质生活方面包括那些外滩的西式建筑、百货大楼、咖啡馆、舞厅、跑马场等。这些都是当时的大都市才会存在的物质空间。虽然跑马场在西方人看来,或许代表了一种田园生活的联想;但在中国,当它只能在像上海这样的大都市存在时,它恰恰意味着都市感。20 世纪 30 年代

---

① 刘士林.都市化进程论[J].学术月刊,2006,38(12):5.
② 李欧梵.上海摩登——一种新都市文化在中国(1930—1945)[M].北京:人民文学出版社,2010:5.

的上海是世界第五大城市,称为大都市实在不为过。这些具体的物理空间,提供了摩登最具体而生动的物质材料。这些物理空间除了所谓现代性之外,更重要的一点就是它们都只能存在于梦幻般的都市。即便一般的中小城市,都不可能同时拥有这些景观。这使得摩登在物质层面上有了具体的限定,那就是都市的。而想象中的摩登,则进一步强化了摩登的都市意味。文学作品中的重点人物及故事的背景,无一不是都市的。这两方面的相互作用,建构起了都市的现代性,即所谓摩登。①

　　李欧梵并未仔细地区分摩登与现代性。②《上海摩登》一书的核心问题是:"是什么使得上海现代的? 是什么赋予了上海中西文化所共享的现代质素?"③因此上海摩登事实上等同于上海现代。但光是从其书名《上海摩登——一种新都市文化在中国(1930—1945)》,又可以非常清楚地看到李是将摩登界定为一种都市文化的。当李研究所谓的"上海摩登"时,是"想在上海这个都会背景下描述现代中国的现代性进程,提出都市文化与现代性这样一个命题"④。在此,可看出李虽然视摩登等同于现代性,但李的现代性是严格限定的都市的现代性。正因为是都市的现代性,所以摩登才可与现代性概念等同,如果超越此界限,摩登就不可等同于现代性。这样的界定是可信的,从 20 世纪 30 年代及其后的一些文献资料中可以得到佐证。

　　如在一篇署名"布"的文章《从穷秀才谈到摩登学生》中,作者从自己幼时入学堂时讲起,说为什么中国人会认为"万般皆下品,唯有读书高",原因在于读了书后穷秀才可以做官发财光宗耀祖。因此,在前清时期"穷秀才"是个美名。但民国时期,穷秀才金榜题名的机会不存在了。此时的穷秀才再也没有"十年窗下无人问,一朝题名天下知"的美好时光了。但读书光宗耀祖的思想及机会还是存在的,只不过现在这机会是存在于都市里而已了,昔日穷秀才的替身是现时都市里的摩登学生们。因此"到都市里去,不知从哪一天哪一月起成了摩登学生们的流行口号"。因为只有在都市里,才存在所谓的摩登学生,才能"讨会跳舞会唱歌作乐的摩登老婆",才有所谓的摩登生活。作者在文中举出几类摩

---

　　①　李欧梵.上海摩登——一种新都市文化在中国(1930—1945)[M].北京:人民文学出版社,2010.

　　②　李欧梵的英文原版的书名用的是 modern,但译成中文后是将 modern 译成摩登的。

　　③　李欧梵.上海摩登——一种新都市文化在中国(1930—1945)[M].北京:人民文学出版社,2010:5.

　　④　李欧梵.上海摩登——一种新都市文化在中国(1930—1945)[M].北京:人民文学出版社,2010:353.

登学生。"一,住在法国化的洋街上,住洋房,钞票一把一把地从裤袋里掏出来,塞在女人的红唇里,塞在女人的高跟皮鞋里,这是×××驻沪主任——摩登大学生之一;二,住在贫民窟里,冬天穿着自由布长衫,夹着共产党的宣言标语参加会议去——摩登大学生之一;三,住在亭子间里,成天跑马路,深夜回来气愤愤地拍着桌子要做土匪去——摩登大学生之一;四,住旅馆、住公寓,没有职业,家中寄来的钞票全消耗在跳舞场的香槟酒里——摩登大学生之一。这例子不胜其描述。"住的无论是洋房、贫民窟,还是亭子间甚或干脆无固定住处,摩登学生一定是在都市里的,这是摩登学生们的共同特性。那些"仍是躲在乡下的茅舍里教弟子"的则只能被称为"穷秀才",而且是永远不再有光宗耀祖的机会的"酸腐"的"穷秀才"。①

摩登是属于都市的,摩登的行为是只有在商业极其发达的大都市才存在的。方唐的漫画《何先生野史·摩登》当中的人物对话正表现了摩登与高度发达的商业之间的关系。"问:'何为摩登?'何先生答:'当今商场如战场,战果拍板与酒楼舞榭之中,是为摩登!'问:'何为烈士?'何先生答:'摩登战场中,陪酒者醉死,陪泳者淹死。有公仆酒后跌落茅坑壮烈牺牲,是为摩登烈士。'"②因而摩登不仅与乡村无缘,与一般的商业较落后的中小城市及城镇也是无缘的。若将摩登移至乡村,那将是无比可笑的。在这方面,张谔有一幅《乡下姑娘摩登化》的漫画正好与方唐的漫画形成对比。乡下姑娘初进城上中学,见着高跟鞋羡慕不已,向家里要钱。老父无奈卖了一头好牛让其买了一双高跟鞋,无奈回乡之时,乡间的道路不适合高跟鞋,折断了一根鞋跟。断了一根高跟的鞋子不好走路,乡下姑娘索性就再敲掉另一根鞋跟。但那样摩登的鞋子在乡间还是不好走路,乡下姑娘干确脱了鞋赤着脚走路回家。老父亲没见着一头牛换得的物什,一见面就问道:"牛大哥哪儿去了?"③可笑之余,可见乡村与摩登的不相融。20世纪30年代所说的摩登赖以存在的都市基本是指上海,至40年代,摩登已不再专属于上海。但无论如何,摩登是属于都市的,这是当时人们的基本共识。"'摩登'……为现代各大都市中最风行的一个名词。"④这里的都市未必是严格意义上的都市,但至少得是有都市意味的较大型城市。

摩登是都市的——对于这样的认识有人持反对意见,认为乡村也是有摩登的。但是,当人们说乡村也有摩登时,此时摩登之意是不同于前者的,是将摩登

① 布.从穷秀才谈到摩登学生[J].老实话,1933(5):13-14.

② 方唐.何先生野史·摩登[J].源流,2002(9):1.

③ 张谔.乡下姑娘摩登化[J].生活教育,1934(3):62.

④ P.A.论摩登[J].醴师学生,1948(1):73.

当作 modern 的中文译词使用的。① 今天对于 modern,更常见的译名是现代或现代性,而摩登则是另一个独立概念:是在现代或现代性之外有其他意涵的概念。摩登因此区别于 modern。

在 20 世纪 30 年代的摩登大讨论中,关于"摩登的即是都市的"认识影响是极其深入的。即便在新中国成立后、经过社会主义改造以后这也还是对于摩登的一个固识。1957 年《人民日报》上一篇关于汕头的文章中说道 20 年前"汕头的女人是最爱打扮的,着旗袍,穿高跟鞋,擦胭脂,抹口红,烫发……街上到处是摩登女郎,可是这次我一上岸就感到味道不同了,大家都穿得那样朴素,像乡下人一样"②。此处,乡下人与摩登女郎是一对反义词,这是理解此文须有的前提性认识。即便改革开放后,对于"摩登是都市的"这个认识依然还是固存的。1993 年《人民日报》一篇描写江南小镇变化的文章中写道:"那一块块赫然的塑片招牌上,颜体柳体字迹或烫金或镀银,无不显出一种富丽堂皇的气势,那迎面而来的或三或五一群的江南女子,穿高跟皮鞋,着长呢风衣,典型的现代摩登派头,又令人不由得生出一种无论如何也是行走在大都市中的感觉来。"③在作者的表述中,摩登派头原是与江南小镇无缘的,只不过由着发展,小镇拥有了都市般的摩登气息。

由此可见,对于摩登的认知中,都市意涵的影响之深远。

二、摩登是一种重西式消费的生活方式

20 世纪 30 年代,摩登在被人追捧的同时亦被人棒喝。摩登在日渐渗入生活各个角落的同时,反摩登的声音也日渐强大。支持摩登者认为摩登之所以背负了某些恶名,是因为人们误解并误用了摩登之意。作为现代之解的摩登及摩登化在其时的中国是需要大力提倡的。为了提倡摩登与摩登化,支持者们认为还摩登一个清名是当务之急。时任行政院长的汪精卫还曾专门对摩登一词做出解释。针对当时反摩登的潮流,汪精卫说:"'摩登'二字系由法文 moderne 译出,即现代之谓,例如现代国家政治组织,现代社会经济组织,现代教育制度,现代美术、现代运动等等。目前中国样样落后,正当努力向前做成现代的国家,现代的社会,具备现代国家现代社会所有的条件,有什么理由可以反对现代,而且现代的种种制度绝不是突然发生,而是由前代逐渐改进得来的,所以现代二字

---

① 特罕. 摩登与矛盾[J]. 新社会杂志,1931,1(1):1-6.

② 詹文豹. 汕头杂记[N]. 人民日报,1957-09-26(8).

③ 廖静仁. 能不忆江南[N]. 人民日报,1993-07-09(8).

不仅含有适宜于今日的意义,并且含有将古代所传来的加以分析、加以评定、加以斟酌取舍,而成为比较进步的意义,更没有反对的理由。"①因而汪精卫认为摩登不应当视作法文 moderne 的译词,而应视作法文 a la mode 的译词,作时款与时式之解。但汪接着说,就算时款与时式其实也是没必要反对的。当一个人需要新购一件服装时,选个时兴的款式没什么可以过多指摘的。② 总之,汪精卫认为反对摩登是没有道理的。

诚然,若摩登只是作为对应的外来词的中文译词的话,那么无论是作为哪一个外来词的译词,确实如汪精卫所分析的那样,是没有反对的必要的。但摩登之所以被一些人,特别是一些所谓有识之士所贬抑,是因为摩登已日渐形成了与其原来外文词之意相去甚远的意味,成了一个自足的但含有负面意味的中文概念。一些人对于摩登的批评正是针对摩登日益明显的、不同于原外来词之意的、独特的、在其时看来是负面的意义。这个负面的意义,主要在于摩登带来了重消费的生活方式,特别是重西式消费的生活方式。

在一幅名为《摩登姑娘》(见图 1.1)的漫画中,作者写道:"摩登姑娘的头部,起码要有三两雪花膏,四两香水精,二十四种香粉,五钱胭脂。"③在这幅作品中,作者讽刺了追求摩登的人们满脑子的消费意识。作者选择摩登姑娘的头部而非身体的其他部位加以讽刺,应该是有其寓意在里头的。在作者看来所谓摩登姑娘,无非是拥有了一个充满着消费意识的头脑;没有足够多的消费品,也就撑不起一个摩登姑娘的"头部"。对于一直以来以生产为重的社会来说,摩登对消费的提倡构成了最强烈的负面意义。人们反对摩登主要在于反对摩登挟带的重消费而轻生产的思想,这种思想是与其时的基本认识相背离的。

图 1.1　摩登姑娘

生产是重要的,消费是次要的;生产是目的,消费不过是为了维持生产而必需的手段,这是其时人们的基本共识。这样的共识特别明显地体现在对于身体

---

① 汪精卫.摩登[J].新生,1934,1(50):406.
② 汪精卫.摩登[J].新生,1934,1(50):406.
③ 忠澄.摩登姑娘[J].民众生活,1930,1(18):21.

的目的与功能的认识上。身体的目的是生产,身体的生产功能是重要的、消费功能是附带的,这一直以来是中国社会的传统认识,特别是对于那些希望借摩登而走上现代化道路的人士来说,尤其如此。他们认为社会的现代化唯有依赖生产才能实现;而生产的实现,首先要有一个健全的、健康的身体。对于身体的关注与需要,只是为了达成生产,而非享受。

一个人若为着摩登使身体失去了应有的生产功能,这样的行为会被视作是对身体的伤害,是一种不顾后果的即时的享用,这样的享用"是比暮春的牡丹花的花期还要短促的"①,因为任何人的身体是必然需要承担各种生产的。"养育孩子们,和应付人事的一切处所,都随时随地要花去无量的精力,不有健全的躯体——不有顺着生理发育秩序而长成而保持的躯体,怎能希望有更健全的儿女继续自己种族的生命?! 怎样能胜任自己求生的工作?!"②总之,身体的目的是生产——生命的再生产或维持生命的物质生产,是当时人们的基本共识。

但摩登重消费的思想使生产的身体转向了消费的身体,将生产的身体转化成了消费品展示的场所。这种转化弱化了身体的生产功能,转而强调其消费功能,这在传统观念看来,是身体的病变。有人直接将其称为"摩登病"。③

"在这个一切以摩登为最高标准的社会里,有谁肯自认为'不摩登'?"尤其是一部分妇女,都努力求摩登化。可是她们心目中之摩登,根本便错误了。把次要或不重要事情太重视了,因此便成了一种病态的倾向,结果摩登妇女都免不了一两种摩登病。因了太爱修饰(这也是她们认为摩登女子条件之一),妇女渐渐成了一种艳丽的(美而不健的)点缀品。从前之所谓"红花瓶",何尝不就是摩登女子。并且平日时间花了在修饰上太多了,结果正式做事情的时候,便少到没有了。这是摩登病的第一种。穿了一九三三式的高跟鞋的脚,走起路来总有许多不便,而且二十多块钱一双的鞋子,让马路上的尘垢污了,也实在可惜。所以摩登女子的足和车子结了不解缘。久而久之,足部的功能是渐渐消灭了。这是摩登病的第二种。同样,搽了蔻丹的手,自然也不能用来工作,手的作用,跟着也失掉了。玉指纤纤是特地为了戴金钢钻戒子而生的。这样看来,她们手的能力,也可想而知了。这是摩登病的第三种。在摩登女子的目光里,女子的美丽,是要身材苗条,瘦

---

① 顾学裘.妇女的健康美[J].妇女共鸣,1933,2(6):35.

② 桤后.怎样才摩登? 摩登又怎样? [J].女子月刊,1933,1(3):313.

③ 李瑞琼.摩登妇女之摩登病[J].玲珑,1933,3(23):1088.

是重要的,同时弱字也不得不附带在一起,由了瘦弱,摩登妇女和疾病便成了不可分离的伴侣。这是摩登病的第四种。[①]

这是刊于 1933 年《玲珑》的一篇文章,篇名叫作《摩登妇女之摩登病》。从此文至少可以得到两个信息:其一,其时所谓的摩登妇女求摩登化的普遍方式就是强调外表修饰,这已蔚然成风;其二,在作者看来,为了摩登而强调外表修饰的直接结果是使身体弱化(若不说失去)了生产的功能,而沦为消费品的展示场所——"玉指纤纤是特地为了戴金钢钻戒子而生的"。这样的摩登,在希望通过摩登追求现代化的人士眼里,当然不是真正的摩登,而只能是一种消耗身体的生产功能而助长消费功能的毛病——"摩登病"。

摩登在消费方面的强化使其"现代的"本意日益淡化,"有人说中国是一架熔化一切的洪炉,无论什么东西,一运到中国的地面便会改变了它的颜色;摩登两字,由于这种原因也就专做了漂亮皮囊与美丽衣架的代名词了"[②]。所谓"漂亮皮囊"与"美丽衣架"即意味着追求摩登人士对于装饰的重视,而装饰即意味着消费。"装饰简直是一件可耻的事情,它只能消磨宝贵的光阴,耗费金钱。"[③]因而一些教育人士对于摩登队伍中的女学生语重心长地说道:"我们要明白摩登是要思想的摩登,并不是穿了时装就算摩登。"[④]但恰恰是从这些连篇累牍的言辞中可以看到,摩登带来的重消费的思想是如何地被广为接纳——不然也不会有那么多的媒体文章期望纠正其意涵了。

此外,摩登强调的消费并非是中国社会传统的消费方式,而是一种西方化的消费方式。这种西方化的消费包括两个方面:一是直接对西方货品即其时所谓的"洋货"的直接消费;二是对西式生活方式的采纳。这两方面的问题也是其时对于摩登批评较为集中的两个问题。当然,这两方面的问题时常是纠缠在一起的。

摩登对洋货的崇尚,在"摩登破坏运动"中见得最为清晰。所谓"摩登破坏运动"是指兴起于 1934 年的、旨在抵制洋货消费的运动。"报载三月二十六日杭市有摩登破坏铁血团发现,二十五日晚开始活动,用镪水在各游艺场密洒男子西装,女子礼服。二十六日晚各报接到宣言,谓提倡国货,破坏摩登。"[⑤]从中可见人们认为摩登是与国货誓不两立的事物。所谓摩登破坏必然是破坏洋货,

---

① 李瑞琼.摩登妇女之摩登病[J].玲珑,1933,3(23):1088.

② 孟斯根.中国"摩登"女子的危机[J].华年,1933,2(6):108.

③ 薇.摩登妇女的装饰[J].玲珑,1933,3(30):1594.

④ 丁毓珠.女学生的自觉[J].女子月刊,1933,1(3):315-316.

⑤ 曾迭.摩登破坏[J].十日谈,1934(25-36):5.

若误伤了国货则会被对此活动持有异议者所讥笑。"最近摩登破坏团干了一件大煞风景的事,就是该团破坏了一件高级长官的清河呢国货大衣。"①

但摩登人士对于洋货的消费热情确实也是有目共睹的。"一般摩登妇女的心理,差不多总含着这样一个见解:国货,我所欲也,摩登,亦我所欲也,二者不可得兼:舍国货而取摩登者也。"②摩登与国货类似于鱼与熊掌,是两者不可兼得的,而取摩登者则必然舍国货。"现代中国的摩登姑娘,太太们,哪一个不成了洋货商店的好主顾:从头发丝儿起,至高跟皮鞋底的最末一英寸止,差不多除了她们固有的中华血统的皮肉之外,全都装饰着舶来的服用品。……都市中的妇女,矜恃着青春,尽情底享乐,妖艳其服着,尽淫荡之能事,一天到晚坐汽车,看电影,跳舞……所谓坐的汽车,来路货也,看的电影,欧美产也,跳舞吃香槟酒,舶来品也,洋气十足,洋风凛凛,似乎不洋不足以摆其阔,不洋不足以显其荣……所以近几年来,洋货与摩登妇女,大有'相依为命'之势,洋货借摩登妇女为媒介,摩登妇女借洋货以求荣。"③可见,其时摩登人士对于洋货消费的崇尚成了社会显见的一个问题,这使得摩登的意义与洋货消费之间存在着十分紧密的关联。

除了对洋货的直接消费,摩登的消费还包含着对于西方生活方式的采纳。在一篇题为《摩登须知》的文章中,作者细致体贴而又不无讽刺地讲解了如何穿西装,如何把中式的裤子改造成西式的马裤,又如何选眼镜等。另外,作者在文中不无讥讽地说道:"如果你想表示你是一个读书人,走到公园不可忘了带书,坐在洋车上时不可忘了看书,自然最好是洋装的书。"④因为这些行为与物品是人们判断一个人是否摩登的标志。因此"当我们看到一个西装革履、精神抖擞的青年男子时,便会随口说出他是个摩登男子;同样,当一个烫发、挺胸穿着高跟皮鞋的年轻女郎呈现在我们面前时,也无疑地会称她是个摩登女子"⑤。"凡青年或中年,甚至是老年的妇女,只要是烫发、粉脸、涂膏、细眉,长衣短袖,短裤长袜,擦指甲、着高跟鞋的,都称之为摩登妇女。"⑥穿西装、烫发、粉脸、着高跟鞋等都属于其时西方流行的生活方式,采纳了这些生活方式的人们被指认为是摩登人士。

---

① 寄萍.论摩登破坏团[N].北洋画报,1934,4(19).

② 南国佳人.愿妇女们唤起国魂![N].申报,1934-02-01.

③ 导溁.摩登妇女,觉悟吧![N].申报,1934-08-02.

④ 红杏.摩登须知[J].北洋画报,1931,8(13):3.

⑤ 桤后.怎样才摩登? 摩登又怎样?[J].女子月刊,1933,1(3):311.

⑥ 刘异青.由摩登说到现代青年妇女[J].玲珑,1933,3(44):2439-2440.

总之,通过其时报章中人们对摩登的各种言辞我们可以得出这样的结论:摩登不仅是种重消费的生活方式,而且还是一种重西式消费的生活方式。自以为摩登的人士自觉地追随着这种生活方式,从而招致反对者的批评。无论是追随者还是反对者,都体认到了摩登是种重西式消费的生活方式。在这个意义上,摩登体现了对西方生活方式的接纳,摩登故而呈现了一种对外部世界开放并接纳的态度——虽然这种开放接纳屡被批评为缺少主见的盲从。《北洋画报》曾刊出一篇叫作《美女的三种摩登》的文章。在这篇文章中作者说到现在美国的摩登女性必须要会做三件事情:吸烟、运动与赌牌。作者分析了这三样事情实在样样都是中国老式女子都会做的事情。中国五六十岁的老太太都会抽烟、赌牌的。至于运动,作者认为抽烟、赌牌本身就是包含着肢体的各种运动的。① 作者利用这三种看起来是西式摩登实则是中国古已有之的事物,讽刺人们总是视西方事物为摩登进而盲从的风气。放在被侵略的背景下,对摩登的类似批评多少纠缠着一种被侵略人们寻求主权的复杂情感。但相对于前清一直以来的闭关自守状态,摩登在消费这个层面上,首先打开了门户、接纳了一些随消费而来的外来思想,如"什么叫作时髦啦,摩登啦,这是现代男女平等自由的,不能和我国古时专制时代什么'男女授受不亲','女子无才便是德'的束缚女性的了"②,这又往往被民众体认为一种进步。因此,关于摩登重西式消费的问题,人们对此的情感是复杂的。一方面,通过摩登,放在被侵略的现实下,人们多少有些屈辱地感到本国文化主体地位受到威胁的现实;另一方面,真切地体验了亦算符合"中学为体、西学为用"的指导思想的社会变化,且视这种变化为一种进步。

三、两性关系中的摩登:摩登的神秘意味

江上幸子认为摩登女郎是一个想象的人群,是一种书写。在现实中,并不存在一类具体的、可界定的摩登女郎。③ 不管摩登女郎是种书写还是种现实,摩登女郎是20世纪30年代中国社会的讨论热点应该是可以确定的。从性别的角度来说,摩登的意义对于女性要比男性重要得多、复杂得多。关于摩登女郎,最核心的问题是关乎女性解放及男女平等的。摩登女郎究竟是一种怎样的女性? 通过摩登,女性是获得了进步与解放呢,还是只不过以摩登的外表再度沦

---

① 秋尘.美女的三种摩登[N].北洋画报,1931,3(12):2.
② 陈迹.不要做摩登的玩物[J].玲珑,1933,3(15):644.
③ 江上幸子.现代中国的"新妇女话语"与作为摩登女郎代言人的丁玲[J].中国现代文学研究丛刊,2006(2):68-88.

为男性的玩物? 也即在性别层面,摩登究竟有何意义或意味? 这些是围绕摩登女郎最主要的问题,即在两性关系的层面追索摩登的意义。

摩登女郎的话语中包含两类摩登女郎。第一类是如田汉的电影《三个摩登女性》所描画的女性:"只有真正自食其力,最理智、最勇敢、最关心大众利益的,才是当代最摩登的女性!"①其实意指新时代的新女性。"凡具有充分的科学常识,合乎现代革命潮流的思想,改革旧制度建设新事业的行动方面的毅力和勇气,健全的身体,勤俭而能耐劳的习惯和气质,慈爱为怀的母性等条件者,可以算得一个典型的摩登女郎。"②这一类摩登女郎其实是将摩登还原为现代的意义后,意指的那一类女性。

但被更广泛指认的摩登女郎是另一类女性。江上幸子总结道:"堕落""享乐""安逸""寄生""颓废""虚荣""奢侈""感情用事""外国奴隶""性商品化""娼妓变形"等是与摩登女郎相关的形容词。③云裳认为新小说描写摩登女郎是典型的,他摘抄了七段小说中的描写,透过这七段描写,描画了摩登女郎的七个侧面:(1)最新款式的外表装饰(烫发、口红、香粉、高跟鞋、新款旗袍等);(2)(女学生)利用上课时间看电影;(3)(17岁学生)对方无法明确地怀孕;(4)(无知轻信的女人)对金钱及浪漫生活的追逐;(5)(工厂小妹)同时交往多名性伙伴;(6)(不事工作的小姐)擅长与陌生男子的交往;(7)通过婚姻玩弄男性的感情。④通过小说的这七个侧面的描画可以看到摩登女郎们:似乎充斥于社会的各个阶层;追逐外表的装饰;性观念开放;与男性的关系中,她们似乎既主动又被动。如果将前一类摩登女郎形容为先进的话,这一类摩登女郎或可被形容为颓废。摩登女郎话语所指的主要是这一类颓废的摩登女郎。

因此,社会对摩登女郎基本持负面态度,摩登女郎屡被非难。"摩登女郎被非难的表象具体来说有四方面:1.外貌(非难其穿旗袍、烫发、涂脂粉、抹口红、穿高跟鞋、追求时髦的形象);2.行为(非难其跳舞、泡电影院剧场、出入男性房间、参加集会的行为);3.婚姻与恋爱性爱(非难其坚持独身、否定家庭、拒绝养育儿女、与男人同居、婚外妊娠、故作娇态、搞同性恋等行为,认为她们只求满足性欲、恋爱至上、只重外貌、喜欢愚弄男性、主张开放卧室等等);4.消费(非难她

---

①　田汉.三个摩登女性[M]//田汉.田汉全集:第十卷[M].石家庄:花山文艺出版社,2000:94.

②　云裳.论摩登女郎之所由产生[J].妇女共鸣,1933,2(6):27.

③　江上幸子.现代中国的"新妇女话语"与作为摩登女郎代言人的丁玲[J].中国现代文学研究丛刊,2006(2):68-88.

④　云裳.论摩登女郎之所由产生[J].妇女共鸣,1933,2(6):26-33.

们追求舶来品、化妆品、佳肴美酒等高消费的生活方式）。"①换一种说法即"摩登女子大罪有三：（一）淫荡无耻，（二）打扮妖媚；（三）虚荣薄幸"②。这也正是人们对于摩登女郎最通常的批评：有伤风化。对于这些有伤风化者，处罚严厉时，甚至可被实枪荷弹的警察赶出公共场所。据 1933 年的《妇女月报》的报道说，北平动用警力驱赶了北京哈尔飞戏园子里的那些穿着薄如蝉翼或裸腿不穿袜子穿短袖等一般所谓的摩登女，而且也不许摩登女们进戏园子听戏。③

此外，批评者也不认为摩登体现了女性解放，他们认为女性不过是换了一种外表与行为方式成为男性的玩物，是一种"摩登玩物"④。在《玲珑》一篇题为《写给摩登女性》的文章中作者写道：

> 现代的所谓爱，只有两种代价，一是金钱，一是虚荣。（一）如果你不爱虚荣，也不爱金钱，那么在极端现代化的都市中，你永远找不到爱。（二）对付男子的唯一态度是缄默，因你越不作声，男子越以为你神秘，他们便不敢对你放肆了。（三）不要相信"一见倾心"。这只有小说中有的。因为假是一位有理想的男子，也断不会相信"一见倾心"的。（四）女子用眼泪是表示极端地没用。因泪只能暂时打动男子的怜惜，而不能得到他长久的钟情。⑤

《玲珑》作为一份女性刊物，站在女性立场上，当然含有帮助摩登女性在两性关系中获得平等的愿望，但恰是从这样的言辞中透出其时的摩登女性存有文中所述的四个方面问题，从而被男性控制。这是摩登女郎的一个方面，也是最显见的方面，摩登女郎的负面意涵主要也在于这个方面。

另外，从云裳对摩登女郎的七个侧面的描画中，还暗含着摩登女郎的另一个特点，那就是摩登女郎只关注日常生活、只存在于日常生活中，不要说国家的政治改革等重大问题不可能令摩登女郎们去费思量，即便是那些关切女性前途的女权运动，她们也不关心。因而，就在刊载云裳的这篇《论摩登女郎之所由产生》的同一期《妇女共鸣》（1933 年第 2 卷第 6 期）杂志中，并列着其他要让女性关心宪法及妇运的文章。这一期的杂志内容中前面九篇文章应是杂志的核心部分，占据了最大的篇幅。这部分内容之后就是一些被冠之以"文艺""小说"

---

① 江上幸子.现代中国的"新妇女话语"与作为摩登女郎代言人的丁玲[J].中国现代文学研究丛刊,2006(2):68-88.

② 语堂.我的话——摩登女子辨[J].论语,1935(67):917.

③ 北平警察驱逐裸腿短袖摩登女[J].妇女月报,1935,1(8):33.

④ 陈迹.不要做摩登的玩物[J].玲珑,1933,3(15):644.

⑤ 写给摩登女性[J].玲珑,1932,2(74):1111.

"杂录"之名的小版块。这九篇文章依照顺序分别是:《妇女应极端注意宪法问题》《贡献于南京市妇女会诸理事之前》《宪法草案中之妇女》《人口过剩与节制生育的是非论》《英国妇女在法律上之地位》《论摩登女郎之所由产生》《妇女的健康美》《有关今后妇运的两段谈话》《苏俄提高女权之设施》。其中《妇女的健康美》一文中对摩登女郎的体格进行了批评。在这九篇文章之后还专载了一篇《中华民国宪法草案初稿》。在这样的语境中讨论摩登女郎似有意彰显摩登女郎的不问国事、缺少思想的问题。正如田汉所说:"'摩登女性'……一般指的是那些时髦的所谓'时代尖端'的女孩子们。走在'时代尖端'的应该是最'先进'的妇女了,岂不很好?但她们不是在思想上、革命行动上走在时代尖端,而只是在形体打扮上争奇斗妍,自甘于没落阶级的装饰品。"①田汉所批评的正是这一类摩登女郎们只关注日常生活、不问国事及社会重要变革的生活方式。

　　不过需要说明的是,这个问题在当时并不是显见的。对摩登女郎不问国事、不关心社会重大问题,真正进行严肃指摘的媒介与作者都是很少的。关注此问题的只有前文提及的少量的几份女性刊物。虽然摩登女郎通常远离公共空间的事实是有目共睹的,但对她们不问国事、大事的生存状态,即便在举国上下寻求国族出路的现实下,亦没有形成普遍的批评。没有形成普遍的批评不代表对此不持否定态度。换句话说,对于摩登女郎们不问国事的负面评价是隐含的,但又是深刻的。这个问题之所以是隐含的,在于当时的话语体系还是一种男权主导的话语体系。在这种话语体系中,男主外女主内一直是中国社会的传统。但也是在这种内外之分中,牢固地确立了男尊女卑的性别地位差异。因此女性不关心国家大事,在男权话语体系中,不能算一个过错——这只是一种常态。女性不该亦不能问国事是一种男性视角下的基本共识。只有女性自身才体认到这种内外之分带来的性别不平等。因之,也只有站在女性立场的杂志才会提醒读者要真正提高女性地位,绝非一个摩登的外表就能解决的,女性还得要走出私人空间,进入一直以来由男性把控的公共空间。正因此其时只有极少数几份女性刊物对摩登女郎不问国事的状态提出了严肃批评。这种仅有女性媒介进行批评的现实反映了摩登女郎在男女性别层面上均被否定的现实:其一,站在女性自身的立场,摩登女郎因不介入公共事物而被直接批评;其二,在男性的立场上,依然将摩登女郎视为属于那个不能也不该介入公共事物的低下性别,从而对其不问国事视作常态而不予批评。这种冷淡态度是一种对摩登女郎更深刻的否定,是出自男权话语的高调宣告:无论你们如何摩登,你们也只是

　　① 田汉.《三个摩登女性》与阮玲玉[M]//田汉.田汉文集:第1卷[M].北京:中国戏剧出版社,1983:464.

女性。

　　但事实上,摩登女郎对于男权体系还是构成了一定的挑战。男权话语体系对于摩登女郎的批评集中在私人空间中的两性关系。这些批评在一定程度上折射出男性对于女性获取主动权的不安,也折射出摩登女郎对于原本由男性掌控的公共空间的涉入——虽然还没有达到参与国事的程度。有男性报怨道:"现代的女人,以略略受到教育的来说,都不曾认定自己的职责,而完全使性情放任,专门以享受为能事,她们以为自然有贱骨头的男子,供应她们做牛马,并不须也并不想对社会负丝毫的责任。她们专以剥削男子的血汗去发扬极端的摩登主义为唯一的任务!"①这样的言辞是一种情感的宣泄,不满于摩登女子在两性关系中不再如传统女子一般俯首称臣的态度。

　　此外,相对于传统女性,摩登女郎更多的是职业女性,而且在摩登女郎的推动下,更多的女性从事工作。"作为摩登女性的原产地,仅从就业人数来看,据1920年的一项统计,当时有一半的上海女性拥有正当职业,此后的就业人数还在增加。"②但在男权话语的体系中,摩登女郎受了教育参加工作不见得是独立、是解放,而是被这些男性视为"危机",是"花瓶摆在办公室",是对"男女平权"的误解——被她们误认为"男人做的事,我也要做"。而"中国本是失业著名的国家,因此又平添了一部分失业的男子;因此家室无人管,造成一种家里无人衙门人满的怪象"。从而断言:"从这些我们可以明了中国女子的思想和能力还是怎样的薄弱。……我们觉得这些女子只做了社会畸人之一种,她们对于本身、对于社会、现在和将来,都绝不会有一点有益的贡献。"③这可算是男权话语之下对于摩登女性批评最为典型的一篇文章了。虽然作者表明不反对摩登女性参加工作,但认为摩登女性参加工作就会使家庭无人过问,从而事实上还是提倡贤妻良母的回归。透过这些对摩登女郎进入工作的批评,与对贤妻良母的回归的倡导,折射出摩登女郎对于男权地位构成的威胁。

　　在关于摩登的讨论中,摩登践行者的女性究竟是主动还是被动,是一个纠缠在一起的问题;或者说在男权体系下,女性的主动与被动是同一个物体的两面。因为当女性策略性地遵循男权社会的规范,投男性所好时(通常是所谓的"诱惑"),让男性因之甘愿听从于女性时,女性就获得了一种主动性、一种权力。这种主动权让原本掌控着绝对主动权的男性感到不安,进而对摩登女郎进行猛烈的抨击。但也恰是在男性对于摩登女郎猛烈地抨击与否认中,让人看到了女

---

① 　家鼎.新生活运动与改造摩登女性[J].汗血周刊,1934,2(11):11.
② 　张念.摩登女性与东方宝贝[J].花城,2007(4):199.
③ 　以上引文参见:孟斯根.中国"摩登"女子的危机[J].华年,1933,2(6).

性的一种隐含的主动权。这种主动权挑战着过往的两性权力结构,对男性的绝对主动权构成威胁。如此的意味杂陈,让男性面对摩登女郎时,感受到强烈的魅惑,所谓"诱惑与危险并存"。"'一个摩登女郎!'这在一般男性青年提起来讲是如何香艳的一件事情……虽然摩登女郎在某一个角落里被他们痛切地诅咒着,说伊们是些'妖物',是些'魔鬼',是'现时代的精灵',是'荡货',是'尤物',是什么什么,但伊们在男性青年的脑子里依然不失其稳固的宝座。"①即便是视摩登女子为国族危机的作者,也不得不承认对于摩登女郎,在那些青年男性看来:"只觉得她投出一片形态上的诱惑,对于她的人格与其他方面的价值是丝毫想不出什么的。"②可见口头批评是一回事,心理感受是另一回事。正是在两性关系中,摩登所交杂着的主动与被动、控制与被控制的意味,使得摩登具有了一种永远难以理清的神秘感;正是这种神秘感,让男性对摩登女郎在批评的同时又趋之若鹜。这种神秘的吸引力,事实上又将摩登在一定意义上返回至其原佛教成词"摩登伽"的原意:差点毁了阿难戒身的、难以抗拒的诱惑。

总之,作为与时尚相关的文化概念,摩登是断不可以简单地当作"现代的"中文译词加以理解的——虽然它确实含有与时代同在的意思。摩登有自己的独立意涵。摩登意味着都市化、西方化、消费主义、两性关系上的神秘意味以及对感官的放纵(这在后来被引申为对自我的关注)。放在 20 世纪 30 年代的背景下,当举国上下寻找国族出路之时,摩登这样的意涵,注定了人们对其欲迎还拒的态度。摩登女郎连同其时所有的摩登实践者,让国人与西方时尚有了第一次的近距离接触。但处于殖民地的现实下,在向西方学习又担心失却国族主体性的情感交杂中,人们对西方盛行的时尚生活方式在接纳的同时交杂着排斥。对于摩登实践者,人们感到被吸引的同时,又对其口诛笔伐。相应地,借由摩登而来的中国版时尚,对于西方也保持着一种十分矛盾的态度,一方面向往之,另一方面贬抑之。这样的种子正是在三四十年代的摩登风盛期埋下的。

值得一提的是,20 世纪 30 年代末署名杨宽的文章《摩登论》③基本是将摩登视为时尚,采纳齐美尔的时尚理论的框架,来对摩登加以阐释的。从这方面来说,关于摩登的认识为后来的时尚在理论上也做了一些准备。

---

① 云裳.论摩登女郎之所由产生[J].妇女共鸣,1933,2(6):26.
② 孟斯根.中国"摩登"女子的危机[J].华年,1933,2(6):108.
③ 杨宽.摩登论[J].知识与趣味,1939,1(2):69-76.

第二节 美

在日常生活中,美不美,是人们普遍关注的问题。但关于美的问题,特别是"什么才是美"以及"我们要什么样的美"等问题,曾引起过激烈的讨论。关于美的讨论,在新中国成立初期就已开始,在 20 世纪 80 年代则形成了一个高潮。这里所说的美的讨论,更多的是指具体的生活实践层面的讨论,通常关注什么样的穿戴是美的,什么样的形体是美的,以及哪些行为是美的等具体的日常生活问题,而较少涉及学术层面的理论探讨。不过,关于美的讨论是嵌入整个美学热之中的。

一、美的禁区

20 世纪 50 年代,毛主席曾号召人民的打扮可以多样化一些。1956 年 8 月毛主席在《同音乐工作者的谈话》中讲道:"妇女的服装和男的一样,是不能持久的。在革命胜利以后的一个时期内,妇女不打扮,是标志一种风气的转变,表示革命,这是好的,但不能持久。还是要多样化为好。"他还说:"特别像中国这样大的国家,应该'标新立异',但是应该是为群众所欢迎的标新立异,越多越好,不要雷同。"①但随着"文革"的到来,人们日常生活的方方面面都要求与阶级立场相适应,导致了极左的审美倾向。生活的方方面面都被要求适应"文化大革命"的要求,包括着装也要求按照革命的需求,穿着统一的服装。生活的所有方面都被刻板地规定,甚至连文化生活都只剩下 8 部样板戏。在这样的时代,个性化需求几乎被完全压制,服装的多样化更是无从谈起。个人对美的独特追求几乎成为一个禁区,生活审美的所有方面都被要求按阶级立场规定的审美原则来进行。

"文革"开始前夕,《人民日报》发表了一篇署名胡万春的文章,在这篇文章中已可依稀感到未来岁月中即将展开的对原本认为美的事物的严厉批评。文章作者批评了新社会中作家创作中残存的一些"旧"的思想,包括"旧"的审美观。在此文中,作者明确提出了在"文革"的形势下,在兴无灭资的需求下,消灭资本主义的审美观,树立无产阶级的审美观是极其迫切的。对于作家来说,在进行思想改造的同时,还要进行艺术技巧的改变。而"艺术技巧,绝不是技术,

---

① 白崇礼.衣着美随笔[M].北京:轻工业出版社,1987:15.

它实质上是作家的美学观的反映——它和作家的世界观是联系在一起的。具有什么样的美学观,就会写出怎么样的作品。我们所以要改造美学观,这是由我们时代的需要所决定的。美学观同样是有两种:一种是无产阶级的,另一种是资产阶级的。所以,在我们作家的面前是存在着两种美学观的斗争的。能够注意改造自己的美学观,才能树立起我们自己的、无产阶级的美学观,为创造无产阶级文学作品服务"。为此,作者列举了一篇描写新社会中的恋爱的小说。为了描写女主人公的美,小说中写到了女主人公"美丽的脸、光泽的发、柔软的手"。他批评道"这些就是作家残存的旧世界的审美观"。"'柔软的手',在作者看来当然也是美的。而在我们今天,这种缺乏劳动的手,完全不值得歌颂的,它不是美的,是丑的。"在作者看来,这正是"旧"的审美观,而当下社会需要的是"新"的审美观。当审美观被分列为"新""旧"两个对立阵营时,意味着但凡旧的审美观倡导的东西,在新的审美观下必须予以抨击。"一个思想改造比较好的作家,他就会站在共产主义的高度来观察生活,他通过分析、研究,会区分出什么是'新',什么是'旧',从而把'新'——也就是共产主义的萌芽集中概括起来,发掘出共产主义的主题和英雄人物,来抨击对立面旧思想和旧人物。"[1]在这样的逻辑下,抨击原有的生活审美的一切方面,成了革命的任务。但凡在旧时代被认为是美的东西,在新时代下就必须被确认为是丑的。生活实践层面的、具体的美,已成了一个禁区。依照旧的审美观指导下的美,均被认为是资产阶级思想,是必须加以去除的。在这样的背景下,合适的着装只有统一的"革命服装"——对所有人均如此。美与审美,差不多已成了无须个体参与的领域,生活中的审美,更是被革命立场的正确与否所覆盖。

二、美的讨论

(一)美的解禁

改革开放后,人们爱美的天性得到了一定程度的释放,一些个人化的、传统的着装行为不再一律被视为资产阶级思想。《中国青年》首先开始了对于美的讨论。1979 年第 2 期中的"青年信箱"刊登了一名叫方一的团工作者的来信。信中说有一名青年,各方面都很优秀,就是在穿着打扮上比较讲究。在申请入团的问题上,有人认为她讲究穿着是资产阶级思想的反映,不该让其入团。这名团干部来信询问这个问题到底该怎么看。在回答中,署名刘晓林的编辑明确否定了讲究穿着是资产阶级思想的说法。"我们党领导人民进行革命的目的,

---

① 胡万春. 坚决同旧世界决裂[N]. 人民日报,1965-01-09(6).

就是在发展生产的基础上,不断提高人民的物质文化生活水平。生活水平提高了,人们在穿着方面讲究些,是合情合理的。"①

自此文之后,衣着讲究及追求美与资产阶级思想之间的必然关联被打破了,一些过去被认为是资产阶级的服饰再度回到了人们的生活中。自1980年始,《中国青年》还专门开辟了"美学通信"栏目。"编者按:应青年读者的要求,我们开辟了'美学通信'的栏目。本期发表王朝闻同志的文章,着重就有关审美的批评提出他的见解。今后还打算结合读者提出的审美问题陆续发表文章。青年同志在这方面有什么希望探讨的问题,以及对这个栏目有什么意见,欢迎写信和我们联系。"②此后,人们开始了对美的讨论。电影《街上流行红裙子》将时装纳入了电影题材中,一时间在年轻人中掀起了色彩的热浪,各种色彩鲜艳的服装再度被人们追逐热爱。

(二)美的讨论

进入20世纪80年代后,随着个体追求美的意愿被再度容许后,人们争相追逐美丽的衣装,一时间"如何打扮得美""什么样才算美"成了社会大众关注的热点问题。一些生活类杂志开始出现穿衣打扮、形体塑造等相关内容。美,再度成为人们生活中关注的问题。"近些年,美的禁区打破了,美回到了生活中间。人们爱美的天性再不受到压抑了。这当然是好事。可是,随之也出现了一种倾向:工厂里一些青年女职工为了追求美越来越害怕从事体力劳动,变得越来越娇弱了。……这就提出一个问题,什么是劳动妇女的美?青年女工应该追求怎样的美?"③在这样的社会背景下,心灵美的问题被提了出来,用以强调与外表美同样重要的、甚或更重要的另一种美。

1981年2月25日,全国总工会、共青团中央等九单位联合向全国人民特别是青少年发出倡议,开展以"五讲"(讲文明、讲礼貌、讲卫生、讲秩序、讲道德)和"四美"(心灵美、语言美、行为美、环境美)为主要内容的文明礼貌活动。自此之后,"心灵美"被视为生活实践中极其重要的一个方面而加以推广普及。一些主流媒介更是强调新时期的人们,特别是青少年及女性在追求外表美的同时更要注重心灵美。心灵美成为美的讨论中的一个关键词。

在讨论中,有人指出什么叫作心灵美,各个阶级各有自己的标准。地主阶级把忠孝节义这一套视为美德,资产阶级把自私自利、唯利是图看得很高尚,无

---

① 刘晓林.讲究穿着是资产阶级思想吗?[J].中国青年,1979(2):46.

② 参见《中国青年》(1980年第1期)。

③ 鲁家松.呼吁宣传劳动妇女的形态美[N].人民日报,1982-01-12(4).

产阶级和劳动人民则认为是不足取的。我们讲心灵美，就是要注重思想、品德和情操的修养，维护党的领导和社会主义制度，做到"爱国、正直、诚实"，不做有辱国格、人格的事，不损人利己，不弄虚作假。社会主义社会，人们之间总应该做到统筹兼顾、团结互助，有高尚的理想、高尚的情操，有同志爱、邻人爱、同胞爱，有舍我为人、舍己为群、舍私为公的精神。这些才是社会主义应有的道德风貌，才是衡量一个人的心灵美不美的标准。①

因此，"美，决不单指'大美人儿'那种女性美。它具有极其丰富、深刻的内涵。长天大地、盆景园林都很美。银髯飘洒的老专家，轻歌曼舞的儿童，救死扶伤的白衣战士，日夜辛勤的保育员们，都是社会主义美的创造者。这些无名英雄的神采风貌，未必逊于'大美人儿'。而且这样也可以促使'大美人儿'学科学，学技术，提高思想品德，不但外表美，而且心灵美"②。

在一些强调心灵美的人看来，外表美是不能单独成立的，唯有在心灵美的前提下，外表美才有依附的主体，否则连外表美也不存在。"只有外表美而缺乏内在美的人，一时可能给人以好的印象，但贫乏的思想和并不高尚甚至很丑的灵魂，总是要暴露的。那时候，美丽的外表可能显得更加难看。"③换句话说，"内在美胜于外在美"。"如何看待外表美和心灵美的问题，这也是同现象与本质有关系的问题。……一个人的外表当然不可忽视，但是这对于人们来说只具有暂时的、局部的意义。"④很显然这些作者认为美的"本"是心灵美，美的"末"才是外表美。丢失了本，就不可能有末的存在。心灵美与外表美的问题是被置于本质与现象的话语体系下加以认识的，心灵美与外表美的关系就如本质对立于现象。

但在现实中人们体验到心灵美与外表美是无法绝对地一分为二的，特别是美的心灵在外表究竟应（或会）是一种什么样的形态，成了困惑人们的一个大问题。这些类似的问题顺理成章地成了其时的热议。针对有人为了追求外在体态美而厌恶体力劳动，有作者专门提出了"劳动妇女的形态美"。"热爱劳动，用自己劳动的汗水为社会主义现代化建设做贡献，这正是内在心灵美的体现，而从外在形态美来说，劳动不但不与美相对立，相反它能创造出人体的健壮美。"⑤对于人的外表美与心灵美的取舍，最相关的大约是婚姻中对于配偶的选择了。

① 王福如.科学思想方法漫谈[M].天津：天津人民出版社,1982:131-132.
② 贺兴中.可否以英雄代替"美人"[N].人民日报,1982-10-29(5).
③ 理朴.由高子和早乙美谈起[N].人民日报,1982-06-12(1).
④ 王福如.科学思想方法漫谈[M].天津：天津人民出版社,1982:131-133.
⑤ 鲁家松.呼吁宣传劳动妇女的形态美[N].人民日报,1982-01-12(4).

为此,"共青团中央书记高占祥说,在选择对象时,不仅要注意外表美,还要特别注意人的政治思想和道德品质"①。1983年《妇女之友》刊登了一封读者来信,在信中这个读者就外貌吸引力的问题,表达了自己不知如何选择爱人的困惑。为此,编辑对这个青年细致耐心地做了引导,让他摒弃以外表美作为择偶的标准。因为"那些单纯想找美貌爱人的年轻人,除了证明自己精神上的空虚、知识上的贫乏和浅薄之外,岂有他哉?"②总之,虽然外在美在生活中是被许可了,但是心灵美还是更为根本性的美,缺失了心灵美,就不存在外在美,而外在美不美的关键还是在于心灵美不美。这种声音在其时关于美的讨论中是占主导地位的。

也就是这个时期,关于美开始有不同的声音出现了。20世纪80年代开始出版的《美育》丛刊也曾专门探讨过婚姻中按什么标准择偶的问题。盛良的《如何看待外表美》一文发出了关于外表美的另一种声音。他从男女之间的真诚相爱,除理想一致、性格相近、情趣合拍以外,总是包含着双方在容貌上的互相愉悦这一情形出发,提出在注重内心美的同时,不可忽视外表美。"如果仅以追求内心美为理由而完全忽视了外表美,当时可能决心很大,日后很难避免出现动摇和悔恨。"③在此,作者赋予外表美与心灵美平等的地位,从而也就破除了原先关于心灵美与外表美之间本与末、本质与现象的认知设定。事实上,之所以重心灵美而轻外在美,在有些人看来事实上在于"'左'的流毒和思想上的'余悸'还没有完全消除"④。

此外,随着时代的前进,人们的衣着逐渐强调入时,时代感或时髦亦渐渐成为人们的话题,打扮入时成为一部分人的追求。关于打扮入时是不是一种美,人们也有过争议。"'打扮入时'到中外难辨、失去民族的特点就美么?能把青少年往这个方向引导么?那实在使人担忧。……为什么眼睛只盯着连某些外国有较高文化水平的人也看不起的一些时髦服装?时髦的特点就是稳定性相当小,而一个国家、民族和阶级的审美观的稳定性却相当大。时髦与美是两码事,'赶时髦'从来就不是对美的赞扬,往往是对缺乏正确的审美观点的讽刺。"⑤关于服装的时代感问题,在20世纪80年代后逐渐达成了较正面的共识。而所

---

①　新华社.全国妇联召开婚姻家庭道德问题座谈会婚姻要讲道德家庭要树新风[N].人民日报,1982-02-28(1).

②　吴黛英.怎样看待外表美[J].妇女之友,1983(7):35.

③　盛良.如何看待外表美[J].美育,1981(2):36.

④　白崇礼.衣着美随笔[M].北京:轻工业出版社,1987:16-18.

⑤　邵而为:莫拿时装比军装[N].人民日报,1982-01-19(8).

谓时代感,是指"那种带有流行特征和群众倾向的服饰"①。在首届服装基础理论研讨会上,服装要有时代感成为与会者的共识。② 时代感与民族性是这次会议的关键议题。与会者就服装设计如何表现时代感提出了各自的见解。不论这些见解对于体现服装的时代感是否可行或有效,但服装要有时代感已成与会者的共识。尽管在此次会议中,有作者提出"追求时代感,不同于赶时髦。抱着民族虚无主义观念,不加分析地一味模仿西方和海外时尚,是没有出息的。至于照搬那些庸俗低格调作品,更是我国人民不能接受的"③。但无论如何,有前提地吸纳海外时尚,已是容许的行为。时髦也似乎不再有那么明确的负面意味了。

随着讨论范围的扩展,美的问题成为社会的热点问题,这从专门创刊《美育》杂志可见一斑。《美育》丛刊"从 1981 年元月创刊以来,坚持以马克思主义的基本原理作指导,注重科学性、知识性、趣味性相结合,生动活泼,深入浅出地探讨现实生活和艺术实践中的美学问题,引导人们探讨美、追求美,树立美的情操和风尚"④。但在其时关于美的讨论中,特别是关于心灵美的问题,事实上还是存在着界限不清楚的问题。正如人民日报对于《美育》丛刊的评论:"谈生活中的美,有的谈的是善,以善代美。"⑤在关于外表美与心灵美的讨论中,以善代美是比较广泛存在的现象。但无论如何,人类生活的各个方面确实会存在美不美的问题,是得到了共识的。所不能形成共识的,在于我们究竟要一种什么样的美,或者说什么样的美才是新时期真正的美。落到具体的生活实践,就转换成这样的问题:什么样的形体、什么样的装饰、什么样的行为才是美的。这个问题的三个方面分别对应于身体、身体装饰以及身体行动在审美领域的认识。

(三)无产阶级审美标准

经过 20 世纪 80 年代对美的讨论,在生活实践层面人们开始关注究竟如何穿戴、如何行为才是美的。进入 90 年代后,社会当中渐渐形成了较系统的无产

---

① 李辛凯.中国服装的发展趋势——泛论民族化与时代感[C]//中国服装设计研究中心.服装设计道路之争——首届全国服装基础理论研讨会论文集.北京:纺织工业出版社,1989:87.

② 中国服装设计研究中心.服装设计道路之争——首届全国服装基础理论研讨会论文集.北京:纺织工业出版社,1989:87.

③ 杜钰洲.关于服装的时代感与民族化问题[C]//中国服装设计研究中心.服装设计道路之争——首届全国服装基础理论研讨会论文集.北京:纺织工业出版社,1989:1.

④ 田树德.书山拾玉[M].长沙:湖南人民出版社,2001:193.(引文原载于《书苑》,1984年第 4 期)

⑤ 云告.美的启迪美的园地——《美育》丛刊评介[N].人民日报,1981-10-31(8).

阶级审美观及审美标准。这些审美观及审美标准在大学生的德育教育中被广泛地传播着。

在无产阶级审美观体系中，审美标准不仅与时代相关也与民族相关，还与阶级相关。审美是具有阶级性的，是具有阶级标准的。不同阶级的人，由于所处的经济地位不同，思想意识也不同，审美观念也就不同。而无产阶级的审美观对于个人来说，关键在于培养人格美。人格美则需要通过心灵美与外在美来共同完成，缺一不可。① 这才是此时所谓的正确审美观的标准。"正确审美观的标准，实质上是讲无产阶级审美观的标准。人们在审美活动中，不论审美趣味带着多么大的主观性和个别性，毕竟还存在着一个显出基本一致性的普遍标准。强调趣味的个性和共同的统一也是符合马克思主义的辩证法原理的。任何夸大个性、否认共性，或者夸大共性、否认个性的观点，都是形而上学的错误观点。因为这样容易混淆真、善、美与假、恶、丑的区别，用自己的偏爱来肯定个人落后的、不健康的甚至是反动的趣味，或者把普遍标准僵滞化、绝对化。"②无产阶级审美标准考虑到特殊性与普遍性的结合、阶级性与非阶级性的结合，体现了辩证统一的思想。辩证统一的无产阶级审美观成为官方认可并倡导的审美观。

经过对美的讨论，个性与主观性多少从先前被完全禁锢的状态释放了出来，从这个意义上来说，这种讨论具有解放思想、释放个性的意味。另外或许需要补充说明的一点是，20 世纪 80 年代在大众媒介进行的对美的讨论与学术界的美学热是并行存在、相互缠绕在一起的，两者之间起着互相强化与影响的作用。不过，如前所述，大众媒介进行的关于美的讨论更多的是生活实践层面的具体问题，而鲜有抽象的理论问题。但这些实践层面的具体问题并非完全隔绝于理论性的美学热潮中，相反，这些问题的讨论很多时候是在美学热的名义下进行的，也多少被吸纳进其时的美学研究中。关于此问题，第二章还将进一步详述。

第三节　奇装异服

中国封建社会的历朝历代"都有关于服制的等级规定，不仅贵族、官僚，平

---

① 周东兵，李名称，杨振海.高等专科学校简明共产主义思想品德教程[Z].郑州：河南省八所高等学校合编，1985：126-129.

② 黄加海.思想道德修养导论[M].武汉：武汉工业大学出版社，1996：280.

民、'贱民'在服装的颜色、质料、式样、纹章、佩饰等方面都有明确的区别"①。清朝朝廷对于服饰用具实行了比明朝时更为周全、森严的等级制度。公元 1652 年清军入关后制定了《钦定服色肩舆永例》,对各色人等的着装进行了细致的规定,即所谓的"冠服制度"。破坏此制度者,甚至可能招致斩首的下场。清朝时所谓的"服制斩犯"即指那些因不按规定穿衣着装而被斩首的犯人,可见朝廷对于服装规范的重视。这也大约可以想见中国人对于服装的既定样式与着装者的社会等级的心理期待。这种心理期待既是针对个体自身的着装的,也是针对他人的着装的。当个体的着装越出这种心理期待的范围时,既会导致个体也会导致他人对此服装的不认同感,这或许是奇装异服概念最早的源起。

对奇装异服一词准确的起源已很难追踪。现在有些人认为奇装异服的概念成形于新中国成立初期及"文革"时期,是在极左思想的影响下形成的。"什么叫奇装异服?此词所自何来?稍有常识的人都会记得,这是过去那个时代'左'的思想路线的产物,是与所谓的'资产阶级生活方式'等大帽子一起'批发'的。"②但事实上,中国社会明确提出对奇装异服的抵制还要早得多。1917 年 7 月第 19 号《宗圣学报》第 2 卷第 7 册就有一篇文章题为《中央警厅禁止奇装异服》。③ 1929 年的《妇女之友》中有一小篇《奇装异服的禁令》:"今岁报载意大利、土耳其、日本等国都已有禁止奇装异服的律令,我国政府也曾发表过这种禁令,但愿这种都不是空文,要有些实效才好。"④整个 20 世纪,中国社会对于奇装异服经历过三次大的讨论甚或讨伐。首次对于奇装异服较大规模的讨论兴起于 20 世纪 30 年代的国民政府时期;第二次是在 60 年代,奇装异服则从人们参与讨论的对象最终变成了无产阶级讨伐的对象;改革开放后,中国社会第三次展开对奇装异服的讨论。若论及零星的关于奇装异服的讨论,更是从 20 世纪以来未曾中断过。无论是学校的校纪校规还是媒体文章,都时不时地可以见到关于奇装异服的篇章。时至今日,还有人为了应对或抗议某个机构对奇装异服的限制,而寻求帮助或表达抗议。⑤ 奇装异服,真像是一个阴魂不散的幽灵,纠缠着几代中国人。在中国人的着装以至整个外在形象的观念中,奇装异服实在

---

① 严昌洪. 20 世纪中国社会生活变迁史[M].北京:人民出版社,2007:22.

② 朽木.人民时评:惊闻又提"奇装异服"[EB/OL].人民网,2004-05-26.

③ 丛乘.中央警厅禁止奇装异服[N].宗圣学报,1917,2(19).

④ 仲华.奇装异服的禁令[J].妇女之友,1929(11):33.

⑤ 截至 2012 年 1 月 20 日,在 Google 检索"什么是奇装异服",共有 162 万条结果,其中不少是企业员工及中学生针对不得穿奇装异服的规定而生发的一些具体的问题;至 2020 年 4 月 24 日,百度关于"奇装异服"的搜索结果显示约 19700000 条,这可见奇装异服的概念对于中国人着装影响之深远。

是一个具有特殊意义的概念。

一、20 世纪 30 年代国民政府对奇装异服的限制

五四运动之后,西方的思想文化开始进入中国,西方化的着装也开始兴起。至 20 世纪 30 年代,洋货在中国市场已非常盛行。相比于国货,洋货不仅花样繁多、款式新颖,而且价格往往更低廉。国货滞销、洋货畅销是 30 年代的基本经济现实。1933 年 1 月到 10 月,仅上海一地就消耗了 139 万余元外国的化妆品、香水、脂粉。① 本土社会经济几乎到了濒临破产的境地。洋货的使用者当中,其时所谓的摩登女郎是其主要的群体。为了挽救本土经济,1933 年年底,上海市商会、上海市地方协会、中华国货产销合作协会、上海妇女提倡国货会、中华妇女节制协会、家庭日新会等六个团体成立了妇女国货年筹备委员会,并公定 1934 年为"妇女国货年"。② 人们期望通过号召女性,特别是那些摩登女郎们使用国货来挽救垂危的本土经济。与此同时,摩登女郎们使用洋货不仅仅对本土经济造成了冲击,更为重要的是伴随着洋货的大量使用,这些摩登女郎的着装打扮挑战了中国自古以来的着装与礼仪观念。在挽救本土经济以及重整着装礼仪的需求下,催生了对本土化的服制的要求。1933 年,中国布衣会请求政府制定女子制服:"至吾国今日女子之服装,奇邪已极矣。夏不能蔽体,冬不能御寒,试在马路上一望而知。则请规定一种制服,长短尺寸,毋许违反。凡摩登女子,设遇强暴,法律不为保护。否则礼义廉耻之谓何也?"③

另一方面,在此期间,蒋介石发动的四次"围剿"均告失败,让他意识到急需用一种方法来振作士气。1934 年 2 月 19 日,蒋介石在南昌行营扩大纪念周上发表题为"新生活运动之要义"的讲演,奏响了所谓的"新生活运动"(简称"新运")的序曲。"新运"的波及面很广,历时亦很久,直到国民党败退台湾前一直在各地断断续续地进行着。"新运"的目的是"拯救"国民精神,让国民的精神素质符合社会发展的需求,能够胜任战争的需求。或者更深远一些,如日本学者深町英夫的研究所揭示的,这些围绕身体改造的"新运"是期望"由此将中国人

---

① 王强."摩登"与"爱国"——1934 年"妇女国货年运动"述论[J].江苏社会科学,2007(6):192.

② 王强."摩登"与"爱国"——1934 年"妇女国货年运动"述论[J].江苏社会科学,2007(6):193.

③ 中国布衣会请制定女子制服[J].女子月刊,1933,1(1).

民改造成能为国家做贡献的近代国民"[1]。蒋介石在 1939 年《国民精神总动员纲领及其实施办法》中写道:"生活者,精神之根本,无合理之生活,即无健全之精神,是以沉溺于声色货利与醉生梦死的生活,必须加以彻底改正。"[2]因此,"拯救"国民精神亦当从改正不良生活的方方面面开始。这正是在战争期间提出关于着装生活等日常琐事的内在逻辑。

在蒋介石的"新运"倡议后不久,江西当局制定了《取缔妇女奇装异服办法》,主要内容为:

(1)总则:为取缔妇女有伤风化及不合卫生之奇装异服起见,特制定本办法。

(2)衣着方面:旗袍最长须离脚背一寸;衣领最高须离颚骨一寸半;袖长最短须齐肘关节;左右开叉旗袍,不得过膝盖以上三寸;短衣须不见裤腰;凡着短衣者,均须着裙,不着裙者,衣服须过臀部三寸;腰身不得绷紧贴体,须稍宽松;裤长最短须过膝四寸,不得露腿赤足,但从事劳动工作时,不在此限;裙子最短须过膝四寸。

(3)装束方面:头发须向脑后贴垂,发长不得垂过衣领口以下,长发梳髻者听之;禁止缠足束乳;禁着毛线类织成无扣之短衣;禁止着睡衣及衬衣,或拖鞋赤足,行走街市。

(4)推行办法:本办法之推行,先自南昌市起。女公务员、女教员、女学生及男公务员之家属限半个月后实行;其他各界妇女,一个月后实行;本办法由省会公安局抄录,并制就传单挨户分送;妇女衣着装束不遵守本办法者,由岗警加以干涉,如有违抗者得拘局惩处。[3]

在此办法中,对于奇装异服的控诉只字未提国货与洋货的问题,改为集中强调"有伤风化"及"不合卫生"两方面的问题,体现了对于拯救国民精神的"新运"初衷。此外,国民政府还通过各个媒体不断告示民众关于取缔令的最新消息及解释说明。一时间,国民政府动员了社会的各种力量,形成了一股对于女性奇装异服的挞伐之势。另外,如上文所示,通过一整套服制标准将奇装异服的概念可操作化,避免了泛泛而谈的"奇邪已极矣"之类的、缺乏可操作性的情感宣泄,让"取缔"行为落到实处。此标准体系之下,意味着但凡溢出既定服制标准的衣服就是奇装异服、就是不良生活的体现、就是需要"取缔"的对象。

---

① 深町英夫.教养身体的政治:中国国民党的新生活运动[M].北京:生活·读书·新知三联书店,2017:24.

② 师永刚,张凡.蒋介石:1887—1975(下)[M].北京:华文出版社,2011:13.

③ 赣省府订定取缔妇女奇装异服办法[N].中央日报,1934-06-09.亦可参见:蒋委员长取缔妇女奇装异服[J].女子月刊,1934,2(7):1614-1615.

　　在此态势下,与此相对应的,是同时也催生了一股对于女性奇装异服的抗辩之争,争论的焦点集中在两个问题上:(1)为何奇装异服只与女性相关;(2)为何要被取缔的只是女性的奇装异服。① 国民政府之所以只提取缔妇女的奇装异服,而未提及取缔男士的奇装异服,其中的原因很可能还在于顺应前一年的思路,希望借此推动国货消费。因为对于消费来说,女性是比男性更为重要的因素。但是取缔令本身是作为响应蒋介石的"新运"号召而下达的,因此不提国货消费的问题,而将取缔原因单纯归于风化礼仪的问题,也是顺理成章的事。只不过这样一来,似乎在国民政府看来,奇装异服关涉的就是礼义廉耻,奇装异服就是会伤风败俗的,这是其所以需要取缔的原因所在。这样的取缔动机势必招致日后的各种抗议,因为"所谓'伤风败俗'本有其主观成见在,譬如裸腿赤足在心襟摇荡的正人君子们看来,确属'有伤风化';但在另一种不以为奇的人的眼光中还不和半节手臂裸出一样"②? 此外,关于具体的服装样式是否有伤风化,存在着很大的争议,如有文章争辩道:"女性的手臂和腿,一样是人类本身的工具;何以腿是肉感的,富有挑逗性呢? 这都是由于男子,内心根本不坦白。如果他对女性怀着野心,欲望,就是穿了长长的棉衣裤,也不能节制他的邪念。"③一时间,奇装异服成了社会的焦点问题。

　　此外,当取缔行为如此清晰明确地只针对女性时,也就暗含着所谓奇装异服,就是"女性的"奇装异服。对于男性来说,没有奇装异服这一说。这样的设定,也很容易招致女权主义者的抗议。"取缔女子奇装而未及男子,好像有点心生偏袒,因为在男子里面也未尝没有奇装异服而伤风败俗的。"④这些女性认为女性身体属女性所有,女性着什么装,由女性说了算,男人们的指手画脚只能算是一种不负责任的谩骂。"你们男子们骂女人,是最不负责任的,可说完全在谩骂,例如,就以奇装异服说罢,把握着奇装异服的钢剪在作俑的,还不是你们男子。……制矛者是男子,制盾者亦是男子,生杀予夺之枢纽,都操在你们手里。想起提倡者是你们,高呼取缔者亦是你们,一切都凭你们情感的喜怒为转移,叫我们何所适从? ……为什么你们这些坐腻了衙门的男人,国家事真是多得慌,那一件不好想不应当去办……偏要在我们女人身上大做其文

----

① 　关于这方面的内容还可参见:蒋委员长取缔妇女奇装异服[J].女铎,1934,23(3,4);妮.别开生面的禁令[J].玲珑,1934,4(26);琳君.取缔妇女裸腿[J].玲珑,1934,4(27);禁止妇女烫发之消息[J].女铎,1935,23(10);"男女有别"的怪禁令[J].妇女文化,1936,1(2).

② 　妮.别开生面的禁令[J].玲珑,1934,4(26).

③ 　琳君.取缔妇女裸腿[J].玲珑,1934,4(27).

④ 　萍子.取缔男子奇装异服[J].玲珑,1934(33):2101.

章,从头发梢上起到脚底为止……"①

从这个意义上说,民国时期的奇装异服成了一个斗争的场所。原本没有太多意味的着装,由着国民政府的取缔行为,反倒赋予了反抗者们至少是双重的抗争意义。第一重意义在于对传统风化的反抗。既然那些不合规定的奇装异服是有伤风化的,那么着奇装异服者就是传统风化的反对者甚至是新风化的提倡者。这从反面赋予了奇装异服者一种设置或引领新风化的能量。第二重意义,既然奇装异服只能是男性眼中的女性的奇装异服,是不合男性理想的、需要被取缔的事物,那么也就意味着着奇装异服的女性成了敢于向男权叫板的女性。在这样的对抗中,这些女性的行为被赋予了一种性别抗争的意味。如此一来,虽然在政府的立场上,奇装异服是有伤风化、是"沉溺于声色货利与醉生梦死的生活"的表征,是必须加以彻底改正的,但在奇装异服者的立场上,奇装异服却成了一种抵抗传统风化、叫板性别压制的表征,体现了着装者对未来新风化与性别平等的追求。如此一来,奇装异服在污名化的同时被美名化了。这注定了国民政府时期对于奇装异服的取缔只能不了了之,只能沦为一场两方拉锯的斗争。但通过这场拉锯战,奇装异服成了一个意味杂陈的概念,成了一个在人们的日常生活中怎么都挥之不去的幽灵般的存在。

二、20 世纪 60 年代对于奇装异服的讨论与讨伐

1949 年新中国成立后,经济尚没有取得长足的发展,战争年代的供给制以及生活的简单化与标准化依然还影响着民众的生活。人们在衣着服饰方面依然还沿袭着战争年代的规范,少有鲜艳的颜色与丰富的款式。衣服的颜色基本上是统一的蓝、黑、灰色,衣服的款式基本还是采纳延安时期的标准。这样单调的着装现实,让一些 20 世纪 50 年代来到中国的外国人将中国人称为"灰蚂蚁"或"蓝蚂蚁"②。

到了 20 世纪 60 年代,随着经济的缓慢恢复,衣服的选择范围逐渐增加,加之民国时期的衣着的影响余温尚存,这时候穿什么样的衣服成了一个必须要面对的问题。1964 年,举国上下进行了一场声势浩大的关于奇装异服的大讨论。"讨论是从一件服装式样的争论引起的。今年五月份,有个女顾客到上海高美服装店定制一条呢裤子,要营业员把裤子臀部尺寸量得特别紧,脚管做得特别小,营业员不愿意裁制这种怪式样的服装。女顾客责问:'难道穿小脚管裤子就

---

① 勿再在女人身上做文章[J]. 玲珑,1934,4(29).

② WU J. Chinese fashion:from Mao to now[M]. New York:Berg,2009:3.

有资产阶级思想,就会影响社会风尚?'于是双方发生了争执。事后,一个商业工作人员写信把这件事反映给《解放日报》。"①1964 年 6 月 7 日,《解放日报》第二版发表了题为《坚决拒绝裁制奇装异服——高美服装店职工勇于保护社会好风气》的文章。在文中编者说:"我们认为高美服装店营业员做得很对,这一'关口'把得好,在我们社会主义社会里,不能让旧社会的奇装异服'借尸还魂'。……这不仅仅是一件怎样对待什么服装式样的小事情,而是一个要不要抵制资产阶级思想和资产阶级生活方式的大问题,决不可等闲视之!"文章最后号召读者就此事来信来稿,积极参与讨论,明确个人衣着喜好在"我们社会主义社会里的界限"应该划在哪里。② "接着,许多工人、人民公社社员、机关干部、商业人员、部队战士以及教师、学生、里弄居民纷纷写稿、写信发表自己的意见。四个多月来,《解放日报》收到这方面的来稿、来信共有一千六百九十多件。许多单位的党、团组织也抓住这件事情,通过学习会、谈心会、黑板报、壁报等形式,发动群众特别是青年进行讨论,明辨是非,提高认识。"③总之,在 1964 年,奇装异服绝对可算是一个社会热点议题。

讨论进行得全面而深入,对与此相关的各个方面的问题都进行了辨析与争论。起初有人提出,"萝卜青菜,各有所爱",穿什么衣服和人的思想没有关系。许多人不同意这种看法,摆出大量事实,说明爱穿什么衣着和人的思想是不能完全割裂的。有人认为奇装异服很美,有人则认为很丑,这就是由于阶级地位和各阶级生活方式不同,审美观点和生活情趣不一样。不少读者在给《解放日报》的来信中指出,"奇装异服是地道的资本主义产物。在好逸恶劳的剥削阶级和不务正业的流氓、阿飞看来,奇形怪状的服装,正好适应他们荒淫颓废的生活方式和空虚没落心理的要求。而劳动人民喜爱的则是经济实惠、舒适方便、朴素大方的服装"④。

在讨论中人们认为奇装异服不仅不能简单归入青菜萝卜各有所好的私人领域,也不能将其仅视为一种"新"的事物。上海耐火材料厂的一个职工在一篇名为《这不是新式样!》的文章里说:"小脚管裤子一类的奇装异服,在解放前的

---

①　新华社.上海广大人民积极参加抵制奇装异服的讨论 发扬无产阶级优良传统 反对资产阶级思想作风[N].人民日报,1964-11-14(2).

②　坚决拒绝裁制奇装异服——高美服装店职工勇于保护社会好风气[N].解放日报,1964-06-07(2).

③　新华社.上海广大人民积极参加抵制奇装异服的讨论 发扬无产阶级优良传统 反对资产阶级思想作风[N].人民日报,1964-11-14(2).

④　新华社.上海广大人民积极参加抵制奇装异服的讨论 发扬无产阶级优良传统 反对资产阶级思想作风[N].人民日报,1964-11-14(2).

上海早就出现过,当时有些青年人受了美国黄色电影的腐蚀,模仿电影中的流氓、阿飞,穿起了这种怪式样的服装。……上海市服装用品工业公司和静安区衣着用品公司的两个工作人员,用服装式样变化的具体事实,指出变化朝着两种不同方向。人民装、中山装代替长袍、马褂是朝着方便人们生活和劳动、适应大多数人爱好的方向变化的。而奇装异服则恰恰相反,它是受美国生活方式的影响,把服装越变越怪,丧失了原有的穿着舒适、美观大方的优点。因此,把奇装异服称为'新事物',是没有道理的。通过大家摆事实、讲道理,终于把'奇装异服是新事物'这种论调驳倒了。"[①]从讨论中,可以看出所谓奇装异服就是沾染了资本主义习气的衣服,是地道的资本主义的产物。在好不容易实现的社会主义社会中,这样的东西当然是要彻底铲除的。"今天,大家厌恶奇装异服,'决不是看得惯看不惯'的问题,而是要不要抵制资产阶级思想和生活方式侵蚀的问题。"[②]

另外,随着对奇装异服的讨论的深入,什么是奇装异服的问题成为大家关心的问题。为此也有媒体专门做了回应:

> 例如:女装的敞袒胸部的袒胸领、彻底暴露肩腋的背心袖、包紧屁股的"水桶裙"、紧束腰部而故意突出胸部的其他怪样的衣服,都被认为是奇装异服。至于男装的"牛仔裤"(又名"瘦脚裤")、不男不女的花衬衣也不例外。这些怪样的衣服的特点,一是卖弄风情,刺激别人的感官;二是有损健康,不利于肌体的活动。而所有这些奇装异服,又全是从西方抄袭过来的,与我们勤劳、朴素、热爱劳动的社会主义风尚背道而驰。[③]

奇装异服的关键,在于它是代表资产阶级的、是从西方抄袭过来的。因而不仅穿奇装异服是不光彩的,"经过这一时期讨论,在上海广大市民的心目中,穿奇装异服已经成为一件不光彩的事情"[④];而且传播奇装异服也被认为是有害的。有人专门对电影院的观众休息室里挂的演员照片提出异议。"影院观众休息室,固然是观众休息赏玩的场所,但也是向观众进行宣传教育的好地方。室

---

①　新华社.上海广大人民积极参加抵制奇装异服的讨论 发扬无产阶级优良传统 反对资产阶级思想作风[N].人民日报,1964-11-14(2).

②　新华社.上海广大人民积极参加抵制奇装异服的讨论 发扬无产阶级优良传统 反对资产阶级思想作风[N].人民日报,1964-11-14(2).

③　广州服装技术学习组.什么样的衣服算是奇装异服[N].羊城晚报,1964-06-10(2).

④　新华社.上海广大人民积极参加抵制奇装异服的讨论 发扬无产阶级优良传统 反对资产阶级思想作风[N].人民日报,1964-11-14(2).

内除了张贴一些海报、画页介绍影片内容以外,如果能挂一些观众公认的好影片的剧照和剧中英雄人物(如白毛女、琼花、郭大娘、李双双、李三辈等)的照片,不是更有教育意义吗? 而今天所看到的,却是穿着奇装异服、披着雪白罩纱、戴着闪光耳环、做着千姿百态的演员群相。这能对广大观众起什么作用呢? 无非是为一些爱评头品足的人提供了资料,再就是给一些思想不够健康的男女青年以追求穿着或照相的标本。"①

经过 1964 年长达数月的关于奇装异服的讨论,不仅较清楚地划定了何谓奇装异服,更统一了对于奇装异服的认识,认为奇装异服就是"资产阶级思想的借尸还魂",奇装异服就是"资产阶级思想的侵蚀"。总之,奇装异服就是资产阶级生活方式的再现,代表着资产阶级的思想。

如果说在 1964 年,奇装异服还是人们"摆事实,讲道理"的讨论对象,而"文革"开始后,奇装异服则全然成了一个无权申辩的讨伐对象了。根据《人民日报》1966 年 8 月 23 日的报道:

> 8 月 20 日以来,首都红卫兵纷纷走上街头,到处张贴革命传单和大字报,到处集会演说,向一切旧思想、旧文化、旧风俗、旧习惯发动了猛烈攻击。……他们还向广大服务行业的革命职工倡议,决不再给某些顾客理怪发、做奇装异服。北京第二中学的"红卫兵"在市内主要街道的墙头上,贴出充满革命豪情的向旧世界的宣战书。宣战书说:现在,无产阶级"文化大革命"的洪流,正在冲击着资产阶级的各个阵地。资产阶级的温床保不住了。"飞机头""螺旋宝塔式"等稀奇古怪的发型,"牛仔裤""牛仔衫"和各式各样的港式衣裙,以及黄色照片书刊,正在受到严重的谴责。我们不要小看这些问题,资产阶级的复辟的大门,正是从这些地方打开的。……卫东服装店(原"蓝天时装店")全体革命职工在给红卫兵的一封信里写道:我们坚决响应你们的革命的倡议,我们完全同意北京二中等红卫兵关于反对做港式服装和奇装异服的革命行动,保证以后不加工不出售港式服装和奇装异服。让我们携起手来,把无产阶级"文化大革命"推进到一个更广泛、更深入的新阶段。有些服装店的门上,还贴上了充满革命激情的对联:"革命服装大做特做快做,奇装异服大灭特灭快灭",横额是:"兴无灭资"。②

---

① 赵振远.悬挂演员大照片起什么作用? [N].人民日报,1964-10-30(6).

② 新华社.无产阶级文化大革命浪潮席卷首都街道"红卫兵"猛烈冲击资产阶级的风俗习惯 广大革命群众最热烈最坚决地支持"红卫兵"小将的革命造反精神[N].人民日报,1966-08-23(1).

　　此时奇装异服的问题已不同于 1964 年大讨论时的境况了。奇装异服已不再是有待论证的、是不是资产阶级思想表征的问题了,而直接就是"资产阶级的温床",就是"资产阶级复辟"的通道。穿奇装异服者,更是被上升至"叛徒"的程度。在一篇题为《西方的时装和叛徒的灵魂》的文章里,作者写道:

　　　　二十多年前,苏联著名作家高尔基曾经把美国垄断资本主义的文明斥为"我们星球上最丑恶的文明"。可是,二十多年后的今天,在苏修集团统治下的苏联,这种"最丑恶的文明",却像霉菌一样滋长起来,到处散发出腐烂的臭味。最近在莫斯科举行的所谓"国际服装展览会"和"国际时装表演会",就是这种"最丑恶的文明"的一场最丑恶的表演。

　　　　在为期半个多月的时间里,美国、英国、法国、西德、意大利、日本等二十多个国家的一千多家服装公司展出了大量的西方奇装异服。什么袒胸露背的晚礼服啊,吊在膝盖上的"超短女裙"啊,什么宽得像麻袋似的外套啊,紧得像鸡腿似的长裤啊,等等,真是妖形怪状,五花八门。苏修的报刊、电台、电视和电影院居然大吹大擂地宣扬这些腐朽没落的资产阶级货色,把整个莫斯科闹得乌烟瘴气,臭不可闻。

　　　　苏修新贵们这样狂热地欣赏和推销西方的奇装异服,反映了他们的丑恶灵魂和资产阶级本性。人的服式,不但因时代的变异而变异,而且也因阶级的不同而不同。……然而,历史总是前进的。"金猴奋起千钧棒,玉宇澄清万里埃。"在十月革命的故乡,终有一天,会重新卷起革命的滚滚怒涛,把玷污苏维埃大地的这一群跳梁小丑连同他们那些乌七八糟的奇装异服荡涤干净![1]

　　比对 1964 年,此文中的奇装异服已不仅仅只是"资产阶级思想的侵蚀"而直接就是"阶级"的体现了。穿奇装异服者也不仅仅是"不光彩"的事情了,更不能等待"自己穿奇装异服的职工,也自觉改变了打扮"[2],而是需要直接被专政的对象。此时,奇装异服者与奇装异服已不再被做清晰的区分,而被视作跳梁小丑"连同"他们的那些奇装异服。为了保住无产阶级的胜利果实,对奇装异服及奇装异服者采取"文攻武斗",因此就具备了合法性。在此逻辑下,"奇装异服大灭特灭快灭",自然也成了大快人心之事。消灭奇装异服及奇装异服者则成了

---

　　①　西方的时装和叛徒的灵魂[N].人民日报,1967-09-23(6).
　　②　新华社.上海广大人民积极参加抵制奇装异服的讨论 发扬无产阶级优良传统 反对资产阶级思想作风[N].人民日报,1964-11-14(2).

值得褒奖的行为了。"在这次无产阶级'文化大革命'的风暴中,红卫兵小将们,雷厉风行,几天工夫就把多少年解决不了的问题,什么搓澡、捏脚那一套,什么怪发型、奇装异服,都给它来个一扫光。"①从中可见作者对于快速消灭奇装异服的热烈赞美。另有学者专门访谈了有过此经历的人们,描述了当时对于奇装异服者的打击之严厉。"被批斗者往往羞愤难当,甚至出现自杀的情况。"②

　　20世纪整个60年代对于奇装异服的讨论及讨伐具备两个特征。首先,奇装异服是被当作阶级斗争的具体化来对待的。主导阶级对奇装异服者的观点从初期的沾染了资产阶级思想的习气的表征到后期资产阶级本身的表征,这样的演变注定了对待奇装异服者的方式从初期的讨论、挽救到"文革"开始后的批斗、消灭。"文革"开始后,对于奇装异服是连同奇装异服者一并纳入阶级斗争的范畴之内的,即所谓的"跳梁小丑及他们的奇装异服"。奇装异服是一种反动阶级的代表,是需要被彻底革除的东西。当奇装异服及奇装异服者的意义成了阶级斗争领域内反动阶级的代名词时,在代表国家主导意识的公共媒介中,奇装异服及奇装异服者当然不可能存有辩驳讨论的机会。其次,伴随着奇装异服作为一种阶级斗争的具体对象时,奇装异服的核心特征也被统一至阶级属性。男女老少着装的不同,区域性、季节性着装的不同等问题一概被忽略。只要是不符合主导阶级规范的着装形式,特别是被认为与资产阶级存有关联的着装,统统被归结至奇装异服。也就是在奇装异服的概念背后,存在着一个作为比对的合法性着装的概念。"所谓'合法性'着装指作为国家机器涉及的各级干部和作为这套国家机器运行的阶级基础的工人、解放军和农民的着装,即军装、各种'中山装'、工作服和农民的服装。'文革'期间,具有'合法'的着装的衡量标准主要是满足'三个有利于':有利于革命,有利于劳动,有利于工作的简单、朴素和整齐划一。"③在这样的大背景下,奇装异服不仅代表了需要被革命的资产阶级,也暗含着一种非法的、同时也是危险的行为方式,其危险性在于会潜在地破坏社会既存的优势。这种行为方式方面的危险性意韵,在其阶级立场的关联褪去后,在后来的运动中被视作反对奇装异服的关键理由所在。

---

　　① 安起.从思想上破四旧[N].人民日报,1967-10-17(3).

　　② 孙沛东.裤脚上的阶级斗争——"文革"时期广东的"奇装异服"与国家规训[J].开放时代,2010(6):92.

　　③ 孙沛东.裤脚上的阶级斗争——"文革"时期广东的"奇装异服"与国家规训[J].开放时代,2010(6):92.

三、20 世纪 80 年代后对于奇装异服的批评与反思

1978 年中国共产党的十一届三中全会之后,中国开始实行改革开放的政策。改革开放之后,西方生活的方方面面再度影响国人,奇装异服问题再度成为人们关注的对象。对于新生事物更为敏感的年轻人,成为采纳所谓的奇装异服的主要人群。此时的讨论,便集中于年轻人,特别是青少年。

关于奇装异服的批评首先是针对青少年的审美观展开的。一个叫方华文的中学老师讲述了在青少年教育中,教师遇到的奇装异服问题。"青少年的模仿性很强,但缺少判断力。一次春游归来,方华文发现几个学生偷偷照了不少奇装异服的照片:古怪的礼帽,不合身的风雨衣,鼻子上架着一副大墨镜,有的还叼着香烟,而人不过是些十六七岁的孩子。这样的照片毫无美感可言,因为它不真实,不健康,是伪装的。"①青少年对于奇装异服的热爱,在这个老师的眼里,主要在于缺乏判断力。这类评判是较为广泛的。如"有些青年把西方资本主义社会的某些生活方式,如留长发、蓄胡子、奇装异服拈了起来,觉得新鲜,亦步亦趋,其实恰似邯郸学步"②。"思想解放了的年轻人希望把美带到他们的生活中去,但有不少人还不懂什么叫美,加上舶来品的冲击,他们便以新鲜为美,以奇为美,以怪为美,带到服装上来,就有了所谓奇装异服。"③对于这些批评者们来说,既然奇装异服是穿戴者缺乏主见、不懂审美的表现,那么不穿奇装异服的年轻人就自然而然地成为具有主见、懂得审美的楷模。有一篇表扬上海延安饭店为外宾服务的十个年轻女服务员的文章说道:"外国人的奇装异服,她们不羡慕,不模仿,穿着依然朴素大方,表现出了中国青年的优秀品质和高尚情操。"④从此文可见,作者认为奇装异服是与中国青年的优秀品质与高尚情操背道而驰的。

另一种对于奇装异服的批评强调奇装异服者对社会治安的危害。"有个男孩子,当社会上出现奇装异服时,他晕头转向,一心一意赶时髦。留长发,并把长发烫成大卷花;上身穿粉红色的绣花大翻领衬衫,下身穿黄色的特宽喇叭裤,脚蹬白皮鞋,头戴盆盔,眼戴贴有英文商标的'蛤蟆镜'。这身打扮的钱从那儿

---

①　丛林中.把一切献给孩子——记北京三十六中教师方华文[N].人民日报,1979-12-26(4).

②　刘振祥."学步"与"效颦"[N].人民日报,1980-04-05(8).

③　邵而为.莫拿时装比军装[N].人民日报,1982-01-19(8).

④　白青山,徐金潮,杨汉鹏."中国姑娘的心真比宝石还美!"——外宾盛赞上海延安饭店十姐妹文明服务[N].人民日报,1982-01-31(4).

来的？是行骗搞来的。"①这样的论点不是个例。随着娱乐生活的丰富,业余剧团中的团员的着装问题,引起了有些人的关注。在提到规范业余剧团的问题时,作者特别提到了除了其他三个问题外,团员的奇装异服也是一个需要加以管理规范的问题:"四是奇装异服,由土变洋。有些农村青年,家庭经济并不富裕,但只要一参加了业余剧团,便自以为身价十倍,借钱也得买一身时髦的服装。"②这样的行为,虽说不如行骗对社会的治安有直接的威胁,但被认为潜在地具有威胁。因此,当20世纪80年代国家开始整顿社会治安时,"奇装异服"在有些地方成了一个重点打击对象。"整顿社会治安、打击刑事犯罪活动,使盗贼缩手,流氓敛迹,广大群众真是衷心拥护,举双手赞成。可是在我市,这样的高潮一来,首当其冲的却是'奇装异服'。"③对奇装异服这样的打击,虽然被该文的作者所嘲讽,但也恰恰反映出人们对其与社会治安之间的关系的刻板印象。

从上文可知,虽然对待奇装异服基本上还是持批评的态度,但终究有不同的声音开始出现了。奇装异服至此可以说是一个话题了——而不是一个没有争议的批斗对象。针对社会上有些人担忧奇装异服会对社会治安造成危害,代表国家主流意识形态的媒介《人民日报》亦曾专门发文,阐明了奇装异服与社会治安的关系。

不要把穿"奇装异服"与破坏治安混同起来

　　整顿社会治安、打击刑事犯罪活动,使盗贼缩手,流氓敛迹,广大群众真是衷心拥护,举双手赞成。可是在我市,这样的高潮一来,首当其冲的却是"奇装异服"。你看,工厂的大门口,贴着"奇装异服者不许入内"的大白纸告示;机关门前,"留怪发者、留须者不许进入"的大字赫然在目。这里那里贴着规定,无非是男不许着花衣,女不可穿短裙之类,否则以旷工论处。更有甚者,一些人员手握大剪,在街头巷尾,影院车站,追捕男女青年,拦剪喇叭裤。

　　有些人,特别是有些年长的干部,喜欢把穿不太普通的服装与道德败坏等同起来。是的,破坏社会治安者中往往有些穿"奇装异服"者,但穿"奇装异服"者并非就是破坏社会治安者。对于青年人的服装

---

①　戈金.他们为何犯罪？快来挽救他们！[N].人民日报,1980-06-22(3).

②　洪儒.建议加强和改善对业余剧团的领导[N].人民日报,1980-07-12(8).

③　灵芝.不要把穿"奇装异服"与破坏治安混同起来[N].人民日报,1981-08-23(5).

发式,不应用粗暴的方式对待。有些青年发牢骚说:"允许穿什么衣裳,允许裤脚多大,头发多长,最好写进刑法,免得我们无所适从。"如果真是这样,岂不滑天下之大稽!

我们不提倡奇装异服,也不赞成对青年人的服装进行过多的干涉。①

这样的声音还是有其响应者的。一位叫谢文的作者说道:"在服装问题上,我一向主张,只要不是太过分的奇装异服,一般不必多加指责。"②在这样的表述中,关于奇装异服的认知其实已出现了微妙的变化。虽然在作者看来,奇装异服还是一个不值得提倡的事物,但只要是"不太过分"的奇装异服,那就不必加以指责。也即奇装异服并不是一个"是不是"的问题,而是一个可用度量测量的变量。用统计学的语言来说,也即奇装异服现在不再是一个非连续的类型变量,而是一个连续变量。当奇装异服被允许了度量上的变化时,就不再是一个边界清晰的概念了。因为现实社会中并不存在关于奇装异服的度量的明确规定,也没有哪个个体或组织拥有对于奇装异服度量的法定解释权。这正是前文中提及的那些牢骚青年对奇装异服的讽刺的关键所在——"允许穿什么衣裳,允许裤脚多大,头发多长,最好写进刑法,免得我们无所适从。"因为只有写进法律,奇装异服度量的规定,才是一个合法性规定。否则,谁都无法说清某个度量上的服装究竟是不是奇装异服,或是不是"过分"的奇装异服。一旦引入了度量的测定,有了量上的松动后,奇装异服这个概念事实上已被消解。

对于奇装异服,胡耀邦所发的言论,或许可算另一种声音里最有力的一次表达。1983 年 12 月 13 日,时任中共中央总书记的胡耀邦出席团中央召开的各省、自治区、直辖市团委书记会议,发表了讲话,其中特别谈到了奇装异服的问题。他说:"现在我们的衣着还不行,一个花色,一种品种,衣着并不好。什么奇装异服,这个话不好,以后报上把奇装异服这个话去掉。中国人看到外国人的衣服是奇装异服,外国人看我们中国的女同志总是穿裤子也是奇装异服。衣着搞好点是应该的。……我主张'奇装异服'这四个字以后在报纸上不要登,取消这个词,行不行?同《人民日报》商量一下。"③这可算是时任中国最高领导人对于奇装异服的反思性言论。自此以后,关于奇装异服的声讨弱了许多,服装更

---

① 灵芝.不要把穿"奇装异服"与破坏治安混同起来[N].人民日报,1981-08-23(5).

② 谢文.提倡什么样的美[N].人民日报,1981-03-09(8).

③ 胡德平.耀邦同志如何看消费——绝不能"好美而恶西施"[EB/OL].共识网,2010-01-20.

多地被当作消费领域的私人事物来看待——虽然对于奇装异服的声讨从未绝迹。到了 20 世纪 90 年代后期,关于奇装异服的讨论日益微弱。"如何穿戴应该是一个非常个人化的行为,这在今日中国获得了比较充分的体现,以至于有些很艺术或太前卫的年轻人已经个性化到了非常不一般的程度。……外国人的洋服西款走在中国大街上也没人在意了,无论穿什么,大家都不惊讶,更不会有人来干涉并一本正经地讨论所谓'奇装异服'问题。"①

至此,奇装异服已然是一个可以讨论的问题了;关于奇装异服的认知已存有了另一种不同的声音。不过在媒介中,特别是代表了国家主流意识形态的媒介中,被指称的奇装异服者们自己站出来对于批评者们进行直接的、正面的回应还是鲜见的。这说明了在主流话语中,奇装异服多少还是一个受贬抑的概念;奇装异服者本身的话语权还是非常有限的,他们只能借由他人的权力来完成表达。不过相比于 20 世纪 60 年代,奇装异服者所涉及的范围已大大缩小,主要集中于青少年;另外对奇装异服的批评力度也大为减弱,主要诉诸审美及治安领域,更少有武力攻击。

作为中国人日常生活当中的一个重要概念,奇装异服事实上很难进行明确的界定。1983 年《中国青年报》专门就奇装异服问题访问过中央工艺美院白崇礼副教授。他说道:"究竟什么样的穿戴打扮才叫奇装异服呢? 这个问题在我国几乎成了旷日持久的'公案'。"他认为每种服装都是受经济与场合的限制的,"如果搞不清什么是奇装异服,最好不要任意扩大其内涵,不要笼统地拿它来反对自己没见过或一时看不惯的穿戴打扮"②。白崇礼的观点在当时显然没有得到所有人的响应,不过奇装异服在我国几乎成了旷日持久的公案倒是实情。时至今日,人们依然还时有耳闻对于奇装异服的批评,而批评者依然不能十分清晰地界定何为奇装异服。

小 结

在 20 世纪三四十年代,通过摩登,国人第一次接触了西方时尚,虽然此时人们还没有明确的时尚意识。③ 通过摩登,人们对西方盛行的生活方式在接纳

---

① 赵忱.服装是一面镜子(春风化雨二十年)[N].人民日报,1998-12-18(9).

② 以上引文均出自:白崇礼.衣着美随笔[M].北京:轻工业出版社,1987:114.

③ 李欧梵.上海摩登——一种新都市文化在中国(1930—1945)[M].北京:人民文学出版社,2010:78.

的同时交杂着排斥的情感,这种情感是复杂的。这样的文化情感以及对于摩登的认识将影响后来兴起的时尚。从晚清至新中国成立后,中国人对于奇装异服又进行了历时漫长的讨论修正及再度讨论。在这种漫长的讨论修正过程中,一方面,奇装异服作为一个负面的概念被牢固地确立;另一方面,其采纳者的个性化追求也通过所谓的奇装异服彰显了出来,触到了个人主义的东西。这两方面的情感铸就了人们对于奇装异服的复杂感知。

在西方,从古希腊时期历经中世纪,美被奉为神明般的东西。但在中国由于"文革"时期对于美的禁忌,或者更准确地说,是对于某些审美倾向的特别限制,使中国社会对于美有一种特殊的敏感。改革开放后展开的关于美的讨论,确立了美对于生活的指导地位——美被人们奉为是每一个人值得追求的事物。当时尚的接纳背景不明朗时,时尚媒介便把美作为其媒介存在的合法性依据。但另一方面,对于审美来说,广被提倡的心灵美,很多时候其实是善。善的问题始终纠缠在审美过程中,这使得时尚媒介在为其存在的合法性提供证明时,必须重新阐释关于时尚的审美。更具体点说,时尚媒介必须还得打破时尚与美的既有关联,在各个时期重新阐释时尚及时尚媒介自身与美的关联,特别是在特定的中国背景下的关联,这样的关联在各个时期当然是不一样的——这也注定了中国的时尚媒介与美的问题之间纠缠不清的历史进程。

第二章将具体分析时尚媒介在诞生初期,在面对奇装异服的压力下,如何勾连"美"阐释时尚,以便为自己赢得存在的合法性的问题。

第二章　时装:全民共享的美

　　20 世纪 80 年代开始至 90 年代初期,中国最早的一批时尚杂志开始登上历史舞台。这批杂志包括《时装》《中外服装》《上海服饰》以及后来自称为"中国时尚第一刊"的《ELLE》。① 此时《时尚》刚刚诞生,以"天价杂志"的身份投入市场②,但它对于整个时尚世界的影响力还没有扩散开来。作为一个品类,时尚杂志的定义与边界尚不明确。虽说这些杂志日后都纷纷称自己为"时尚杂志",但在这个时期,这些出生不久的杂志都还没将自己明确为时尚杂志。作为一种新型的刊物种类,在这个时期,编辑们甚至都还不清楚自己的领地在哪里、自己的读者是谁等一些最基本的刊物经营问题。"时尚"作为一个概念,其意义也还是不清晰的,通常只是被视为时装或潮流的一个同义词。但伴随着这一批萌芽状态的杂志登上历史舞台,"时尚"开始逐渐渗入国人的日常生活。作为一个概念,这个时期"时尚"的意涵是与其他概念交织在一起的,是很含糊的。但正是这样含糊的一个开端,为日后不断丰富、更新甚至变异的"时尚"意义的变迁之旅奠定了基础;亦正是这样一个含糊的开端,承载了日后日益庞大的中国时尚媒介体系。

第一节　时尚话语的社会环境

　　据 Herman Freudenberg 的研究,1762 年在法国出现的 Mercure Gallent 可

---

　　①　《ELLE》在多种场合称自己为中国最早的时尚杂志。2011 年《ELLE》在巴黎宣传时,更是直接称自己为"No. 1 fashion magazine in China",具体可参见《ELLE》2011 年第 10 期。
　　②　孙燕君,康建中,梅园霖,等. 期刊中国[M]. 北京:中国社会科学出版社,2003:55.

能是最早出现的时尚杂志。^① 据时尚学家 Christopher Breward 的研究,最早出现的重要的时尚杂志是创办于 1798 年的《女子大观》(*The Lady's Monthly Museum*)。作为一个平面的二维空间,这些早期的时尚杂志虽然不可能直接地再现真正的(real)服装,但在它们诞生之初的前 200 年里,这些杂志被人们视为是对流行款式的一种可靠记录。^② 也即这些杂志是时尚工业推广时尚产品的依托,没有这些杂志,最新的服装样式很难大范围地推广。早在时尚工业诞生之初,人们就认识到了时尚杂志对于推动时尚工业的独特作用。Freudenberg 通过研究史料发现,17 世纪、18 世纪的法国之所以成为世界时尚工业的中心,不仅仅在于有像路易十四这般的杰出的时尚领导者们,更在于法国较早、也较全面地开办了用于推荐时尚、销售最新产品的时尚杂志。^③ 1963 年,Adolph I. Klein(时任美国女装制衣商联合公司总监,也是前纽约高级定制集团的主席)在说到时尚在历史上对于整个美国商务的推动时,直接称 *VOGUE* 是最伟大的时尚发言人之一。他认为被这些媒介贴上了"时尚"标签的任何东西都能更容易地卖掉。^④ 换句话说,时尚杂志能帮助时尚工业实现销售。正因此,时尚杂志受到时尚工业的重视,并将时尚杂志纳入时尚工业体系,并视之为极其重要的一分子。

但若站在时尚杂志的角度来看时尚工业的话,又是另一番光景。对于时尚杂志来说,很显然,没有那些可用于传播的时尚产品,就没有时尚杂志的核心内容;没有那些等待被传播及消费的时尚产品,时尚杂志也不会作为一个媒介被时尚工业所需要。一句话,没有时尚工业就没有时尚杂志。正是在此意义上,时尚杂志被视为时尚工业的副产品或依附品。

这种状况直到二战后随着时尚杂志对于摄影作品的采纳与艺术的推崇,才得到改观。此时的时尚杂志开始以独立于时尚工业的姿态面世。时尚杂志的读者产生了对杂志本身的需求——而不仅仅是对杂志上传播的时尚产品的需求。用 Breward 的话来说,这时的时尚杂志是作为"时尚意识的圣经"而用于引

---

① FREUDENBERG H. College fashion, sumptuary laws, and business[J]. The business history review,1963,37(1/2):43.

② BREWARD C. Fashion on the page [M]//WELTERS L, LILLETHUN A. The fashion reader. Oxford:Berg,2007:278-281.

③ FREUDENBERG H. College fashion, sumptuary laws, and business[J]. The business history review,1963,37(1/2):43.

④ KLEIN A I. Fashion:its sense of history, its selling power[J]. The business history review,1963,37(1/2):1-2.

导和谐、正宗的风格。① 当时尚杂志对于时尚的功能从直接的产品推荐变成了风格引导时,时尚杂志不仅获得了一种独立于时尚工业的自足性,还可在很大程度上引导时尚工业的品位与风格走向,从而具备了自主性。但无论如何,时尚工业的发展以及人们对于时尚的需求意识依然是这些杂志得以存在的前提。没有时尚工业与时尚消费者,时尚杂志就无法存在——虽然时尚杂志也可反过来影响这两者。用时尚学家川村由仁夜的话来说:"(时尚)媒体与商家可以说是携手合作。"②因此,在西方,发达的时尚工业是时尚媒介(包括时尚杂志)诞生并存活的前提条件。在一个不具备时尚工业抑或时尚工业欠发达的地区,是很难想象时尚媒介的存在的。这几乎是西方时尚工业体系中的基本常识。但中国时尚杂志的诞生初期,完全不具备西方的这些常识性条件。中国时尚杂志的横空出世,对此常识构成了挑战,或者更准确点说,将为此常识的适用范围划定边界。

一、20 世纪 90 年代中以前的经济状况

中国的时尚杂志诞生之初正处于改革开放的初期,处于一种百废待兴的时节。这个阶段国人的生活水平普遍还较低,总体经济状况离时尚工业能够存在的最低要求尚有很大差距,更遑论民众的时尚意识。国家统计局公布的数据显示,1980 年我国农村居民年人均纯收入为 191.3 元,城镇居民家庭年人均生活费收入为 439.4 元;1985 年我国农村居民年人均纯收入为 397.6 元,城镇居民家庭年人均生活费收入为 685.3 元;及至 1995 年这两个数据也不过分别为 1577.7 元和 3892.9 元。③ 比对当时的物价水平,这样的收入仅够维持简单的日常生活而已。收入中的大部分得用于食物支出,衣着类支出的数额很低。1985 年城镇居民家庭年平均支出中衣着类支出仅为 98.04 元,这个数字到了 1995 年也仅是 1766.02 元,若摊到人均,数值就更低了。④ 农村居民这部分的支出数值还要低。资料显示,农村居民的人均消费支出中,1985 年衣着类仅为

①　BREWARD C. Fashion on the page[M]//WELTERS L, LILLETHUN A. The fashion reader. Oxford:Berg,2007:278.

②　川村由仁夜. 时尚学[M]. 陈逸如,译. 台北:立绪文化事业有限公司,2009:174.

③　国家统计局. 9-4 城乡居民家庭人均收入及指数(1996)[EB/OL]. 中国统计年鉴网,2012-05-11.

④　1995 年城镇居民人均每年衣着类支出为 479.20 元. 参见:国家统计局. 9-9 城镇居民家庭平均每人消费性支出及构成(1995)[EB/OL]. 中国统计年鉴网,2012-05-11.

30.03 元,1995 也未能过百元,为 88.66 元。① 这样的数据在缺失物价指数的前提下,或许较难反映实际的购买力,那么鞋子的消费数量则直接表明了其时人们的消费能力。1985 年城镇居民人均购买的皮鞋数量为每人每年 0.55 双,至 1995 年稍增长至 0.82 双②,但始终达不到每人每年 1 双的水平;在农村,这个对应的数据则分别为 0.32 双与 0.69 双。③ 虽然比起革命时期"新三年旧三年,缝缝补补又三年"的生活状态,改革开放后的状况已改善了很多,但基本生存物资匮乏还是人们较广泛的体验。

　　直至 20 世纪 80 年代末,成衣都还不是一种普遍的消费方式。在国家统计局公布的主要工业产品数量统计中,至 1980 年都还没有成衣与鞋子的统计数量。④ 在改革开放初期,缝衣难的问题十分突出,成衣的人均消费量更是低得可怜。有文章报道:"记者最近就'缝衣难'的问题作了一些调查,发现成都市场上服装供应确实比较紧张。据有关部门提供的材料,去年市百货公司投入市场的各类成衣约二百五十万件,门市来料加工的各类服装在二百六十万件左右。两项合计,服装行业每年为全市每个人提供的服装只有一件多一点。在这种情况下,不少人千方百计到北京、上海等地去购买衣服,或者买缝纫机自己做。"⑤直至 1994 年服装生产企业都还不是国家的重点工业企业,在国家统计局公布的重点工业企业主要技术经济指标统计中,只有纺织业而没有服装生产加工企业的相关数据⑥,可见成衣生产与消费均不普遍的现实。虽然 1995 年我国服装类企业已有约 20 万个,生产总值 1470.15 亿元⑦,但这些企业基本上是一些小型的外向型服装加工企业,通过为国外商人来料加工赚取低廉的劳动力报酬,既不为国内市场提供产品,也无法影响国人的消费水平与消费趣味。

---

①　国家统计局.9-19 农村居民家庭平均每人生活消费支出(1996)[EB/OL].中国统计年鉴网,2012-05-11.

②　国家统计局.9-6 城镇居民家庭平均每人全年购买的主要商品数量(1996)[EB/OL].中国统计年鉴网,2012-05-11.

③　参见国家统计局.9-24 农村居民家庭平均每人主要消费品消费量(1996)[EB/OL].中国统计年鉴网,2012-05-24.

④　国家统计局.12-20 主要工业产品产量(1996)[EB/OL].中国统计年鉴网,2012-05-24.

⑤　贺晓林,蔡茂.解决"缝衣难"的问题出路何在?[N].人民日报,1978-12-13(3).

⑥　国家统计局.12-22 重点工业企业主要技术经济指标[EB/OL].中国统计年鉴网,2012-05-24.

⑦　国家统计局.12-11 独立核算工业企业主要指标(1995)[EB/OL].中国统计年鉴网,2012-05-24.

在这样的消费水平基础上，根本难以成就时尚工业。虽然改革开放后人民的生活水平相较之前有了很大的变化，但在中国的时尚杂志诞生的初期（及至1995年），时尚工业在中国还是一个遥远而陌生的领域；时尚，也还是一个陌生的概念。《ELLE》的主编史领空在2011年就曾说到，当年办《ELLE》时，人们的消费水平与杂志中呈现的物品及生活水平都相距甚远。① "《世界时装之苑ELLE》创刊阶段，颇有些寂寞，一方面是由于定价较贵，更重要的是它所登载的内容离当时国内读者的生活还有一定的差距。"②即便是创办于1993年的《时尚》，刊物的内容相对于其时人们的生活水平，依然像是一个梦幻世界。2003年纪念《时尚》创刊十周年时，时任主编逄伟认为《时尚》是走了一条非惯性思维的路——"在别人都在想着如何解决温保和实现小康时，它却把目光投向了即将到来的中国人的现代化生活"③。通过这些创办者与观察者的回顾，亦可见这类杂志诞生初期的社会经济状况：其时的中国社会并不具备与西方类似的时尚工业及时尚消费者。④

二、20 世纪 90 年代中以前的文化环境

新中国成立后，包括杂志在内的整个文化事业经历过大的波折。1966—1976 年"文化大革命"期间，我国的杂志业极度萎缩。1965 年"文化大革命"前夕，全国的杂志数量为 790 种，至 1970 年"文化大革命"中期，全国的杂志数量降到历史低点，只剩 21 种，直至 1975 年才逐步恢复至 476 种。⑤改革开放后人们在生活方面的需求重新得到肯定，生活类杂志在 20 世纪 80 年代再度崛起。1978 年中国的杂志数量为 930 种，至 1980 年突增为 2191 种，到 1985 年更是高达 4705 种，此后杂志数量一直保持增长的势头，至 1995 年全国的杂志数量已达到 7583 种。⑥在 1978 年到 1985 年的 7 年间，全国登记在册的杂志数量竟然

①　参见《世界时装之苑 ELLE》，2011 年第 10 期的 EXTRA。

②　孙燕君，康建中，梅园槑，等.期刊中国[M].北京：中国社会科学出版社，2003：79.

③　逄伟.白驹过隙[J].时尚 Esquire，2003(8)：18.

④　虽然有学者认为中国的时尚杂志创办之初在国内不具备时尚工业，但国际的时尚工业已经渗入国内市场，凭借着国际时尚工业，中国的时尚杂志获得了生存的空间。具体可参见：马兰.国际时尚工业催生时尚刊物[J].传媒，2004(9)：34-35.但需要留意的是，国内的消费水平还非常低下，人们的时尚意识尚不具备，国际的时尚工业在中国很难有立足之地。

⑤　国家统计局.18—67 图书、杂志和报纸出版数量[EB/OL].中国统计年鉴网，2012-05-11.

⑥　国家统计局.18—67 图书、杂志和报纸出版数量[EB/OL].中国统计年鉴网，2012-05-11.

翻了4倍多。这增加的杂志中,有很大一部分是与人们的衣食住行密切相关的生活类杂志。那些日后成长为时尚杂志的刊物也基本在此时诞生,如《上海服饰》(1985年创刊)、《时装》(1980年创刊)、《ELLE》(1998年创刊)、《时尚》(1993年创刊)。它们构成了中国时尚媒介最初的阵营——虽然其时,对于这些刊物从业者来说,"时尚"还不是一个清晰的概念。

作为日后时尚杂志阵营的成员,这里面除了《时尚》,其他三本刊物在创刊时都是以书号登记出版,到若干期后才"转正"为杂志的。《ELLE》由译文出版社出版,直到1991年,出到第六集以后,才开始用刊号出版。在此之前,每出一集,就用一个书号,如1988年第一集的书号为:ISBN 7-5327-0199-9/Z.031,第二集时书号则为:ISBN 7-5327-0692-3/Z036,可见当时每一集都是以单独申请书号的方式出版的。因此办刊方采用丛书的命名方式称其为第N集,而不是第N期。《上海服饰》由上海市服饰协会及上海科学技术出版社出版,1985年第一期也是用书号出版的,其刊物上登载着统一书号:15559.2461。至1986年,改为用报刊登记证出版,当时注明为"上海市报刊登记证第426号"。至1986年第一期时,加上之前1985年的一期刊物,《上海服饰》事实上已是出到总第二期了,但在这一期的版权页上依然还标注着"总第一期"的字样。这是意指用报刊登记证出版后的第一期,有别于之前用书号出的"1985年第一期"。①

正因为初期是用书号、以书的形态出版的,因此存有不定期的现象。如《ELLE》1989年原计划出四集的,但最终只出了"春"与"夏"两集,而没有原计划的"秋"与"冬"。《ELLE》这样不定期的情况除了实际的操作层面的问题,也反映出了其时编辑对于刊物的未来发展的不确定,这种不确定态度首先来自于对意识形态方面的担忧。在生活领域,对于奇装异服的抵制及至20世纪90年代初期都还有较浓烈的氛围。虽然从80年代开始,对于奇装异服的抵制,相比"文革"时期已有较大变化,但对于奇装异服与西方资产阶级意识形态关联的想象还是较普遍的,对于服装样式与生活方式的容忍度还是很有限的(此部分更详尽的内容,可参见第一章)。《ELLE》的主编骆兆添在后来回忆办刊初期的情况时就说道:"要不要和外国合作出时装杂志,大家的认识有个过程。主要是认为译文社是家严肃的出版社,过去连《蝴蝶梦》这样的小说都不出,能否出时装书?"②

----

① 为了统一起见,在本章的注释中,对于以书号出的早期刊物,仍归类至期刊,标注"[J]"。

② 骆兆添.译文走向世界[M]//上海市出版工作者协会,上海市编辑学会.我与上海出版.上海:学林出版社,1999:696-703.

如果说当时《ELLE》创办者的犹疑集中在意识形态的取向上，那么创办于90年代的《时尚》，创办者的犹疑就更加复杂了：既有与价格关联的市场需求，也有与内容关联的意识形态，还有现实经营过程中的资金条件。"在《时尚》创刊前一直到发行了几期的时间里，'该不该办''要不要办下去'还是时不时地困惑着他们。"①在这些刊物创办时，人们的物质生活水平普遍还不高。日常的服装，无论是数量还是款式都还没有足够的发展，"人们对于服装的要求，还停留在新衣替换旧衣的阶段，而不是时装和流行发布"②。如西方的时尚杂志一般依赖时尚工业、成为时尚工业的一部分，对于中国早期的时尚杂志来说，显然是不具备条件的。

统起来说，从经济基础来看，在这些刊物的创办初期，国内既不具备一定规模的时尚工业，民众的消费水平也远没有达到可消费时尚产品的程度，时尚意识更是一个遥不可及的事物；从媒介的生存环境来看，当时正值创办生活类刊物的高潮时期，民众对于生活类资讯有较大的需求，人们通过电影等媒介开始了解到一些西式生活方式，但对于西方生活方式的抵制还是广泛存在的，这种抵制时常体现在对于奇装异服的贬斥上。在这样经济相对贫弱，人们的消费水平相对低下，社会对于生活样式的容忍度相对有限的前提下，如《ELLE》这般不仅定价高，而且所刊载的内容亦不被主流意识形态③所接纳的刊物，如何获得生存的合法性，是这些媒介首先需要解决的问题。这是我国早期的时尚刊物面临的一个独特处境——无论是相较于西方的时尚杂志，还是相较于同时期国内其他品类的杂志。这个独特处境是时尚在我国开始广泛传播的一个基本环境；时尚意义在我国的建构变迁之旅也从此处出发，即从这些刊物在证明自身存在的正当性的同时也为时尚赋予意义。这种独特性从一开始就将时尚意义在我国的传播与西方既有的意义之间拉开了距离。这个独特处境成了我国"时尚"画布上的第一层底色。

① 孙燕君,康建中,梅园籽,等.期刊中国[M].北京:中国社会科学出版社,2003:56.
② 孙燕君,康建中,梅园籽,等.期刊中国[M].北京:中国社会科学出版社,2003:79.
③ 在本书中对主流意识形态与主导意识形态进行区分。主导意识形态是指国家层面由执政党主导的意识形态。主流意识形态则是指社会中占主流地位的意识形态，其与主导意识形态有关，但有时并不完全对等。对于时装来说，当国家主导意识形态开始接纳它，甚至将此作为一个新事物加以推广时，许多人，特别是有话语权的保守人士，在很长一段时期内依然持抗拒态度，导致主导意识形态与主流意识形态并不一致的状况。这正是早期的时尚杂志在国家主导意识形态已对时装持肯定态度时，依然需要寻求传播时装的合法性原因所在——不仅要被主导意识形态所容纳，也需要被主流意识形态所接纳。也正是在这里，产生了进一步理解与阐释时装问题的驱动力。

第二节 时尚的哺育者——时装

在这个阶段,这些萌芽期的时尚杂志都还没有明确自己的"时尚"身份。"时装"是这个时期更为重要的一个概念,关于时尚的理解都由时装而来。无论是《ELLE》《时尚》还是《上海服饰》,其时均有相应的内容是关于时装的,只是时装内容所占的比重不同。《上海服饰》由于更多的是对于生活的指导,时装的内容比重相对要小一些,《ELLE》中时装的比重更大些,《时尚》刚刚创刊,还没有完全跳出旅游刊物的影子,时装的内容是淹没在旅游消费的大框架之中的。这个时期的时尚及时装的概念建构工作主要是通过《上海服饰》与《ELLE》来完成的。在这些刊物创办之前,时装就已经在人们的生活中存在,只不过在不同的时间上,时装的意涵有些变化。解读媒介话语中的"时尚"离不开理解"时装"——既包括国家主导意识形态话语中的时装,也包括时尚媒介话语中的时装。

一、国家主导意识形态中的时装

在国家主导意识形态中,历时地来看,时装的意涵也经历了变化。在新中国建立前后的一段时间内,时装基本被认为是资产阶级生活方式、西方意识形态的代表,是社会主义国家需要抵制的事物。新中国成立前夕,《人民日报》发表过关于美国新闻业的系列介绍。在这些介绍中,文章认为美国的新闻业是存在欺骗性的。"但欺骗读者不能光靠造谣,因为造谣终有暴露的一日。这些资产阶级的报刊还有一支强烈的麻醉剂,这就是所谓黄色新闻。这里面讲的是时装、美容、电影明星、体育评论、求爱术、媚夫御妻术、绑票、暗杀、神鬼、星相等等。……在电影明星与时装表演的照片中,他们间常夹杂进一些反动的文章。"[①]在此可见,时装是被纳入黄色新闻的领域的,是经常与一些反动文章有染的。

在新中国成立后的一段时期内,主流意识形态对于时装的态度依然是负面的,时装被认为是资产阶级生活方式中的事物,是新社会需要抵制或抛弃的事物。新中国成立初期上海一度出现了大规模的企业停业倒闭的状况,国民党则抛出"公债与税收压垮上海"的言论。针对国民党的言论,一篇分析文章详尽分

---

① 黄操良.谈谈美国的新闻业(续完)[N].人民日报,1949-04-02(3).

析了那些停业倒闭的企业,指出那些倒闭的工商企业是有集中的行业特征的,这些行业之所以倒闭是因为在新的社会体制下,人们的意识形态产生了变化,进而生活方式也产生了变化,过去的有些需求就不复存在了。文章说道:"而衣着业(主要的是西装业、时装业)、建筑业、旅馆酒菜业(之所以倒闭——笔者注),则主要的是由于社会风气改变,人民的日常生活转向朴素。"①两相比对,可以清晰地看到时装含有旧式的、资产阶级的生活方式的意指;而随着社会风气的改变,这些代表资产阶级生活方式的旧事物已不被民众需求,倒闭是必然的了。因此那些与时装业相关的衣着业倒闭其实是顺应时代发展的结果,并不是什么公债与税收压垮的,从而驳倒了国民党的言论。

　　20世纪50年代末60年代初,时装也曾有过短暂的正面意义时期。如新华社在1956年曾发过一篇消息《北京举行时装晚会》,文中说道:"灯光下,穿着五光十色服装的年轻姑娘和小伙子们神采焕发,他们随着音乐的旋律,愉快地跳起交谊舞。北京市第十二女子中学高三(四)班的学生打扮得特别漂亮,她们还表演了自己创作的'环舞'。十一个青年男女穿着西服、连衣裙、旗袍等走到音乐台上,一位穿着黑色丝绒上衣的姑娘,向大家介绍了这些适合于妇女、工人、干部和学生们穿的时装。"②另还有消息说"上海市蓝天、雷蒙等十五家著名的公私合营时装西服店,已经分批迁来北京。还有造寸、万国、波纬、鸿霞等五家服装店将在月内迁来。它们主要是为了适应首都人民对服装制作上日益提高的要求而迁来北京的"③;又如"莫斯科举行国际时装会议"④这样非常客观的不加任何评论的消息。这个时期正是毛泽东号召大家穿得鲜艳些的时期,但这个时期是非常短暂的。一进入60年代,关于时装的正面意味在国家的主导话语体系里面就消失了,代之以更严厉的批评,甚至是抨击。如:"纽约第五街狗时装正在盛行。……一方面是失业工人,不吃早饭,又要不吃午饭,另一方面是穿着时装艳服的吧儿狗们,跟着太太小姐们奔赴盛会。"⑤

　　"文革"开始后,时装即是资产阶级生活方式的代言人的意味达到巅峰。很多时候,时装被指认为是西方资本主义与苏修的有利明证,是奇装异服的同义词。如"刘少奇为了复辟资本主义,竭力鼓吹资产阶级生活方式。他宣扬什么'每年在季节前,要主动设计时装,主动宣传','想花样很重要'。他要我们的成

　　①　余伯约.新上海的阵痛[N].人民日报,1950-05-26(5).
　　②　新华社.北京举行时装晚会[N].人民日报,1956-03-26(3).
　　③　新华社.上海一批著名服装店迁来北京[N].人民日报,1956-04-16(2).
　　④　莫斯科举行国际时装会议[N].人民日报,1957-06-12(5).
　　⑤　略之.人、狗之间——立此存照[N].人民日报,1961-03-07(8).

衣店保持的就是做奇装异服、适合资产阶级需要的那种'特点'"①。又如：

> 不久前，在华盛顿举办了一个所谓"苏联时装设计展览会"。展览会上展出了苏修"顶呱呱的现代服装专家"所设计的"杰作"，其中有的是被称为"苏联最著名先锋派服装设计专家"模仿西方的瘦腿裤和超短裙而设计的什么"宇宙世纪"装、"革新"装等等。这次展览会所表现的明显的"西方化"，博得了美国主子的赞赏和喝彩，大叫"令人振奋"。苏修甚至把在纽约和伦敦的狗展，也毫无顾忌地搬到莫斯科，居然风靡一时。真是腐朽到了极点。②

另一篇题为《苏修在华盛顿搞西方化"时装"展览美国主子拍手喝彩大叫"令人振奋"》的文中说道：

> 这次展览会所表现的鲜明的"西方化"和"复旧"的特点，马上引起了美国垄断集团大老板和形形色色资产阶级代表人物的重视。他们纷纷为苏修在时装方面也不遗余力学习西方的精神拍手叫好说，这是"令人振奋"的。主持这次展出的美国人造纤维公司的副经理詹姆斯·肯尼迪兴高采烈地说："今天的苏联时装的总貌反映出强烈的复旧情绪、对现时代的高度敏感以及对国际时装新趋向的充分理解和全盘接受。"他表示还准备把这个展览拿到美国各地去巡回展览。

> 种种事实表明，今天苏修叛徒集团不仅在政治上完全堕落为美帝国主义的奴仆，而且整个生活方式，甚至衣着上也全盘接受西方资产阶级的"时髦"，勃列日涅夫、柯西金这一伙叛徒们从灵魂到躯壳都已腐烂透顶。③

另有一篇更为直接的批评文章，直指"西方的时装"昭示了"叛徒的灵魂"。"然而，历史总是前进的。'金猴奋起千钧棒，玉宇澄清万里埃。'在十月革命的故乡，终有一天，会重新卷起革命的滚滚怒涛，把玷污苏维埃大地的这一群跳梁小丑连同他们那些乌七八糟的奇装异服荡涤干净！"④通过前述可见，这个时期，"时装"在国家的主导意识形态中存在着这样的一种关联：时装等于奇装异服、等于西方资产阶级意识形态，代表着资产阶级的生活方式、代表着苏修，因而也

---

① 立森.全心全意为人民服务[N].人民日报,1969-04-14(5).

② 红津达,南学林.苏修贩卖西方反动文化的奴才相[N].人民日报,1968-08-13(5).

③ 新华社.苏修在华盛顿搞西方化"时装"展览美国主子拍手喝彩大叫"令人振奋"[N].人民日报,1968-07-17(6).

④ 西方的时装和叛徒的灵魂[N].人民日报,1967-09-23(6).

就是腐朽没落的。

改革开放后,"时装"在国家主导意识形态中的意义发生了改变,而且几乎是 180 度的转变,"时装"成为人民群众共享的美好事物,成为社会的"建设成就",成为"物质、文化生活水平"提高的标志。如"我们这里的女社员也喜欢时装。多罗霍伊市市长在向我们介绍几年来的建设成就时风趣地提到了'时装'。乍听起来,它似乎有点离题。但细细想来,女社员们也喜爱'时装'不正表明这里人们的物质、文化水平接近于大城市吗? 当我们更深地了解了多罗霍伊市之后,这样的印象也就更深了"①。另外,"时装"也不再被视作是与主导意识形态相冲突的西方意识形态的代言了。"据新华社上海三月二十六日电在法国、西德、美国、瑞士等国家的时装杂志和丝绸样本上,近年多次选登上海印花绸的花样。"②时装,甚至成为"开通"思想的一个工具,一篇题为《老翁的时装》的简讯全文如下:"喜欢穿漂亮服装的并不仅限于年轻人。上图为西德一百零三岁的老翁正在时装展览会上展示一九八二年的老头时装。他说:'我要给老头儿们打通一下思想。'意思是老年人并不总是不修边幅的。"③ 1983 年,中国第一个时装表演队——上海市服装公司时装表演队到中南海汇报演出。④ 时装表演能在中南海汇报演出,标志着时装在国家主导的意识形态领域已完全取得了"合法身份",成为国家主导意识形态提倡、推崇的事物。同年新华社在《人民日报》发表了一则简讯,题为《时装文化奖在北京揭晓》⑤。1984 年,《人民日报》再次刊载简讯《上海为时装设计师办作品展览》,全文如下:

> 上海市服装公司 10 日起为著名时装设计师叶德乾、钱士林和蒋海良举办作品展览会。
>
> 叶德乾、钱士林和蒋海良都积累了四五十年的经验。他们设计的女式时装,在国内外市场上的选中率高达 70％左右。叶德乾擅长设计毛料和化纤的四季女套装。钱士林设计服装俏、巧、活,他把衣料披在人体模型上就能立即设计、裁剪。蒋海良设计的服装实用性强,款式新颖大方。⑥

① 张启华.乡村变城市[N].人民日报,1979-09-25(5).
② 新华社.上海高档真丝绸进入欧美、日本高级市场[N].人民日报,1979-03-30(2).
③ 东.老翁的时装[N].人民日报,1982-03-26(7).
④ 潘坤柔.亲历中国服装腾飞[EB/OL].中国服装网,2008-09-04.
⑤ 新华社.时装文化奖在北京揭晓[N].人民日报,1983-07-23(2).
⑥ 上海为时装设计师办作品展览[N].人民日报,1984-07-14(2).

至 1985 年时装已被纳入教育体系,"中国时装文化函授中心"开始招生[①],同年《时装与纺织品》丛刊问世,"这份刊物本着'传播信息,开发品种,指导消费'的方针,介绍服装流行款式和裁剪缝纫方法,各种衣料、装饰布的新品种,纺织品市场信息,以及纺织品的选购和使用知识,适合广大消费者、纺织服装行业职工和纺织服装院校师生阅读"[②]。对于西方的时装及时装产业的态度也转变了,客观平静是此时的基本态度。在报道巴黎建成时装博物馆一事上,报道者已全然持一种旁观者的态度,没有任何直接的出于个人情感的评价。[③] 而之后在报道中国的时装设计师跻身国际舞台时,则有了十分强烈的自豪感,并对于青年设计师的培养机构提供的培养条件表示赞赏。[④] 1985 年以后,我国的时装表演开始进入西方世界。[⑤]

至此,在国家的主导意识形态中,时装的负面意味已消失殆尽,特别是作为西方资产阶级生活方式的表征物的时装、作为需要抵制的有害侵入物的意味消失殆尽。取而代之的,是将时装视作客观事物,是令人羡慕的美好事物。如"中山市的服装行业,过去只有脚踏式的缝纫机,专用设备极少,产品非常单调;通过'三来一补',引进电动缝纫机和各种专用设备五千八百多台,现在已能生产港澳市场和香港转口需要的时装、西服、牛仔裤等各种服装,并为今后发展出口业务打下了基础"[⑥]。在这里,时装依然关联着西方世界,但对于西方世界,不再是如改革开放之前的敌对态度;相反,这时的西方世界在某种程度上意味着经济发达、生活富裕;其发达的经济状态,是值得人们追求的目标。因此同样是出现于《人民日报》的文章,1984 年的这篇报道在说到中山市的服装行业目前已能生产港澳市场和香港转口需要的时装时,态度上是非常引以为傲的。这时的时装同样含有西方意味,却是令人向往的西方意味。1988 年中国服装研究设计中心协助筹办了首届中国城市时装节——大连时装节。[⑦] 时装节的举办,意在向全社会推动时装的发展。当然,作为一个长时间含有西方资产阶级生活方式的概念,要在全社会的所有人群中得到扭正并不是即刻能达成的。但无论如何,

①　中国时装文化函授中心招生[N]. 人民日报,1985-04-24(5).

②　李平.《时装与纺织品》丛刊问世[N]. 人民日报,1985-07-24(5).

③　玉清. 时装之都建时装博物馆[N]. 人民日报,1986-01-25(7).

④　李琳. 上海青年时装设计师开始跻身于国际舞台[N]. 人民日报,1985-12-07(1).

⑤　夏治沔. 我首次在西德举行时装表演从服装设计到表演艺术博得观众好评[N]. 人民日报,1986-09-10(7). 亦可参见:张孟仪. 中国时装表演风靡莫斯科[N]. 人民日报,1986-08-02(6).

⑥　郭龙春. 放得开上得快——珠江三角洲纪行[N]. 人民日报,1984-06-24(2).

⑦　潘坤柔. 亲历中国服装腾飞[EB/OL]. 中国服装网,2008-09-04.

进入 80 年代后,在国家的主导意识形态中,"时装"已是一个得到认可的,甚至是推崇的事物了。

二、时尚杂志中的时装

"时装"单纯从字面意义解析,无非就是"时下的"或"时新的"服装或服饰。但之所以不叫服装叫时装,正在于时装不仅仅只是服装,它还有溢出时下的服装或时新的服装之外的更多的意涵。早期的时尚杂志不仅承袭了国家主导话语体系中的时装意涵,还赋予了它更多的超出主导话语体系的意涵。

(一)时装是有等级的

20 世纪 80 年代中以后,时装概念的西方关联依然还是存在的,不过相较于代表国家主导意识形态的主流媒介,此时这些早期的时尚杂志中的时装,除了含有西方的意涵,还含有另一层意义,即西方的时装是更为正宗的,国内的时装通常是需要向它们学习的。也即时装是有等级之分的。这样的意涵在《上海服饰》中表现得尤为明显。以 1986 年第 2 期的目录为例,"海外服饰谈"版块中有《中村乃夫谈时装设计》《君岛一郎——日本时装设计家》《法国时装设计家菲路德谈"帅"装》以及《漫步日本商业中心》四篇文章。虽然有时也会将上海最新设计的服装称为"时装",但非常明显的是,只要涉及海外的服饰一律冠之以"时装",而国内的哪怕是最新式的,也很少称之为时装。如"在上海举行的时装表演会多如繁星,有世界级的时装设计师的个人作品表演,也有本市各局、公司自行设计推出的服饰新款"[①]。从这个用词的微妙区别中,可以感受到"时装是他们的、服装是我们的"意识还是存在的。只不过置身改革开放的话语中,关于"他们"的这种海外意味并不是被排斥的,而是需要学习的,是被欣赏的。这在《上海服饰》的版面安排中,可见一斑。在早期《上海服饰》难得的几页彩页中,通常会安排几页海外设计师的作品,供大家"欣赏"(见图 2.1)。来自国内的相关内容即便偶有彩图,也不称其为时装。可见来自国外的服装才有"时装"之谓,国内的只有具体的分类服装,或夹克或裙子或长裤,充其量冠之以"新款"。这样的称谓在其时几乎是一种规范。

与此同时,来自国内作者的内容通常是关于实务性的问题的,都是致力于解决服装设计或制作中的一些实际问题,如《为什么同样是针织弹力,有的适宜

---

①　楼红.表演刚刚开始[J].上海服饰,1986(4):16.

做裤子,有的适宜做上衣?》《为什么灯芯绒正面耐磨,反面不耐磨?》①,等等。如此中西有别的内容设置在《上海服饰》达到了泾渭分明的地步。这样的内容设置不仅昭示着时装的西方意味,同时还暗含着西方的时装是更高级的,从而对于中国人来说是有些不切实际的,但应是学习欣赏的方向。当然,眼前的这本刊物,正承载着必要的学习内容。通过这样的策略,从读者方面来说,相当于让他们默认了这类媒介作为传播者与教育者的角色。当然这些读者也在后续刊物反复地强调着时装的等级过程中,潜移默化地意识到了此类媒介的重要作用。当笔者在采访时,不少采访对象向笔者表示她们的时装意识最初都是从《上海服饰》"学习"得来的。她们会将这样的阅读理解为"学习"。在这样的话语结构中,刊物创办者建构了读者—学习者、传者—教育者的传受双方关系——有意识地或无意识地。当然,也通过这样的关系,证明了这类刊物存在的必要性。

图 2.1 时装与服装

图片来源:《上海服饰》。

这样的意涵不仅体现在内容设置中,也体现在具体的文章中,特别是关涉到中国时装的内容中,在 20 世纪 90 年代初期的《ELLE》中文版中,散布着不少具有这类意涵的文章。

秋实——并不逊色的中国时装

90 年代第一个墨秋季节,中国时装设计师向仕女们献出他们的丰华秋实。他们注意到,世界今秋时装趋势为颜色不论,式样不拘,体现

---

① 类似内容参见《上海服饰》。1986—1994 年间的《上海服饰》,针对国内的服装主要是解决实际的问题,而对于国外的时装基本没有过多的实务上的讨论,以欣赏、参考为主。

个性。因此,他们的设计也遵循这条总路线但不却失中国韵味。这是自然的,没有个性,一味照搬,是不能创造出与世界其他服装设计师所展示的时装相媲美的作品的。谓予不信,请您欣赏这一组时装。①

在这段引用文字中,有一点是十分显见的,那就是编辑想通过《ELLE》来展示一组中国的时装,并告知读者中国不仅有时装,而且还可以与西方的时装相媲美。可见对于中国的时装,编辑是有意推荐的。标题是《并不逊色的中国时装》,这恰恰传递出其时人们通常认为中国的时装比西方的时装要逊色的基本共识,因此编辑期望矫正这样的一种印象,用了"并不逊色"来界定中国的时装,透露出一种意欲与西方时装平起平坐的意图。从后面的内容介绍中,又发现中国的设计师制作并不逊色的时装时,依然得遵循世界时装这条"总路线"。在这里,编辑对于世界的时装趋势赋予了"总路线"的地位,从而确定了中国的时装不可能超越这条路线的现实地位,充其量在遵循这条总路线的同时不失却中国韵味——能设计出与世界其他服装设计师相媲美的作品已是中国设计师的梦想境界了。所以文中再次强调,"谓予不信,请您欣赏这一组时装",以示眼见为实的效果。但恰恰从这样的表述中,彰显了"中国的时装在总体上是逊色于西方时装的"的基本认识。当偶然出现一组"并不逊色"的作品时,是需要三番五次地强调的,是值得大书特书的。这些共识在编辑意欲确立中国时装与西方时装的平等地位的同时,是深深地嵌刻在其意识深处的——作为一个不被觉察到的前提性认识、一个需要超越的话语体系而发挥作用。在这样的话语中,读者读到的不仅仅是"并不逊色"的某几件时装,还有关于中西方时装在现实中的地位差异;相较于西方时装,中国时装通常"总是逊色"的。逊色是意料之中的,并不逊色是意料之外的;逊色是基本的事实,并不逊色是需要论证说明的。因而在明里表达"并不逊色"的同时,实在暗中强调了"逊色"的隐含信息,而且这种隐含信息是更为稳固的。这一点在其他地方不断地被佐证着。《时尚》的创刊号上,直接称"杰尼亚——世界男装的珠峰"。且不论杰尼亚是不是世界男装的珠峰,一份本土的时尚刊物将男装的最高荣誉颁给了西方时装品牌,这本是意味深长的。而且这并不是个例。在这个阶段,对于国外的时装,通常都会给予很高的评价,如《世界时装界的凯撒大帝——卡尔·拉格斐》②《LANVIN 时装界皇冠上的明珠》③等。

---

① 秋实——并不逊色的中国时装[J].世界时装之苑 ELLE,1990(3).

② 董晓玲.世界时装界的凯撒大帝——卡尔·拉格斐[J].时尚,1994(4):73.

③ 传之行销策划公司.LANVIN 时装界皇冠上的明珠[J].时尚,1994(5).

1986年第3期的《上海服饰》上一篇转摘自他处的文章明确了世界时装中心有六个,分别是巴黎、米兰、伦敦、东京、慕尼黑以及香港。[①] 当然,这样的认识或许是公允的,但《上海服饰》专辟版面转摘此文的行为,则刻意地提示读者这样一个信息:这是一篇极其重要的文章。而透过这篇文章的转摘,向作为学习者的读者隐性地传递了这样一个信息:当我们加入时装体系时,首先该清楚地理解自己所处的位置。这是首要的认知,正因此,才值得一份非文摘类刊物刊出此篇文摘。更直白一点说,即正统的时装就是西方的时装。中国的时装比起西方的时装目前尚处于较低的层级,因此还需要学习还需要推举。在认识西方时装的前提下推举中国时装、鼓励中国时装业,是这些刊物有意着力的方向,这也正是一个教育者同时应该承担的职责。《上海服饰》的一篇叫作《中国时装的困惑终将过去》的文章可更清楚地感知刊物作为教育者对中国时装业的推举与鼓励。

> 当历史冲开我们国度的大门,我们的国人才开始品味了时装。所以,严格地说起来,时装也应列入舶来品之列。我们本没有时装,正如我们本没有油画和交响乐。
>
> ……
>
> 应当看到我们时装艺术与时装工业的发展时间不长,起点还是很低,值得可喜的是我们已对时装进行了可贵的探索和实践,取得了一些收获,并引起了世界的注目。在这里我们应记住法国时装界权威曾经给我们的一个忠告:"毫无疑问,在未来的年代里,只要中国不对自己丰富的文化历史遗产采取视而不见的态度,中国时装必将在国际市场上占有举足轻重的地位。"重要的是我们自己不要失掉自己的根、自己的文化传统、民间艺术、自己的特色。只要把自己的文化历史传统移植到现代服装设计制作之中,我们就一定能成功。……
>
> 中国时装的困惑终将过去,中国时装的春天必然要到来,这不是空想,这是我们悠久的历史、丰富的文化背景所注定的。[②]

通过这类文章,这些刊物确立了自身作为传播者与教育者而读者作为一个学习者与求知者的编读之间的关系,并将这样的关系整个地嵌入进中国时装发展的大背景中。不过值得一提的是,这里所说的时装的西方意味中的西方并不是一个有确切所指的概念。只是一个相对于"中"而说的"西",通常指那些发达

---

① 夏正兴.世界时装中心在何处[J].上海服饰,1986(3):24.

② 中国时装的困惑终将过去[J].上海服饰,1989(4).

资本主义国家与时装业发达的地区。所以事实上此时西中之间的关系是一个领导者与跟进者之间的关系,而这些媒介正是为跟进者们的学习提供特定信息的教育者——因而有其存在的必要性。

(二)时装是有"时代感"的

"时代感"是与时装密切相关的一个词语,也是这个阶段的时尚杂志中出现频度很高的一个热点词语。

中国丝绒旗袍 洋溢时代气息

旗袍与中国妇女有着不解之缘,在人们眼中,旗袍是中国妇女的象征,它以流畅的线条、贴体的裁剪,表现出东方女性特有的娴静和庄重。但是,它也曾不适应现代生活节奏而一度被冷落。近年来世界时装怀旧复古的潮流使中国的服装设计师们在传统旗袍的领、袖各处大胆创新,精心设计,既保持了它的传统美,又焕发了它的时代气息。改良后的中国旗袍,像一颗宝石,闪耀在时装舞台上。①

在这段文字中,编者强调了时装应该是有时代感的一种装束。如旗袍,曾经因为不适应现代生活节奏,就远离了时装舞台。而改良后的旗袍,由于焕发了它的时代气息,就如一颗宝石。同样是旗袍,是被冷落还是被视作宝石,是被当作旧式的服装还是新潮的时装,全看它是否能适应"现代生活节奏",是否能焕发"时代气息"。同样在这一集中,上海的涉外宾馆的美丽公关在接受采访时,她说道:"我喜爱《世界时装之苑 ELLE》。穿戴要得体,要体现时代潮流和个性的完美结合。"②而早在其创刊号上,就提出:"青年人,乃至中老年,都想使自己的衣着跟上新的潮流,富有时代感。"③

时代感,从字面理解是指对时代的感觉。而时代感的体现就是与时代同在。因而从"时代感"来说,即强调了时装是当下的、是现代人的,而非过去的。因而时装显然是与过去的、旧式的服装相对立的。但"如何"理解对立却是极其复杂的。理解者需要具备关于时代的信息,也需要特定的阐释能力。如对于世界时装中出现的中国古代元素,人们在一方面引以为傲的同时,在另一方面对于这样的"时装"感到困惑,于是有人问"时装乎? 古装乎?"④因此如何理解时代

---

① 中国丝绒旗袍洋溢时代气息[J].世界时装之苑 ELLE,1990(5).

② 参见《世界时装之苑 ELLE》1990 年第 5 期。

③ 编者.让我们更美[J].世界时装之苑 ELLE,1988(1).

④ 周汛,高春明.时装乎? 古装乎? ——从几件流行服装说起[J].上海服饰,1986(1):9.

感,如何理解时代感与历史元素的关联,成为理解时装的关键。在这个问题上,读者成了一群需要不断学习以更新关于时代的信息,从而具备"时代感"的时装学习者与跟进者;相应的,编者则是在中国时装的发展进程中紧随时代感的传播者与阐释者。通过时代感,再次确立了刊物作为一种教育资源而存在的必要性。

(三)时装是艺术

在这些早期的时尚杂志中,关于时装最终归结至一点:时装是一门艺术。此外,既然古时候没有时装,那么时装当然是一门属于现代人的艺术,或可称之为现代艺术。

在1990年的《ELLE》"春"这一集中有一篇介绍时装设计师的文章——《中国青年时装设计师陈珊华》,文中说道:

> 初次见到她——上海服装研究所的著名青年时装设计师陈珊华,我就觉得这正是我心目中的时装设计师的形象。她很自然地给人留下了清丽、文静,善思考而又不失青春活力的美好印象。
>
> 时装设计,作为一门艺术,她要求从事这一行业的人具有相当高的文化艺术修养和鉴赏能力,具有各方面的知识。时装设计师是艺术家,而不是工匠。他的创作要有灵气,要有感染力。他既要了解当今时装界流行的趋向,捕捉国际上刚形成的最新信息,更要掌握本国传统服饰的风格、技巧,才能构思出时装。
>
> 可是,青年时装设计师陈珊华幼时的理想并不是成为时装专家,而是当一名医生。
>
> ……
>
> 1975年,珊华中学毕业了。她从小学到中学,一直品学兼优。她喜静,好钻研,向往当个医生,救死扶伤,给病人解除痛苦和烦恼。然而,那并不是一个可以自由选择职业的年代。充满幻想的珊华无可奈何地进了一家服装厂,做统计工作。耳闻目染,她逐渐对时装产生了兴趣,所以在尽心尽意地完成自己职责的同时,业余时间常留心时装款式的变化,她喜欢绘画,素描和速写有一定基础,寥寥几笔,便可勾勒出人物的轮廓;她又特别擅长描绘那些神态飘逸的古代仕女,她用修长纤巧的手指拈起铅笔,唰唰几下,流畅的线条顷刻间成了仕女们随风飘动的衣裙和腰带。后来,陈珊华不再想当医生,而是憧憬时装设计了。珊华开始重新设计自己的人生轨迹。
>
> 机会来了。中国的改革开放大潮,也猛烈地冲击着中国的服装

业。一向领风气之先的上海时装界于 1980 年 9 月开始招上海服装研究所设计人员。在一百多个竞争者中，珊华是佼佼者，她考进了上海服装研究所，受教于上海第一流的时装设计名师。由此，她步入了时装设计艺术的神圣殿堂。

……

而她设计的时装有 50% 以时装价成交，这也是内陆服装首次以时装价在香港出售。①

从这篇大段摘选的文章中，关于时装，我们可以获得以下信息。首先，时装是不同于服装的，它售价更高，它不是以生产的物料成本作为主要参考来定价的——国内在此之前的服装通常都是按面料与加工成本来核算售价的——这种对于服装价格的理解是很深远的。对于那些刚出现的时装，年老一些的人们通常表示不能理解其价格，更别说接受了。在笔者的个人采访中，一个生活在上海的老太太回忆了她第一次在商场见到标价近 1000 元的皮夹克时的感受。她描述了那种被惊到的感觉，因为"买一头整牛也勿要介许多铜钿"。相较于时装，服装通常都是较廉价的——即便是较新款式的。因此一个设计师有 50% 的作品能以时装价成交，就确立了她设计的"时装"名副其实。要不然，一个设计师即便称自己设计的是"时装"，但若不能以时装价成交，那依然只能统称为服装。从价格上来看，时装是昂贵的，而服装则是平价的。相较于服装，这是时装第一个外在的特征，正所谓"时装真高级，就是穿不起"②。其次，时装设计是令人向往的。时装设计师的要求很高，不仅要求具备各方面的知识，而且在外在形象上应符合"清丽、文静，善思考而又不失青春活力的美好印象"，与此同时，时装设计师需要"一直品学兼优"，不仅是个艺术家，同时还应该是个"专家"，与医生类似的专家。作为一份令人向往的职业，在一百多个竞争者之中的佼佼者，才有可能胜出，正所谓"百里挑一"。所有的特点，总起来概括就是时装是一门艺术。设计者是"艺术家而不是工匠"。作为艺术家的设计师，其完成教育也不可能在一般的生产机构，如服装厂，而是在服装研究所，只有进入了服装研究所，才可谓步入了"艺术的神圣殿堂"。作为一门艺术，时装的成形比一般的服装要复杂。"既要了解当今时装界流行的趋向，捕捉国际上刚形成的最新信息，更要掌握本国传统服饰的风格、技巧，才能构思出时装。"

正因此，时装更多的是用来表演的，而不是用来消费的。伴随着时装作为

① 中国青年时装设计师陈珊华[J].世界时装之苑 ELLE,1990(1).
② 张铭清.时装表演之后[N].人民日报,1985-01-14(2).

艺术的兴起,时装表演也随之出现。时装表演在 20 世纪 90 年代末以前被国人视为一门综合艺术,并将中国的时装表演与西方的以纯商业性的展示服装、引导消费为目的的时装秀区分开来。[①] 当人们说"改良后的中国旗袍,像一颗宝石,闪耀在时装舞台上"[②]时,"舞台"不仅仅是个隐喻,也是个现实。当将时装的一切问题归结至艺术时,美的问题,就成了时装的关键问题,时装表演的问题无非也就是美的问题:"通过表演,不仅展示服装的美,吸引消费者,而且引导人们爱美、懂美、会美。"[③]美,成了时装中统摄一切的核心要旨。在这样的话语体系中,这些早期的时尚杂志便顺理成章地变成了美的"引路人"——这正是其时的人们所需要的,他们亦将自己存在的正当性系于此,同时"时尚"的意义也因此锚定在"美"上。

下一节将分析这些时尚杂志如何以时装为中介,以美为核心,叙述时尚的意义。

第三节 "时尚"的话语分析

"时尚"并不是一个外来词。时尚杂志在起用这个词之前,这个词本身已在中文中沿用多时,但意义与后来经过时尚杂志建构之后的意义有所不同。为了追寻"时尚"的意义,回溯"时尚"在汉语中的沿袭是有必要的。

一、时尚的语义沿袭

"时尚"作为一个独立的词汇——而不是"时"与"尚"的联用,在古代汉语中并不多见,但确实存在。时尚一词最早究竟出现于何时,目前已很难考证。不过可以肯定的是,早至宋代,时尚一词已经出现,其意已基本接近于今天人们所说的广义的时尚:作"一时之风尚"或"当时的风尚"之意解。如宋代俞文豹在《吹剑四录》中说道:"夫道学者,学士大夫所当讲明,岂以时尚为兴废。"清代钱泳在《履园丛话·艺能·成衣》中则有:"今之成衣者,辄以旧衣定尺寸,以新样为时尚,不知短长之理。""趋时尚"之意则更接近于今天的赶时髦,如明代丰坊

---

① 刘大保.促进消费 服务生活 美化生活 我国服装表演日趋活跃[N].人民日报,1984-12-26(5).

② 中国丝绒旗袍洋溢时代气息[J].世界时装之苑 ELLE,1990(5).

③ 刘大保.促进消费 服务生活 美化生活 我国服装表演日趋活跃[N].人民日报,1984-12-26(5).

在其《书诀》中说："永、宣之后，人趋时尚，于是效宋仲温、宋昌裔、解大绅……"梁启超在《清代学术概论》中则有："淮南盐商，既穷极奢欲，亦趋时尚，思自附于风雅，竞蓄书画图器，邀名士鉴定，洁亭舍、丰馆谷以待。"这里列举的时尚，虽然与现代意义的时尚还有差别，但已基本接近广义的"时尚"，只是没有特定的外延。至民国，时尚之意已基本接近现代意义。

新中国成立后至改革开放之前，在媒介上，特别是代表国家意识形态的主流媒介上，时尚作为一个单独的词的用法，并不多见。主流媒介中最早出现的"时尚"，是伴随着改革开放而到来的。《人民日报》最早出现"时尚"一词是在1978年10月4日第6版，介绍美国的报纸时说道"美国的报纸大量的有生活版内容，几乎各大报纸都有这一版，名称有的叫'生活与方式'，有的叫'生活与时尚'"①，这是《人民日报》中能查到的最早将时尚作为一个单独的名词来使用的文章。此前通常有"时""尚"两字连用的情况，基本都是"为时尚早""其时尚如何如何"的用法，而没有直接将"时尚"作为一个单独的词来使用的。

至20世纪80年代后，时尚一词在《人民日报》出现的频率增大，如"美国这个极端浪费、人人赶时尚的'消费社会'"②；"在室内布置中国式的家具、手工艺品和绘画，是十八世纪欧洲的一种时尚"③；"中国出产的丝质绣花女衬衣，手工精致，式样美观，质量好，但因广告缺乏针对性，没能抓住西方消费者的心理、时尚和需要，其效果并不理想，影响到产品的销售"④。仔细梳理后能发现，这时的"时尚"基本关联的都是西方社会，特指西方社会的某种消费潮流。

不过，至1985年以后，《人民日报》中对于"时尚"一词的意指关联，悄悄地发生了变化，"时尚"不再分中外了。如1985年的一篇文章在介绍北京的工艺品市场时说道，"消费者极其注重流行色，要求'时尚''时新'产品"⑤。另一篇介绍索菲亚·罗兰的文章中则写道："她不去奴隶似的追逐时尚，只求看上去像自己。"⑥或者，"注重居室之美，在不少地方已成时尚"⑦。这里的"时尚"其实意指当下的"流行"，其内容范围主要是在生活领域，偶而也有溢出生活领域的。如："尽管中央三令五申，大吃大喝、讲究排场的陋习仍时有耳闻。溯其根源，追求

---

① 冯锡良.美国报纸与电视——访美见闻[N].人民日报,1978-10-04(6).

② 何肇发.美国的"跳蚤市场"[N].人民日报,1981-12-27(7).

③ 梁兴堂.访歌德故居[N].人民日报,1982-03-21(7).

④ 洪蓝.居世界第一的美国广告业[N].人民日报,1985-08-16(7).

⑤ 冯光忠.国内工艺品市场出现好势头——今年市场趋势是:需求量大、产品结构复杂、变化多、变化快[N].人民日报,1985-04-24(5).

⑥ 师秀峰.索菲亚·罗兰魅力长存[N].人民日报,1988-12-04(7).

⑦ 唐全贤.室雅何需奢[N].人民日报,1987-03-23(8).

奢华的现象和消费心理是中国传统文化之顽固表现,还是海外资产阶级思想之恶劣影响,或是现代化建设必然出现的时尚呢?"①在这里时尚指的是现代化建设中的必然趋势。又如:"这几年,这个'热'那个'热'我们遇见不少,'跳舞热''旅游热''外语热''文凭热'……有积极的,有消极的,有积极中带消极的,真是五花八门。这些'热'有一个共同点,即往往只是'热'一阵。一阵风来了,许多人竞相仿效,成为一种'时髦',其中有些人是盲目赶热闹的。所以许多'热'都不能持久,这对于不良时尚来说,自然是好事;对于那些需要提倡的风气来说,就是一种不足了。"②这里的"时尚"指一时的社会风尚,等同于古时的"时之尚",不仅指生活领域,也可宽延至思想领域。不过这种用法不是主流的。

总之,在 20 世纪 90 年代之前,"时尚"作为一个单词已较频繁地出现在媒介中了,只是其意涵并不十分确定。至 90 年代之后,"时尚"日益成为一个常用词,意指特定时间的某种风尚,但并没有特别的适用领域。如"企业给产品取洋名,似是一种时尚"③,"安装住宅电话成为消费时尚"④,"插花,上海青年新时尚"⑤,等等。不管其概念的外延如何变化,作为名词,"时尚"的内涵——表达某个时间当中的特定风尚,一直是确定的。

二、时尚杂志话语中的"时尚"

(一)时装的同义词

"时尚"虽然是我国古已有之的词汇,但是时尚杂志真正大量起用这个词,却要等到 20 世纪 90 年代中以后。在这之前所有这些日后被称为或自称为"时尚杂志"的刊物们,对于时尚都还没有十分清晰的概念。看看这些刊物的英文名称,就可见一斑。《时尚》创刊时,封面有英文标题 trends;《时装》创刊时的英文标题则是 fashion。⑥ 虽然不能直接地将中文刊名与其英文词汇直接地、一一对应地进行翻译理解,但这多少映射出当时人们对于"时尚"认识的模糊。《时尚》的创刊人之一吴泓在说到当年为何选择刊名"时尚"时曾说过当时考虑过很多词语,而且一直在旅游消费的区域内打转,后来也选过一些别的刊名,最终才

---

① 路侃."奢风"与文化[N].人民日报,1988-08-09(8).
② 叶伴.从"文凭热"到"读书热"[N].人民日报,1986-01-07(3).
③ 岳民.为啥都要起"洋名"[N].人民日报,1990-01-07(1).
④ 杨理科.安装住宅电话成为消费时尚[N].人民日报,1991-01-28(4).
⑤ 李志勇,严卫民.插花,上海青年新时尚[N].人民日报,1990-07-27(2).
⑥ 凭此英文译名,有人认为《时装》是我国的第一本时尚杂志。事实上《时装》在早期更像是一本行业性杂志,充斥着大量关于服装行业的相关内容。

定为"时尚"。① 可见"时尚"一词究竟是何意涵,在当时并不十分确定,与其对应的英文究竟是 trend、fashion、fad 还是 vogue,都还不清楚。在当时,"时尚"不过是一个正在走热的新词语,最终变成何意,谁也无法预料。《时尚》杂志甚至还发表过律师声明,声明"时尚"是其商标,其他机构不得随意使用:"依据中华人民共和国商标法规定,本刊享有'时尚'商标专用权,受法律保护。特此声明。"② 由此可见,时尚之意在其时是如此不确定,以至于还可以申请成为一个商标。

或许由于时尚的意义不太确定,在这个时期时尚在刊物中出现的频率也不像后期那么频繁。在 20 世纪 80 年代创办的、日后被称为时尚杂志的刊物中,"时尚"一词最早出现在《ELLE》1988 年的第一集上。这一集有如下一条标题:《玄色泳衣——未来的时尚》③。在这部分内容里,介绍了大量来自西方的黑色泳衣。1989 年春也即《ELLE》第三集中再度出现了包含时尚一词的标题:《89 时尚美式春装》。④ 其后,《ELLE》中大量出现时尚一词,则要等到 1994 年《ELLE》改为双月刊之后了。而在《上海服饰》上,直至 1990 年,都没有出现包含"时尚"一词的相关标题。《ELLE》中出现的这两条关于"时尚"的标题,可看作是当时媒介对于"时尚"一词的初步接触。

从这两条标题,可以发现:此处"时尚"的词性是名词,指的是一种服装流行现象;两处含"时尚"的地方,其实都不过是介绍了对应的服装,连饰物都没有包含,事实上可直接用"时装"或"潮流"一词替代;这两处"时尚"均是西方的、欧美的时装。而在同时期《ELLE》的内容里面,但凡国内的相关服装信息,都没有称之为"时尚"的,可见"时尚"与国内服装潮流的关联尚未建立,"时尚"的西方意韵是清晰可辨的。如果再比对同时期《上海服饰》的内容,"时尚"的西方意韵则更明显:完全本土化的《上海服饰》根本不见"时尚"一词的踪影。此时这些刊物中的"时尚"的意涵与其时主流媒介中的意涵还是基本一致的:时尚就是西方的时尚。

当然,这些被称为时尚的服装,首先它们都是时装。但它们为什么不被称为"时装",而被称为"时尚",正在于"时尚"更明确的西方意味,而"时装"国内也有——不过等级低一点。从这个意义上说,"时尚"是"西方时装",或者说是"正统时装"的同义词。

---

①　孙燕君,康建中,梅园羼,等.期刊中国[M].北京:中国社会科学出版社,2003.
② 　参见《时尚》1995 年第 1 期。
③ 　参见《世界时装之苑 ELLE》1988 年第 1 期。
④ 　参见《世界时装之苑 ELLE》1989 年第 1 期。

但若再细究一步,则又会发现,其实不存在所谓的"正统时装"。当时普遍的意识形态下,对于西方,特别是生活领域的西方,人们已不再持二元对立的态度,而是一种开放融合的态度,很多时候"西方"还暗含着"同一"的指向。就"时装"而言,虽然媒介上的意涵普遍传递着西方的时装是更为正统的,但这种"正统"是只在与中国的"时装"比较时才具备的意涵。正如油画与交响乐一样源于西方,因此"中国的时装"并不会成长为与"西方的时装"相异甚或相对立的另一事物,而是相反,最终会融入这个体系,成为"时装"的一部分,正如不存在中国交响乐与西方交响乐之分。时装就是时装,就是源于西方的时装。只不过在当下,由于处于学习阶段,我们的时装尚不够高级,因此或许显得不够正统。这种正统与否的区分,不过是一种权宜的说法。但最终中国时装还是要与西方时装"同一"的。正如前述,中国的时装设计也是要遵循世界时装的"总路线"的,届时中国的时装也将与西方的时装一样高级正统——"中国时装的春天必将到来"。其时刊物将时尚与时装区分使用,只在于突出时尚概念更强烈的西方意蕴。但无论如何,时尚就是时装,其外延并没有大于时装,这是当时所有刊物对于两者的基本认识。

因此"时尚"的问题,无非就是"时装"的问题。确实,从一开始,《ELLE》的办刊者们就都自认为这是一本时装杂志。当年的《ELLE》主编骆兆添在介绍《ELLE》的办刊经历时,也称《ELLE》为时装杂志或时装书。[①]

(二)"美":时尚的核心要旨

当"时尚"被当作"时装"的同义词来使用时,时尚的问题无非就是时装的问题。而时装被完全视作一门艺术时,美的问题就成了关键的问题。"时尚"的意义建构就成了构筑一种独特的美,而刊物的生产、经营传播都将紧紧围绕着"美"。

1.办刊的目的是美

相对于当时人们的生活水平,这些刊物中,特别是《ELLE》中刊载的物品离人们的生活还是有较大的距离的,而且中国的时尚工业或者说服饰工业也没有得到足够的发展,这些刊物的生存必然要在时尚工业之外另寻出路。"美"成了当时刊物的共同选择。

《ELLE》1988年春夏第一集中的创刊词的标题就是"让我们更美",文中说道:

---

① 骆兆添.译文走向世界[M]//上海市出版工作者协会,上海市编辑学会.我与上海出版.上海:学林出版社,1999:696-703.

美是人的天性。谁都愿意将自己打扮得漂漂亮亮，谁都想自己在众人面前显得风度翩翩、婀娜多姿。青年人，乃至中老年，都想使自己的衣着跟上新的潮流，富有时代感。

但是，有这个愿望并不等于就能做到。近来，市场上出现了许多时装，各种款式的服装从四面八方纷至沓来，但是哪些是真正高雅大方的珍品，哪些是低级庸俗之作，一时颇难判断，令人有无所适从之感。由此可见，怎样穿衣，其中大有学问。[①]

1989 年第四集中新增一个栏目："读者与编者"，在此栏目中再度确认了刊物在"引导我国人民美化生活方面"的用意。"中法合作出版世界著名时装刊物，在我国是第一次。本刊能深受各阶层、年龄层次读者的欢迎，在反映世界最新服装潮流及引导我国人民美化生活方面起到一定作用，使我们深感欣慰。"

值得一提的是，1988 年《ELLE》在创刊号上卷首语中进行了自我介绍，其标题是"ELLE 杂志时髦人物的标志"。

ELLE 杂志时髦人物的标志

在巴黎、伦敦、纽约、东京、米兰以及世界上许多城市的街头，腋下夹着一本 ELLE 杂志已经成为时髦人物的标志。上至总统夫人、女企业巨头直到家庭主妇和乡间少女，都是 ELLE 的读者。

ELLE 这个字到底什么意思？许多人可能都答不上来。是个法文字，意思是"她"。很明显，它的读者是女性。ELLE 又有一个谐音叫《爱丽》，这就说，ELLE 是一本爱美女性的刊物。[②]

有意思的是《ELLE》杂志是时髦人物的标志，但引进合作出版的目的并不是让我们更"时髦"，而是更"美"，此间用词的区别是富有意味的。从上面两段话可以发现，无论是这些时髦人物出现的地点"巴黎、伦敦、纽约、东京、米兰"以及所谓的"世界上许多城市的街头"，还是时髦人物的身份"上至总统夫人、女企业巨头直到家庭主妇和乡间少女"，都不是中国式的。这些地点和人物身份，特别是总统夫人，都是会让中国读者感受到强烈的西方意味的。但一旦将 ELLE 译成中文"爱丽"后，编者又立马说到这"是一本爱美女性的刊物"。从此分别中，可看出时髦在其时是有些西方意韵的，而美，才是适合中国的。但是人们也

---

① 编者.让我们更美[J].世界时装之苑 ELLE,1988(1).

② ELLE 杂志时髦人物的标志[J].世界时装之苑 ELLE,1988(1).

不排斥时髦，只是时髦更像是一个来自"他们"的奇观，而唯有美才是"我们"的。

《上海服饰》1985年创刊号上的发刊词也确认了"美"的重要性，要将《上海服饰》办成"真正成为面向全国，面向世界服饰阵地，成为指导人们追求真、善、美的课堂"①。在1986年第3期的目录页上，《上海服饰》还赫然印着一句口号："美化城市，美化生活，要从美化服装做起。"从这句话可以看出，美化城市、美化生活是那个时代倡导的观念，但如何美化、美化到什么程度等具体的问题是不清楚的，因而《上海服饰》给出了一个类似于答案的解释——"要从美化服装做起"。1986年第3期的《上海服饰》还有一则非常有意思的消息，说上海成立了上海市生活美学学会。② "美"是《上海服饰》的立足之本。从内容上看，《上海服饰》也确实是紧紧围绕美的问题展开的。其内容设置上，本身有两大版块是直接讨论服饰的审美问题的，叫作"服饰审美心理讲座"和"服饰美谈"，这两大块关于服饰审美的版块在20世纪90年代中期以前一直存在，特别是"服饰美谈"更是每期必有的一个版块。在这两个版块中，不仅有实务性的服装细节如何做才更美的文章，也有关于服饰审美标准的理论探讨文章。

为什么早期的时尚杂志都将生存的合法性诉求落在"美"上？这其实是外部环境使然。20世纪80年代后，随着改革开放，"美"一度是中国社会热烈讨论的话题。不管是什么形式的美，"美是值得追求的"，已成了人们的共识。但追求美的前提是得有能力区分丑。如果落在服饰上，就指能区分那些以"奇装异服"为代表的"丑"的服饰。就如《ELLE》所说，随着改革开放，随着时装的涌入，区分"哪些是真正高雅大方的珍品，哪些是低级庸俗之作"就成了很重要的问题，而且是"大有学问的"。代表国家主导意识形态的媒介早就说过："无产阶级对衣着的要求是朴素、大方、自然。资产阶级则是以奇装异服为漂亮、美丽。如果我们对这个发生兴趣，追求这些，就会中资产阶级糖衣炮弹的毒害，发展下去是非常危险的！"③虽然此文出现在改革开放前，但是对于奇装异服的抵制意识一直到80年代都还是存在的。特别是对于青少年的奇装异服问题以及审美引导，在80年代后期都还是社会的热点问题。对于《ELLE》这样一本大量内容直接来自国外的时装刊物，尤其需要申明其正确的立场，以免沦为西方奇装异服的展示场所。因为时装本就是西方的产物，在80年代之前，被认为是资产阶级生活方式的再现。改革开放后，虽然赋予了时装存在的正当性，但还是有"珍

---

① 谭萧芸. 发刊词[J]. 上海服饰，1985(1).

② 参见《上海服饰》1986年第3期。

③ 本报通讯员. 拒腐蚀永不沾——记上海民兵学习南京路上好八连的事迹[N]. 人民日报，1973-06-21(3).

品"与"低级庸俗之作"的区分的。我们需要的当然是"珍品",为此就需要有一种判断标准来引领大家。在这个表述中,《ELLE》的编者虽然换掉了"奇装异服"的概念,代之以"低级庸俗之作",但其"珍品"与"低级庸俗之作"间的对立,与之前"美"与"奇装异服"间的对立如出一辙。在此处,虽然"奇装异服"是隐含的,但其目的还是与之前区分美与奇装异服的需求是一致的。当然,"低级庸俗之作"相较于"奇装异服",负面的政治色彩要淡得多;但当其与"珍品"、与"美"相对立时,"低级庸俗之作"概念中丑的、令人讨厌的意味依然是很浓烈的。何谓低级庸俗之作,则与奇装异服一样,一直是一个模糊的概念,是无法在实践中划定标准、圈定范围的。事实上所有的这些时尚杂志,从来都没有真正讨论过如何在实践层面区分"珍品"与"低级庸俗之作"。这样的区分更多的是一种获得合法性的话语策略。

《上海服饰》也在创刊词中表达了"传递信息、启迪思路",然后提高鉴赏力的愿望。在这些言词的背后,其实也伫着"奇装异服"的阴影。虽然,两本刊物都避而不谈"奇装异服"的问题,但都强调了服装是需要如艺术品这般地去仔细鉴赏的;人们的心智是需要"启迪"的,而不是"简单地去模仿"——如《ELLE》所批评的那样。这些话语都透出了其时的社会环境,透出了"美"与"奇装异服"的热烈辩论的时代特征,也透出了这些刊物将时代的主流话语融入自身话语的特点。

在整个 20 世纪 80 年代,"美"是社会的关键词,关于美的讨论是其时社会的热点问题。美的问题又是与"奇装异服"纠缠在一起的。服装与美育问题是当时社会上人们关注与讨论的一个重要话题。通过服装培养美育、服装问题不是小问题,这样的意识已逐渐形成,并被国家的主导意识形态所提倡。1988 年《人民日报》曾专门刊登过一篇文章,题目为《服装文化与美育》。在这篇文章中作者认为:"服装具有实用和审美相统一的功能,并且具有信息沟通和传播机制,通过社会控制可以使服装发挥极大的审美教育作用。这是一种润物无声、潜移默化的过程。它把人的物质需要和精神需要结合起来,通过审美趣味的诱导,形成对高尚情操和审美理想的追求。"[①]从中可见进入 80 年代中以后,不仅对于服装样式的限制宽松了,而且人们开始将服装的问题上升至审美的问题。改革开放后,西方的生活方式开始进入中国人的视野,奇装异服再度成为人们关注的热点。在此时,关于奇装异服,虽然开始有不同的声音出现,人们对于不同风格的着装开始慢慢接纳,但奇装异服多少还是一个贬义的词汇。正因此,

---

① 徐恒醇.服装文化与美育[N].人民日报,1988-11-18(8).

无论是与国外版权合作的刊物，还是本土创办的刊物，明辨美丑、甄别高下、汰离奇装异服，都是实现"美"的基础。这些既是办刊者必须申明的立场，也是他们被读者期待的能力——也因此是他们最重要的资源。依柯林斯的理论，他们须在此资源基础上，动员、组织成员，并分离不相关的甚或敌对的人员。

当刊物将办刊的目的嵌入美的诉求时，其实也就嵌入了时代最核心的话语体系之中去了，这也确立了中国时尚媒介的立身基础，同时也奠定了时尚的意义变迁的基本线索。这样的生存合法性诉求，显然是有别于西方时尚杂志诞生之时的状况的。这些将来要成长为中国最核心的时尚媒介的刊物们，注定要走一条不同于西方时尚媒介的发展道路；也注定了要走一条独特的"时尚"概念的建构、消解及变迁之路；而"美"将是与它们缠绕最紧的概念。

2. 无所不在的美

当将美作为这些媒介存在的正当理由之后，谁该拥有美就不再是个问题了。在社会主义国家，美，当然应该是全社会共享、全民共享的；作为美的载体的时装抑或时尚当然亦应该是不分地区、年龄、性别、阶层、职业的限定，而被所有人共享的。这一点与凡勃伦[①]及后来的各路西方时尚研究者关于时尚的意义解释[②]几乎是背道而驰的。这样的逻辑线索，深深地嵌入在这些自称是为了美而存在的刊物身上。

关于美的全民共享、全社会共享，《上海服饰》是安排得最周全的，每期都有针对男女老少的各类人群的相关内容。如1986年第1期的目录（见附录4），总共划分成九个版块，外加上第一部分未命名的卷首语部分。在这个目录中，不仅有专门的中老年服装的小栏目，而且对于男、女、老、幼都有相对应的内容，真正体现了一种"全民共享"。这样的内容设置并不是某一期的特征，而是十多年间基本如此。直到1995年之前，翻开任何一期的《上海服饰》，都可见到这样的内容安排。有时偶有些变化，但是性别上的均衡、年龄上的均衡是特别明显的。1993年《时尚》创刊时，对于性别也做出了均分的安排。正反两个封面，分别代表女性与男性（见图2.2），体现出了一种十分难得的甚至是生硬的平均分配。

即便是《ELLE》从一开始就定位为女性刊物——"向青年，及至中老年妇女

---

① VEBLEN T. The theory of the leisure class[M]. New York: Dover publications, 1994.

② 凡勃伦将时尚看作是有闲阶级的一种显著性消费。此阶级通过时尚消费，特别是妻子们的时尚消费，来彰显其处于优势的阶级地位。后来的以齐美尔为代表的时尚研究的下渗模型事实上与凡伯伦共享此视角——时尚是优势阶层经由消费，用以彰显其独特地位的一种符号。

提供世界时装最新信息"①，但对于美也表示是不分性别的。"一些读者(尤其是男读者)反映不见男装和童装，美中不足。我们深有同感，这将纳入我们下一步计划。"②为了表示编者对此问题的积极响应，刊物在 1990 年的秋季刊增加了一组童装的内容，在 1994 年新增了关于男性的内容，如：《新男人不让巾帼》，"朝阳出海时，海是灰蓝色的，夕阳斜照时，海是深蓝色的，男儿爱大海的胸襟，也爱大海的色彩"③。在这样的表述中，编者套用了"巾帼不让须眉"的俗语，意欲彰显"新男人"在着装上也应该与女性一样，热爱美、关注美。当然，就如"巾帼不让须眉"这个成语本身一样，之所以存在这样的说法，正是因为现实中总是巾帼输于须眉。在这里，可以看到在现实中，女性对于服装美的需求是比男性要高的；相较于男性，社会普遍认为女性更应该关注服饰美。但当将时装的问题上升为艺术、跟美有关时，它又显然是应该突破性别限制的。在一个很短暂的时间段(1993—1994 年)，《ELLE》以十分明显地、甚至让人感觉有些突兀地增加

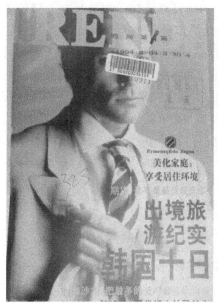

图 2.2　《时尚》的两个封面

图片来源：《时尚》1994 年第 1 期总第 4 期。

---

① 让我们更美[J].世界时装之苑 ELLE,1988(1).

② 编读往来[J].世界时装之苑 ELLE,1989,(4).

③ 新男人不让巾帼[J].世界时装之苑 ELLE,1994(4).

了男性的内容,并悄悄地将读者对象由"她们"改成了"他(她)们",显示出意欲在性别上突破来自法国合作方面的限制,体现出在社会主义国家的办刊者对美的全民共享的基本认识。①

至于城乡的对立,也是不存在的。《ELLE》从一开始就言明了"上至总统夫人、女企业巨头直到家庭主妇和乡间少女,都是 ELLE 的读者"。因为爱美本不应该有地域的限制。而且这个时期《ELLE》刊登的读者来信当中,还有一些来自边陲地区的。② 最值得一提的是,《ELLE》甚至还大篇幅刊载过一组介绍藏民的服装及装饰的专题文章,用的题目极其耐人寻味:《同胞间的时尚语言,藏族的饰品》。③ 在这里同胞、藏族这样充满了政治意味的词汇与时尚、语言、饰品相并置时,时尚的意涵不仅突破了人口统计特征的限制,甚至突破了生活领域的限制,从而沾染上了一些政治意味。这样的内容与标题设置,此后再也不见,更突显这个时期时尚的独特意涵。

当然,由刊物特征所决定,这些刊物的读者对象以及内容呈现方面还是有一定的局限性的。特别是《ELLE》,8 元钱的定价还是会排斥相对更贫穷的乡村读者,而且由于本身是与法国方面合作办刊的,乡村的内容呈现还是受限制的。但要说明的是在这种受限制的前提下,刊物的话语中却时常刻意地显现出对于所有读者的关注。这种话语层面的关注,或许很难改变现实的读者构成,但至少能让刊物的现实读者(通常是来自城市的)感受到乡村也是需要美的,也是应该美的,时装也是与乡村共享的。这样的概念在当时的媒介话语中是建立起来了——虽然并不牢固。但当这种特征与后来时尚杂志对于城乡十分露骨地进行区域拣择——全面舍弃乡村时,这时候的努力就显得特别意味深长,特别显现了这个时期城乡共享的"时尚"特征。

第四节　美的话语实践的群体

这些将自身的正当性诉求落在"美"上的媒介,由于各自所掌握的资源不一

---

① 参见《世界时装之苑 ELLE》1994 年第 4 期。

② 《ELLE》在创办初期刊登的读者来信中,对于边陲地区是特别关注的,甚至专门有为边陲地区读者介绍如何在内地买到化妆品之类的内容,体现出一种对于边远地区读者的关怀,也在内容上呈现出一种天涯共此时的共享状态。具体可见 1989—1994 年《ELLE》中的"读者来信选登"以及"编读往来"栏目。

③ 同胞间的语言藏族的饰品[J]. 世界时装之苑 ELLE,1995(12).

致,在对于媒介自身的呈现、对读者关系上的界定,以及在对读者言说时的方式都不一样。正所谓财大气粗,资源较丰厚者不仅对于自己是谁界定得更为清楚,而且对读者言说时也显得更有力量。虽然这些早期的时尚媒介都将自身界定为美的教育者或引领者而合法化其存在,但由于可凭借的资源方面的差异,使各个媒介在相关群体的动员及划分的策略上,显得非常不一样。

一、媒介的自我呈现

《ELLE》在初期是用书号出的,1990 年以后才改为用刊号出版。创办者对于这份媒介究竟是刊还是书的问题,起初是有些纠缠不清的。虽然,与之合作的法国版方面的《ELLE》毫无疑问是一本刊,但关于中国版的《ELLE》,编者对其媒介形态的表达在一段时间内是犹疑的。在《ELLE》的创刊词中,编者明确界定这是一本书。"本书展示了许多世界流行的时装款式,供读者借鉴。"但自《ELLE》第四集始,编者开始将"本书"与"本刊"相提并论。

> 不论是你们的意见调查表还是来信,都对本书给予了很高的评价……从收到的一万多份认真详尽填写的意见调查表的反馈和数百封热情诚挚的来信中,我们及时了解了广大读者对本刊的评论、看法和要求。……本刊能深受各阶层、年龄层次读者的欢迎,在反映世界最新服装潮流及引导我国人民美化生活方面起到一定作用,使我们深感欣慰。……不少读者反映当地购书有一定困难,希望订购。经研究,需订购的读者可将书款直接寄到我社邮购部(附邮费 0.27 元/每期)。①

在这篇回复读者的短文中,两处用到的词是"本刊",有三处提到"书",这显示出这份媒介究竟是"书"还是"刊"在编者眼里亦是含混的。但无论是书还是刊,《ELLE》作为一份"时装读物"是确定的。在出版意图说明中《ELLE》就明确地说到这本书的目的是"向我国青年,乃至中老年妇女提供世界时装最新信息。"《ELLE》1989 年第二集中最末页有一份读者调查表,其中说道:"倾听读者意见,改进我们的工作,是我们把这本时装读物办得更好的关键。"②一份时装读物,这是《ELLE》一直清晰的自我界定。

《上海服饰》虽然也以书号出过一期,但从没有过书与刊的纠缠。这从它的出版物序号的标注方式上可以看出。虽然 1985 年《上海服饰》用书号出了第一

---

① 编读往来[J].世界时装之苑 ELLE,1994(4).
② 读者调查表[J].世界时装之苑 ELLE,1989(2).

本杂志,但它并没有如《ELLE》一样采用"集"来做序列名称,而是直接称为
"期",这似乎意味着用书号不过是个权宜之计。"期"的称谓直接宣告了这无疑
将是一份连续出版物。在1986年改为刊号出版后,无非是让名实更相符罢了。
这与《ELLE》的状态是大不一样的。

在出版物的序列标注上用"期"还是"集",反映了编者对于此媒介的信心。
一个被冠之以"期"的出版物,在中文的习惯里,事实上就是宣告了这会是一个
连绵不断且有定期的出版物。定期、不中断是关于此出版物最基本可期待的状
态。而一旦称之为"集",编者就为自己留了退路:既不承诺定期出版,也不承诺
连续出版。这一字之差,事实上折射出创办初期两份刊物的编者对于自身媒介
的信心:《上海服饰》是自信的,而《ELLE》是犹疑的。

《ELLE》的犹疑不仅仅止于媒介形态。《上海服饰》创办时,得到了上海市
服饰协会的支持,其版权页上的主办单位这一栏赫然印着"《上海服饰》编辑部"
与"上海市服饰协会"两家机构。这表明刊物是由两者共同出版的——至少在
名义上如此。就服饰美这个问题而言,上海市服饰协会是一个专业机构,具备
相当的权威性。换句话说,《上海服饰》依托的是一个领域内的权威机构。因此
《上海服饰》也非常清楚自己作为一本时装类、服饰类杂志,主要目的在于"指导
服饰消费,指导穿着打扮,指导时装制作,引导服饰潮流,促进我国服饰水平的
提高,把生活点缀得更美"①。在这个办刊目的陈述中,连用三个指导,毫不含糊
地将刊物呈现为一个服饰美的教育者角色。这种大声宣告的底气,当然与其合
作者的身份是有密切关系的。多年后,《上海服饰》编辑室副主任姜峰在回顾
《上海服饰》的历程时,就说到《上海服饰》是个幸运儿,从诞生初期就得到了大
量的关爱。② 这种关爱包括来自行业协会及政府方面的支持。

《ELLE》的境况则大不相同。《ELLE》是由译文出版社创办的。虽然译文
社是一个资深的译文类图书出版社,但就时装或时尚而言,译文社并没有什么
优势。为此,当年的主编骆兆添说:"我们认为……最好找一些外国有权威的出
版物进行合作,因为我们对这方面积累的资料不多。"③另外,就意识形态取向而
言,能不能及该不该办这类刊物,译文社内部是有过争论的。"过去连《蝴蝶梦》

---

① 征稿启事[J].上海服饰,1985(1).

② 姜峰.我是一个幸运儿——《上海服饰》自述[M]//上海市出版工作者协会,上海市编
辑学会.我与上海出版.上海:学林出版社,1999:243-246.

③ 骆兆添.译文走向世界[M]//上海市出版工作者协会,上海市编辑学会.我与上海出
版.上海:学林出版社,1999:696-703.

这样的小说都不出,能否出时装书?"①这是一个当年在译文社内部纠缠了好久的问题。总之,与《上海服饰》相比,《ELLE》出版时是缺乏信心的。虽然也提出了要对珍品与庸俗之作进行区分,但《ELLE》并没有宣告媒介会在这方面提供"指导",而是只会做一个信息提供者,并以"倾听读者的意见"作为把这份媒介办好的关键。虽然也有将自己打造为一个教育者的倾向,《ELLE》并没有"指导"或"引导"的宣告,只静静地将自己描述为一份"读物"。

这种差异其实反映了其时人们对于西方的时尚及时尚媒介的基本认识。虽然《ELLE》是一份全球知名的时尚杂志,但在其时的中国,除了专业的出版从业人员,人们对于 ELLE 集团谈不上有什么认识。而相较而言,上海市服饰协会显然是一个得到官方认可的专业机构,专司服饰问题无疑。因此就对服饰美的指导而言,本土的上海市服饰协会比起来自西方的 ELLE 集团,显然更具备权威性。此外还有很关键的一点,即在意识形态的取向上,人们不会也不必对本土的行业协会存疑。而与西方时尚媒介集团合作办刊,虽然在内容上有便利之处,但在意识形态取向上很容易遭到怀疑,特别是如何保证剔除那些西方世界的奇装异服,是办刊者不得不面临的质问——虽然这个问题有些时候是潜在的。② 当办刊者没有可信服的其他资源以确保此项能力时,只能把内容选择作为一种权力退还给读者——"倾听读者意见",从而保障此份媒介的"健康"成长。

此外,在内容上,《ELLE》虽然有国外版权方的成熟模式的参考,但作为第一份与国外合作出版的刊物,办刊者们并不清楚在中国此类读物究竟该是何样貌,特别是西方的内容该如何呈现给其时的中国读者。这尤其表现在《ELLE》的内容设置与文章体裁上。如在 1989 年第二集中,出现了一篇题为《他永远忘不了中国和中国人民》的文章。这是一篇采访法国影星阿兰·德龙的文章。这篇文章如这一时期代表国家意识形态的主流媒介中的许多文章一样,热情讴歌了中国以及中国人民的伟大,充满着浓重的政治意味。而就在这一期,封面标题则是如下内容:

> 采访末代皇妃扮演者
> 88—89 法国秋冬新款
> 风靡全球的女装长裤

---

① 骆兆添.译文走向世界[M]//上海市出版工作者协会,上海市编辑学会.我与上海出版.上海:学林出版社,1999:696-703.

② 事实上在较长的一段时间内,《人民日报》上还有文章批评有的媒介展示来自西方的奇装异服。与西方时尚媒介集团合作办刊,在这方面的隐忧是很大的。

美容三部曲

葆您青春

时装剪裁图七幅

绒线编结图三幅

这使得阿兰·德龙的采访文章看起来像是放错了媒介。[1]

此外《ELLE》的文章体裁,亦未形成一致的风格,说不上具体的文类(genre)。除了一些日后十分常见的说明性文章,大量诗意化、文学化的表述充斥其间,文学意味是十分浓烈的,欣赏指向是十分清晰的。如:

雨中曲

淅沥声声　金秋雨紧

新潮雨装　遂心如意

意大利深秋罗曼史

仿古玫瑰色调

优雅、柔和

古堡门前

石柱之畔

亭亭玉立

是仙女下凡?

抑是人间丽姝?[2]

而这些内容不过是一组介绍时装的配图文字。

89 时尚　美式春装

华灯初上披素装

惠风轻扬泛银光

银装素裹一派

眷恋春意一片

这四句用来配白色春装的文字,具有宋词的韵律。又或:

设计独特创新路,

深获嫦娥齐推崇;

款式新颖辟蹊径,

---

[1]　参见《世界时装之苑 ELLE》1989 年第 2 期。

[2]　参见《世界时装之苑 ELLE》1988 年第 1 期。

广博西施皆赞颂。
衣质轻薄如蝉翼，
扬扬意气垂柳风；
色泽无华乃古雅，
融融春意花正红。

这段依然是介绍美式春装的文字，不仅符合中文七律的基本规范，而且今天看来应与时尚绝缘的嫦娥与西施在这里均成了时尚的采纳者与推崇者，将时尚一下子退回到了久远的传说或历史中。

符合中文古诗词韵律的表述可谓俯拾即是。即便是最普通的有关衣物搭配的介绍，也十分讲究语言的韵律。在介绍最基本的衣物配饰时，有以下文字：

内穿西装一套，
外披风衣一件，
鼻架墨镜一副，
腕饰金表一块，
手提黑包一只，
旁缀丝巾一方。
超群绝伦！①

在这样的语言表述中，语言本身的审美意味是极其浓重的，因此这些文字旁边的衣物，其实是作为整个审美图像的局部而出现的。那些页面上的衣物，更多的是达成欣赏的功能，而不是消费，这与其时时装或时尚作为一种艺术的定位是相一致的。这些文字与图片，更像是供人欣赏的诗歌与画作，而绝不是供日常消费的衣物或饰品。远观与欣赏是这样的表达中清晰呈现出来的意味。这样的文类是符合美的意旨的。但除了如此诗意化的表述，另外的一些文章却又是说明性的。如《走在潮流尖端的中国女性》：

ELLE 国际时装杂志的采访团，首次专程来到上海，在当地的时装店挑选了一系列中国制造的衣服；由上海模特儿及上海体育学院的跳高运动员王娜力示范。在 ELLE 国际时装杂志的周密计划及上海译文出版社和其他国内单位的妥善安排下，终于顺利完成拍摄工作，在上海街头留下了一页页的中国时装剪影。②

① 参见《世界时装之苑 ELLE》1989 年第 3 期。
② 走在潮流尖端的中国女性[J].世界时装之苑 ELLE,1988(1).

又如《用最少时间获最大收益》：

> 这是一项美国式的体育活动，它虽是传统的形体操，但由于锻炼时需在腕、踝处套上 1 公斤重的物件，因而可以在较少时间内使全身肌肉得到强化锻炼，几分钟的努力即可达到几小时的效果，皮埃尔·巴拉尔第(Pierre Pallardy)向您隆重推荐这套健身体操，但腕、踝处所悬重量可由各位自行确定。①

直至 20 世纪 90 年代初，《ELLE》中各种文类都是并行出现的，很难分出哪一个是主流的。如果从篇目的量上来衡量的话，那些诗意化的篇目的数量更多些、所占的页码也更多些；但如果从字数来衡量的话，那些说明性的文字更多些。这也显现出刊物的编者对于自家究竟是何种刊物、有何用途的犹疑与尝试。当年《ELLE》的副编审李晓蓉在总结《ELLE》13 年的办刊经验时说道："《ELLE》申请期刊号时，国内还未有时尚文化这一类别，所以只能定位服装，而《ELLE》这个国际连锁杂志的定位是年轻、性感、时尚的女性生活杂志，一边是严谨有余一边是自由过头，这种东西方文化和时代背景造成的断头不是通过单纯的文字翻译就能接上的。所以从一开始，我们就在找一条能为两者都接受的编译和创作的文字道路。"②虽然，后来李晓蓉认为《ELLE》"通过近十年的努力，杂志的栏目扩充到近二十个，成为一本国内白领女性手边不可或缺的生活杂志，而国内时尚杂志中的后起之秀，也大都沿用了这种文风和文字形式"③，但在早期，《ELLE》很难说有什么确定的文风，更多的是如李晓蓉所说的在"东西方文化和时代背景造成的断头"下对于文字与文风"尝试"与"寻找"，是办刊者对于媒介自身的犹疑在文风上的体现。

这种对于自身的犹疑在与《上海服饰》比较时显得更为突出。《上海服饰》上大量的文章都是较客观的说明性文章，主要解决"为什么"以及"如何做"的着装问题。大至服装的风格确立，小到生活的细节处理，这些文章贯之以一种说明文的文章类别。如《为什么锦纶丝袜会越穿越小？》

> 锦纶丝袜是采用合成纤维原料——锦纶丝织成的，它的耐磨性能比一切天然纤维和化学纤维都高。但是，由于锦纶纤维的横截面一般呈圆形，表面又过于光滑，所以纤维之间的抱合力很差，用它织成的袜子经穿着洗涤后，会逐渐发毛起球。穿着的时间越长，起球

---

① 用最少时间获最大收益[J].世界时装之苑 ELLE,1989(4).
② 李晓蓉.十三年回头看《ELLE》[EB/OL].上海女性网,2012-06-12.
③ 李晓蓉.十三年回头看《ELLE》[EB/OL].上海女性网,2012-06-12.

的部位和起球的程度也逐渐扩大和严重，使袜子的横向和纵向的延伸性逐渐降低，袜子就渐渐缩小。因此，选购锦纶丝袜时，尺码应稍放大一些。①

即便是欣赏性的内容，《上海服饰》的文风依然是统一的。如在介绍最新的上海服装款式时，编者说道：

> 在这一期的"穿在上海"专栏里，向您介绍了 19 件（套）款式最新的上海服装。有 10 件（套）是"86 之春上海服装设计发表会"上的 8 件（套）。如在中缝彩色插页的多件童装彩照中，选登获得一等奖的三件（套）童装裁剪图。本期还介绍了适合广大男女青年夏季穿着的五件长、短袖衬衫裁剪图，也有上海著名服装设计师钱士林在 1985 年的获奖作品。②

虽然 20 世纪 80 年代至 90 年代，文学是热门事物，成为文学青年是那时年轻人的追求，诗意化的表述是其时媒介文风的潮流，但《上海服饰》从一开始就清晰地界定了自身在服饰、时装领域的专家地位，而不是一位文学家，从没有在文风上出现过游移。除了每期的刊首诗，那个时代常见的诗意化的表述在《上海服饰》的主体内容中是一概不见的，这再次表明了《上海服饰》对于自身刊物特质的确定。而这种确定，即便是 1993 年创刊的《时尚》也是不具备的。《时尚》在创刊初期依然如《ELLE》一般，充斥着大量文学作品似的内容。

凭借足够的资源支持，《上海服饰》清晰地将自身界定为一个时装领域的专家，是美的指导者与教育者；而在资源依托相对薄弱的现实下，《ELLE》客观而谦逊地将自己圈定为"读物"，只在读物层面起作用，不进行指导，甚至在一定程度上将内容的筛选权都退还给了读者。在自信及权威诉求程度上的差异与两者的资源差异呈现出一致性。

二、与读者的关系

与读者的关系首先在于刊物对读者的圈划。现实的读者是一回事，在话语中描画的读者是另一回事。前者通常是由刊物的定价、内容、发行渠道等一系列现实措施而决定的，后者则是在与读者的交流中传递给读者的关于我们是谁

---

① 为什么锦纶丝袜会越穿越小？[J].上海服饰,1986(1):17.
② 目录[J].上海服饰,1986(2).

的描画——特别读者与编者之间的关系。当然,每个读者最终形成的关于我们是谁的想象,是与这两个方面都有关系的。

读者的现实状态,是受限于刊物特定的生产现实的。价格是一个分流读者的有效机制,特别是在经济不怎么发达的前提下,这是分流读者的第一个有效机制。从定价来看,《上海服饰》在整个 20 世纪 80 年代至 90 年代初,定价为 0.9 元,这是当时大众刊物最常见的定价。《ELLE》创刊时,定价为 8 元。相对于当时大部分杂志不足 1 元的定价,8 元一本的杂志(如果当作杂志来看待的话)已属超高价了。1994 年《ELLE》提价至 10 元,1995 年再度提价至 16 元。在 1990 年,我国全年的职工平均工资只有 2140 元①,月均不足 200 元;农村居民的收入就更低了。在这样的收入水平下,8 元一本的刊物并不是大部分消费者能够或愿意承担的。《ELLE》的售价就排除了一大批购买力有限的读者,注定只能是以一小部分人为读者对象的,注定了不可能达至与《上海服饰》类似规模的发行量。

《ELLE》超高的定价,决定了读者数量的有限性,因为仅具备这个消费能力的人数就是极其有限的——且不论对其内容的接纳度。依惯常的市场策略的话,《ELLE》的经营者不仅需要明确自己的读者对象,而且也需要昭告天下自己的读者究竟是谁,以便有针对性地进行服务或沟通,从而保有读者的忠诚度。但有意思的是,早期的《ELLE》并没有在自己的页面中清晰地界定过读者,在提及出版意图时,只说是"向我国青年,乃至中老年妇女提供世界时装最新信息"。换句话说,就是以所有我国的成年女性为读者对象的。就算这样模糊的界定还被再度拓宽,在对读者的言说中,甚至一度还包含了男性。在 1995 年第一期,《ELLE》在其卷首语中没有任何申明地,就把读者由原先的"她们"改成了"他(她)们",直接把男性纳入其中。如此一来,连性别的分界都不存在了。

在编者与读者的关系上,《ELLE》持一种"平和"的态度。《ELLE》的创刊号事实上没有正式命名的"发刊词"或"创刊词"之类的字样,只是在正式的内容介绍前有一篇署名为"编者,1988 年 7 月"的叫作《让我们更美》的文章,用以交代《ELLE》出版的相关用意(见附录一)。这里的这个"我们"显然是指包括编者在内的所有人。面对自己的读者,《ELLE》又说道:"并不在于让大家简单地去模仿,而是希望大家从这些著名设计师的珍品中得到启迪,从而设计并裁制出既

---

① 国家统计局.4—24 职工平均工资及指数(1996)[EB/OL].中国统计年鉴网,2012-06-05.

能表现我国传统服装特色，又能表现穿着者的个性和气质的富有时代感的服装来。"①从这些言语中，可以得到以下的印象：(1)《ELLE》称读者为"大家"，结合标题的"我们"一词，刊物营造了一种编者与读者的团结氛围，让读者感到编与读都同属于一个叫作"我们"的集体；(2)另外此处用到了动词"希望"，用希望一词，让语气缓和了很多，意味着读者可以不那么做，那只不过是编者的一个期待；(3)"希望大家从作品中得到启迪"，这就意味着最终的启迪是要读者自行完成的，编者在此处只不过提供了一些信息。而如何处理信息，如何自我启迪那是读者自己的事情了。再一次，《ELLE》间接地告知读者这是一份"读物"，编者与读者是一种相对平等的关系：一方提供信息，一方自我启迪，从而更像是朋友——共同关注美的讯息的朋友，所以称之为"大家"。

包含在"大家"中的编者究竟是谁，即《ELLE》读者该如何理解或想象这些个体，事实上也是不确定的、是很模糊的。《ELLE》中那些直面读者的内容，关于编者不是简单地以"编者"落款，就是以"译文出版社"落款（如1988年第2期的读者调查表），从来都没有可对应的具体的人名与身份，有时甚至干脆没有落款。1995年第4期的编读来往中，落款成了"你们忠实的朋友"，这样的信息呈现方式均让"编者"显得很模糊。

在对待读者的态度上，《ELLE》的话语是以读者为中心的。如《ELLE》1989年第二集中最末页有一份读者调查表，其中说道："倾听读者意见，改进我们的工作，是我们把这本时装读物办得更好的关键。"②对于读者的意见，《ELLE》采取的态度是"倾听"，从而"改进"，表现出完全以读者为中心的取向。若采用柯林斯的团结与分离的理论视野，《ELLE》在话语中体现了要团结所有人的倾向，却从没有清晰地界定过发起团结者是谁，被分离出去的又是谁，"我们"的清晰边界在哪里这三个关键问题。总之，这是一项很模糊的团结计略，更别提有清晰的组织的边界了。

《上海服饰》的状况大为不同。首先，《上海服饰》对自己的读者从一开始就有明确的界定。虽然不是在性别层面，但在专业或受教育程度上是有明确区分的：《上海服饰》以服饰设计制作人员及具有初中文化水平的广大群众为主要读者对象。"③此处需要说明的是，在1985年，初中文化水平并不是一个普及的受教育状态。直到1986年，我国才确定了九年制义务教育。在此之前，许多人没有达到初中文化水平。《上海服饰》这样的界定，在其时，是可以笼统地归结

① 编者.让我们更美[J].世界时装之苑 ELLE,1988(1).

② 读者调查表[J].世界时装之苑 ELLE,1989(2).

③ 征稿启事[J].上海服饰,1985(1).

为是受过"良好"教育的人群的。当然，这样的界定也在同时明确了谁不是我们的读者，即那些教育状况未达者。这与《ELLE》似乎要把所有人统归为自己读者的状态极为不同。其次，《上海服饰》与读者的关系是十分确定且有等级的。在其发刊词中有以下一段：

> 《上海服饰》的诞生，为广大消费者和全国服饰行业带来佳音。它将竭力传递信息，启迪思路，引导服饰设计师锐意改革、开拓进取，为人民生活增添情趣。它将引导消费者提高鉴赏水平，从而推动人们在改革中，争当文明、健康、科学的生活方式的带头人，做新思想、新文化、新风尚的倡导者和身体力行者。

从这段话可知：(1)《上海服饰》的出现，"为广大消费者和全国服饰行业带来佳音"。这强有力的断言，意味着《上海服饰》的诞生肯定会有利于广大消费者和全国服饰行业的，这是不证自明的；另外在言语中也暗含着人们似乎如静候佳音一般地对此刊物期待了许久。(2)它将完成对设计师的引导以及对消费者的引导。(3)在引导设计师与消费者的基础上，要进一步推动人们成为科学生活方式的带头人与新思想、新文化、新风尚的倡导者和身体力行者。这三层意思包含着两层递进的"引导"关系。首先，《上海服饰》会"引导"它的读者，包括设计师与受过良好教育的消费者，这是第一层的引导关系；其次，这部分的读者还将在更广泛的群体中就生活方式、新思想、新文化与新风尚进行引导。这样就达成了进一步的引导关系。这样的话语结构将《上海服饰》的编者置于更高的权威地位：他们是教育者的教育者。

1985年《上海服饰》创刊号上发刊词的作者署名为：上海市妇女联合会主任、上海市服饰协会理事长谭茀芸。作者不仅有明确的姓名，还有两个多少有些显赫的社会身份。1986年用刊号出版后的总第一期的刊首语的作者署名为：上海市服装研究所副所长金泰钧。这些信息都不仅清晰地告知了发言者的姓名，同时还亮出了发言者的社会身份。这些都提示着发言者的权威。谭茀芸及金泰钧的身份若比较《ELLE》上光秃秃的"编者"两字，更显示出了《上海服饰》的权威性。《上海服饰》第一期的创刊号上还有一则征稿启事，十分清晰明了地表明了《上海服饰》对于读者关系的定位："指导服饰消费，指导穿着打扮，指导时装制作，引导服饰潮流，促进我国服饰水平的提高。"①在这里连用了三个"指导"、一个"引导"、一个"促进"，传达出了一种编者居高临下的状态。另外，从文风来说，这是一种我国官方文件的文风，这些都标示着《上海服饰》的重大使命

---

① 征稿启事[J].上海服饰，1985(1).

感以及对于整个服饰领域的一种引领权。这种使命感与引领权，又往下一层传递给了刊物读者：对于非读者来说，《上海服饰》的读者也是如此一群有使命感与引领权的人。

另外，同样是为了美，同样是启迪，不同于《ELLE》的自我启迪，《上海服饰》强调的是由刊物完成对大众及专业设计师的启迪，"它将竭力传递信息，启迪思路……成为指导人们追求真、善、美的课堂"①。最后一句话，再次明确道出《上海服饰》对于编者与读者的设定：《上海服饰》是真善美的课堂，包括谭茀芸、金泰钧在内的所有编者当然是课堂上的教师了。因而编者与读者，是一种师生关系，是引导与被引导、启迪与被启迪的关系。而且更重要的是，《上海服饰》真善美课堂上的学生，又将成为社会大众的"带头人"，这样再一次确立了《上海服饰》的编者更高一层的指导地位。

对读者关系的话语策略，如果关联两个刊物的资源状况，就显得意味深长。创办初期，《上海服饰》集万千宠爱于一身。《上海服饰》由上海市服饰协会及上海科学技术出版社出版，办刊力量可谓雄厚。另外，其低廉的价格使得它可能拥有众多的读者。据姜峰所说，至1995年《上海服饰》的发行量已高达106万册/月，可见其影响力。②《ELLE》由译文出版社出版。在20世纪90年代之前，中国的出版是条块分割的，各个专业是由对应的出版机构来组织出版的，译文社的专长并不在此，译文社本身确也是感到缺乏底气的。另外，《ELLE》超高的定价也很难接近消费者。这样的现实，使得《ELLE》在创办初期的发行量很小，在1994年以前《ELLE》的处境都可谓举步维艰。③

从现实的读者来看，《ELLE》有限的读者数量其实是更易于描述的，至少在经济能力方面应是一个显然的特征，而《上海服饰》较广泛的读者数量是不易于描述的。但在话语层面，《ELLE》模糊化了读者对象，并同时模糊了信息的传输者与接收者，美的施教者与受教者之间的区分，而代之以"我们""你忠实的朋友"等称谓，以强调情感上的接近。《上海服饰》对于读者的话语中，不仅明确限定哪些人不是自己的读者——确立了组织的对立面，而且还通过分离，让自己在服饰这个领域中具有更高一层的地位——《上海服饰》—(引领)它的读者—(引领)普通民众。在这样的分离策略中，《上海服饰》通过确立哪些人不是我们的读者，即通过确立对立面获得了团结，从而让《上海服饰》作为一个

①　谭茀芸.发刊词[J].上海服饰，1985(1).

②　姜峰.我是一个幸运儿——《上海服饰》自述[M]//上海市出版工作者协会，上海市编辑学会.我与上海出版.上海：学林出版社，1999：243-246.

③　孙燕君，康建中，梅园粿，等.期刊中国[M].北京：中国社会科学出版社，2003.

媒介拥有了更高的权力。在话语的层面来看,缺乏资源者更倾向于情感诉求;拥有资源者则倾向于规划组织的边界与等级。

小　结

在 20 世纪 90 年代中以前,这些早期的相关出版物均没有称自己为时尚媒介或时尚杂志。时尚还是一个没有独立意涵的概念。在这些日后自称或被称为时尚媒介的杂志中,时尚在此时,基本就是时装或潮流的同义词;时尚的问题就是时装的问题;时尚的意义就是时装的意义。而时装不只是服装,还是一种有高下优劣之分的艺术,其最核心的问题是"美"。在这里,"美"是相对于"奇装异服"而被彰显的,是在区分"奇装异服"中获得其意义的。在缺失时尚工业的前提下,这些早期的时尚杂志依托对美与奇装异服的区分获得了生存的合法性。与此同时,也将时尚的意义与美的问题紧紧地关联上了:时装的意义就是不同于奇装异服的一种现代人的美,是现代人体现美的一种载体。作为一种美,在我国理应是全民共享的。因此,若非要问此时这些媒介话语中的时尚意义的话,可大约归为:一种全民共享的美。

对于时尚或时装,各媒介采纳的话语策略是不一样的。具备强大的权威基础与众多读者资源的媒介,如《上海服饰》,在话语上体现出一种清晰分离的团结策略——只为某一些特定的读者服务;从而在分离中实现团结,并划定了组织的边界以及层级。在定价上对读者进行了严格筛选的《ELLE》,并没有在话语上体现出一种分离,从而无法为组织划定边界,也无法实现紧密的团结。这样的话语策略,让彼此呈现出来的"时尚"略微有些差异。如果说时尚的意义就是一种全民共享的美,那么《上海服饰》强调这种美是需要教育与引导才能达成的;而《ELLE》表达了这是每个人通过自我启迪就可实现的。在美的实现条件上,两者产生了分野。

另外值得一提的是,作为中国时尚成长的文化土壤的三个概念之一的"摩登",在这个时候是缺席的。细细分析起来,应是这些媒介在其时有意识地或下意识地避免此概念的。这个时期,在生活领域虽已不再排斥西方意味,但笼统的西方意味仍是不被接纳的。何况,摩登一词含有十分浓重的都市意味,暗含了对乡村的漠视。在强调时装应是全民共享的时代,"摩登"如此明晰的区域划分,在这个时期的时尚媒介不见踪影是情理之中的。"摩登"的出场,需要借着我国都市化进程的推动。

附　录

一、《ELLE》1988 年春夏第一集中的创刊词

让我们更美

美是人的天性。谁都愿意将自己打扮得漂漂亮亮,谁都想自己在众人面前显得风度翩翩、婀娜多姿。青年人,乃至中老年,都想使自己的衣着跟上新的潮流,富有时代感。

但是,有这个愿望并不等于就能做到。近来,市场上出现了许多时装,各种款式的服装从四面八方纷至沓来,但是哪些是真正高雅大方的珍品,哪些是低级庸俗之作,一时颇难判断,令人有无所适从之感。由此可见,怎样穿衣,其中大有学问。

正是为了这个目的,我们编辑出版了《世界时装之苑》,以期向我国青年,乃至中老年妇女提供世界时装最新信息。在选材的时候,选中了法国 ELLE(爱丽)杂志作为我们合作出版的伙伴,因为法国时装一向闻名于世,而巴黎又以"花都"著称,领导着世界服装的新潮流。ELLE 杂志则是全世界闻名的时装杂志。

本书展示了许多世界流行的时装款式,供读者借鉴。我们的希望并不在于让大家简单地去模仿,而是希望大家从这些著名设计师的珍品中得到启迪,从而设计并裁制出既能表现我国传统服装特色,又能表现穿着者的个性和气质的富有时代感的服装来。

我们打算今年出版两集《世界时装之苑》。第一集以春夏时装为题材、第二集以秋冬时装为题材。我们认为,如果这套书的出版能使我国妇女打扮得更加美丽、更加高雅,并对我国的成衣业和服装出口业有所帮助,即是对我们辛勤耕耘的最好补偿。

编者
1988 年 7 月

二、《上海服饰》1985 年创刊号发刊词

发刊词
上海市妇女联合会主任
上海市服饰协会理事长　谭芾芸

人民的服饰,在一定程度上反映国家的经济和文化发展水平,反映国家的时代风貌。历来,人们爱用"丰衣足食"来形容兴旺发达景象。郭沫若同志生前也曾提出过:"衣裳是文化的表征,衣裳是思想的形象。"

我国服饰历史悠久,花色品种绚丽多彩。它既是人民日常生活的需品,又是我国民族文化艺术宝库中的珍品。追溯到远古,北京周口店猿人洞穴中发掘出的骨针,显示了原始的缝纫技术;唐代开始男女分装,从此以"裙衩"作为妇女的代名词。中国的服饰在国际文化交流的历史上做出过一定的贡献。公元前五六世纪,我国美丽的丝绸就开始传到西方,公元前一世纪,古罗马凯撒大帝曾穿着中国丝绸长袍看戏,轰动一时。但遗憾的是,"文革"十年中,在服饰问题上"左"得出奇,阻碍了服饰行业的发展,国外评论我们的服饰是:年年一个样,春夏秋冬一个样,男女老少一个样。

党的十一届三中全会后,我国服饰事业重焕光彩。尤其是一九八二年后,产需之间的主要矛盾,从数量不足转化为产品的质量、品种、花色和款式不能适应国内外市场的需求,促使服饰行业探索新路子。

上海是举世闻名的工业、商业、科技、文化城市。上海的服饰久负盛名,蜚声中外。随着经济体制的改革,必然会引起人们生活上和精神状态的重大变化。而在美化生活时,美化妇女服饰总是首当其冲的。正如诗人马雅可夫斯基曾经说过:妇女的服饰,是时代的候鸟。为此,上海市妇女联合会联合纺织工业局、手工业局、商业一局、华东纺织工学等八个单位,针对中、老年做衣难的呼声,举办了一九八四年度"天琴奖"女装设计、面料展评会,那些五彩缤纷、琳琅满目的展品引起中外妇女的极大兴趣。前不久,万里同志在全国职工技术革新展览会上,看上海馆男、女讲解员穿戴的服饰时高兴地说:"上海的服饰真新鲜,领导了中国服装的新潮流。"去年秋末,我率上海妇女儿童事业经济考察团访问香港时,港方人士对上海服饰行业寄予希望,期望服

饰设计师精益求精、大胆创新设计出更多既保持民族优秀传统，又体现时代精神的新中国服饰来；并认为上海完全有能力在短时期内跻身于世界第一流时装中心之林。

《上海服饰》的诞生，为广大消费者和全国服饰行业带来佳音。它将竭力传递信息，启迪思路，引导服饰设计师锐意改革、开拓进取，为人民生活增添情趣。它将引导消费者提高鉴赏水平，从而推动人们在改革中，争当文明、健康、科学的生活方式的带头人，做新思想、新文化、新风尚的倡导者和身体力行者。

祝愿《上海服饰》真正成为面向全国、面向世界服饰阵地，成为指导人们追求真、善、美的课堂。

1985 年 3 月 8 日

三、《上海服饰》1985 年第一期征稿启事

"吃在广州，穿在上海。"上海的服装与装饰在全国素享盛誉，领导着国内服饰的新潮流。《上海服饰》的宗旨是：立足上海，面向全国，及时反映上海服饰的最新流行趋势，指导服饰消费，指导穿着打扮，指导时装制作，引导服饰潮流，促进我国服饰水平的提高，把生活点缀得更美。

《上海服饰》荟萃上海流行服饰之精华，图文并茂，既着眼于普及，又注重提高，既富于新颖性、知识性，又突出实用性、技术性。

《上海服饰》以服饰设计制作人员及具有初中文化水平的广大群众为主要读者对象，内容以服装为主，兼及鞋、帽、袜子、手套、围巾、领带、腰带、拎包、首饰、眼镜、化妆品等，具体包括"穿在上海"、"上海橱窗一角"、"服饰组合新苑"、"古今中外"、"技术讲座"、"生活顾问"、"心灵手巧"、"海外信息"、"美容之窗'、"装饰丛花"等专栏，力求普及穿着方面的科学知识，传递信息，促进社会主义物质文明和精神文明建设。

《上海服饰》是培养社会主义精神文明之花的新园地，需要有众多的园丁来灌溉和耕耘。竭诚欢迎广大服饰设计人员、工艺美术专家、美容师和业余爱好者踊跃投稿，多多提供宝贵的意见和建议，与我们一起努力，使《上海服饰》真正成为广大群众的生活之友，成为传播文明、健康、科学的生活方式的新苑。

来稿要求内容新颖，文字通顺，具有知识性、技术性、实用性，文稿宜简短，字数最多不超过 2 千字，稿件可配必要的插图（如裁剪、编结

图、彩色照片等),图稿力求正确、清爽,若系摘(译)自国内外其他出版物,请注明出处。

四、《上海服饰》1986年第一期目录

读者作者编者
　　46 什么是流行色？流行色是怎样预测的？

五、《ELLE》1988 第 2 期《读者调查表》

亲爱的读者：

　　《世界时装之苑 ELLE》第二集和大家见面了。感谢广大读者对我们的支持。

　　倾听读者意见，改进我们的工作，是我们把这本时装读物办得更好的关键。为此，我们准备了一份读者意见。我们一定认真考虑您的意见，使这本读物更适合您的口味。请填妥调查表格后，沿虚线剪下，贴足邮票寄出。

　　本社将回赠精美宣传品一份，以示感谢。

上海译文出版社

第三章　作为概念的时尚：有限定的美

　　20 世纪 90 年代中期以后,中国的时尚杂志可谓进入了发展的黄金期。随着《时尚》的创刊,各类时尚杂志如雨后春笋般地破土而出,一时间,成了期刊市场上独领风骚的一个杂志品类。时尚,是这个时期这些刊物上的热词。这些杂志不仅展开了对时尚的各种讨论,更通过对时尚一词的创造性用法,潜移默化地重塑着"时尚"的意义。这是时尚作为概念成形的关键时期。此处所指的成形,并不是指时尚意义的固定化;而是指时尚作为一个概念,作为相对于实体的另一种存在而被接纳的状态。美依然是贯穿时尚意义的核心轴线,但作为一种美,时尚不是泛化的美,而是一种有限定的美。

第一节　改善中的时尚话语环境

　　20 世纪 90 年代中以后,中国社会的经济发展直接推动了人们的消费,催生了一定量的时尚消费者。对时尚媒介来说,这样的现实让他们首次获得了对时尚信息有需求的读者;与此同时,零售业的发展吸引了境外的时尚工业,大量境外的时尚品牌开始入驻中国。境外时尚工业的进驻,为国内的时尚杂志带来了广告空间的需求,这为原本缺少时尚工业支撑的中国时尚杂志提供了一定的经济来源。借此两股力量,时尚杂志获得了发展。这个时期,也是中国都市化进程推进得最迅猛的阶段。迅猛推进的都市化进程、消费水平的提升、境外品牌的大量入驻以及国内时尚媒介的发展等现实交织在一起,构成了一幅时尚话语环境的基本图景。对于时尚来说,相较于这些刊物刚诞生时的状况,这样的图景是更有利的话语空间。

一、消费水平的提升

较发达的经济状况与一定的消费能力是时尚工业生存及发展的必要条件。但"20世纪80年代末90年代初,国际国内形势非常严峻,出现了异常复杂的局面。在国际上,各种矛盾错综复杂,风云变幻莫测,随着'8·19'事件发生,苏联迅速解体,东欧国家易帜剧变,国际共产主义运动顿时陷入低潮。在国内,出现了令人忧虑的局面。西方国家对中国实行制裁、封锁和孤立的政策,外商投资止步观望。经济上由于治理整顿措施以指令性计划和行政命令为主的形式出现,要求很急,加上其他因素影响,致使经济下滑"①。针对这种情况,1992年邓小平进行了著名的南方谈话,谈话后,政府随即确立了社会主义市场经济体制。之后,经济发展速度有了实质性的提升,人们的生活水平步入了大幅提升的时代。

在20世纪90年代,相较于改革开放前,人们的生活水平一直处于一种缓慢提升的状态。但随着社会主义市场经济体制的确立,90年代中以后,生活水平的提高可以说是突飞猛进的。"一年一个样,三年大变样"同样也适用于对生活水平的描述。在1990年以前,全国居民的年人均消费水平不足千元,至1998年,这个数值达至2973元。对于城市居民来说,增长速度比平均水平还要更快些。城市居民的年人均消费从1985年的802元飞升到了1998年的6201元,13年间增幅近7倍。② 消费水平的提高,使人们的生活方式也随之出现了一些变化。这种变化比较明显地体现在几个方面:(1)对耐用消费品,人们的需求量逐年上升,拥有量渐渐增多。(2)皮鞋及成衣的购买量逐年上升,对布料一类的待加工生活用品的消费量逐渐降低。在工业上与此相应的则是成衣制造业的发展。2001年服装制造与皮革制造的总产值已超过1000亿元③,直接购买成衣成了人们日常的生活方式。(3)另外,随着生活水平的提高,恩格尔系数的下降十分明显。1996年至2000年的五年间,城镇居民恩格尔系数以平均每年超过两个点的速度下降(见表3.1)。恩格尔系数的下降,意味着人们在基本的衣食之外,有了更多的可自由支配的余钱,社会消费品的需求开始增长。1991年至1993年的社会消费品零售总额的提升幅度尚相对平稳,1993年以

---

① 罗伯特·劳伦斯·库恩.中国30年:人类社会的一次伟大变迁[M].吕鹏,译.上海:上海人民出版社,2008:107.

② 表10—1人民物质文化生活提高情况(1999)[EB/OL].中国统计年鉴网,2012-07-14.

③ 数据来源于中国统计年鉴网。

后社会消费品零售总额的提升幅度以每年超过 20％的速度提升(见表 3.2)。这直接推动了零售业的发展,百货公司成为这个阶段迅猛发展、遍地开花的行业。

表 3.1　居民收入及恩格尔系数变化①

城乡居民家庭人均收入及恩格尔系数

年份	农村居民家庭人均纯收入/元		城镇居民家庭人均可支配收入/元		农村居民家庭	城镇居民家庭
	绝对数/元	指数/1978＝100	绝对数/元	指数/1978＝100	恩格尔系数/%	恩格尔系数/%
1978	133.6	100.0	343.4	100.0	67.7	57.5
1980	191.3	139.0	477.6	127.0	61.8	56.9
1985	397.6	268.9	739.1	160.4	57.8	53.3
1990	686.3	311.2	1510.2	198.1	58.8	54.2
1991	708.6	317.4	1700.6	212.4	57.6	53.8
1992	784.0	336.2	2026.6	232.9	57.6	52.9
1993	921.6	346.9	2577.4	255.1	58.1	50.1
1994	1221.0	364.4	3496.2	276.8	58.9	49.9
1995	1577.7	383.7	4283.0	290.3	58.6	49.9
1996	1926.1	418.2	4838.9	301.6	56.3	48.6
1997	2090.1	437.4	5160.3	311.9	55.1	46.4
1998	2162.0	456.2	5425.1	329.9	53.4	44.5
1999	2210.3	473.5	5854.0	360.6	52.6	41.9
2000	2253.4	483.5	6280.0	383.7	49.1	39.2
2001	2366.4	503.8	6859.6	416.3	47.7	37.9

---

①　表 10－3 城乡居民家庭人均收入及恩格尔系数(2002)[EB/OL]:中国统计年鉴网,2012-07-14.

表 3.2 社会消费品总额增长情况

年份	社会消费品总额/亿元
1991	9415.6
1992	10993.7
1993	12462.1
1994	16264.7
1995	20620.0

数据来源:中国统计年鉴网。

新中国成立后直至改革开放前,中国的百货公司一直是人们购买生活消费品的主要场所。那个时候的百货公司,作为计划经济时代的国营商业模式,主要销售一些基本日用品。百货公司内的物品无非是衣服鞋袜、布匹毛线、脸盆热水瓶等生活必需品。这些物品,往往只有产品的名称与价格,而没有品牌。直至 20 世纪 80 年代末,中国百货公司的经营业态都大抵如此。进入 90 年代以后,随着人们生活水平的提高,百货公司开始销售一些国外品牌的产品,这让人们在现实中接触到了"品牌"。但是人们对于品牌产品在价格上的认知度与接受度都还是有限的。"1992 年,一位中年妇女看着赛特商场橱窗里摆放着的一双皮鞋,惊呼:'一万两千,我的天!'那时,北京工薪阶层的月平均工资不过几百元。即便对于赶时髦的女孩来说,花二三百元买件真维斯的休闲服已经够奢侈的了。"①

1995 年以后,中国的百货业发生了根本性的变化。一方面,国营百货公司纷纷改制上市,成为百货集团;另一方面,百货公司日益注重对品牌,特别是名品的引入,百货公司内产品分品牌销售的格局基本成形。1996 年《上海服饰》的记者姜亦峰实地调查后,撰文介绍了上海各个一线百货公司内的境外品牌的入驻情况。虽然离普通中国消费者的购买力尚有一定的距离,但 Dior、Kenzo、YSL、Pierre Cardin、Versace、Zegna、Prada、Hugo Boss 等著名品牌均已落户上海。② 而且,百货公司的经营面积大幅度提升,产品史无前例的丰富,经营的业态也随之复杂化与多样化。1995 年一篇总结广州新大新百货公司的经营经验的文章大抵描绘出了这个阶段百货业的巨大变化。在此文中,作者指出新大新百货公司从 1989 年以前的 1200 平方米扩展到了 8000 平方米,而且提前三年

---

① 中国百货业发展不完全记录:那些年月的那些事[EB/OL].天堂纪念网,2010-06-11.
② 姜亦峰.远征,一座城市与一类品牌[J].上海服饰,1996(3):8-9.

偿还了扩建的债务。1994 年,销售额达到 9.4 亿元,居广州百货业第一位。作者认为新大新百货公司之所以能获得这么好的效益在于实行了一系列的改变。在这些改变中,作者特别强调了改变售货方式带来的效益。传统的百货公司的销售方式可总结为:"三尺柜台,你买我卖。"但随着产品的日益丰富,这种销售方式已很难适应顾客的需求了。特别是随着大量境外品牌的入驻,消费者不仅需要关注产品,还需要对品牌有足够的了解。百货公司开始实行开架售货的形式,以及实行超级市场和连锁经营的模式。同时,还采用邮购、直销、新商品展销等多种经营形式,尽可能满足各层次的消费需求。[①] 人们对社会消费品的需求的增加,使得以百货为首的中国零售业在 1995—2000 年间有了突飞猛进的发展,百货公司几乎是开一个火一个,以至于 1993 年某位北京的领导扬言要在 2000 年,使北京的百货公司达到 100 家。[②] 1997 年以后,百货公司进入一个盘整期,不少中小型百货公司宣告倒闭,但大型的百货集团日益壮大。Shopping Mall 的形式被大型百货公司采纳。在 Shopping Mall 里面,除了各种品牌的日用品日益增多外,还增加了娱乐餐饮等设施,以适应人们不断提升的消费需求。百货业的发展历程直接映射了人们消费水平及生活方式的变化。

二、都市化进程

1949 年中华人民共和国成立后,国家对城乡的管理实行各自封闭的政策。粮票制度的存在,使处于乡村中的农民无法在城市获得生存的必需物资,从而无法在城乡间自由流动。1982 年之后,国务院明确了"允许农民进城",这使得中国的城市化进程迈开了关键的一步。1992 年《人民日报》发表署名为崔乃夫的文章,提出要走"有中国特色的城市化道路",认为"城市化是社会发展的必然趋势"。[③] 邓小平南方谈话后,1993 年,中国取消粮票制度,这从根本上消除了限制农村人口向城市移动的障碍,城市化进程进入实质性的阶段,农村人口开始向城市迁移。

城市化的程度是用城市人口在总人口中所占的比例来标示的。在改革开放之前,中国的城市人口比例基本维持在不足 20% 的水平,鲜有增长;部分年份,还呈下降趋势。改革开放后,中国的城市人口开始增加,但城乡人口的比例在 20 世纪 90 年代之前基本稳定。1990 年至 1995 年,城镇人口的比例

---

①　嵇征然.记广州新大新百货公司经营形式的发展[J].商业经济研究,1995(9):45-46.

②　中国百货业发展不完全记录:那些年月的那些事[EB/OL].天堂纪念网,2010-06-11.

③　崔乃夫.走有中国特色的城市化道路[N].人民日报,1992-02-10(5).

从 26.41% 缓慢地增加到了 29.04%,以平均每年 0.5 个百分点的速度增加。进入 1996 年以后,城镇人口开始以平均每年 1 个百分点的速度增加,相较五年前,增长的速度翻了一倍(见表 3.3)。

表 3.3 中国城乡人口比例①

年份	城镇		乡村	
	人口数/万人	比重/%	人口数/万人	比重/%
1949	5765	10.64	48402	89.36
1950	6169	11.18	49027	88.82
1951	6632	11.78	49668	88.22
1955	8285	13.48	53180	86.52
1960	13073	19.75	53134	80.25
1965	13045	17.98	59493	82.02
1970	14424	17.38	68568	82.62
1971	14711	17.26	70518	82.74
1972	14935	17.13	72242	82.87
1973	15345	17.20	73866	82.80
1974	15595	17.16	75264	82.84
1975	16030	17.34	76390	82.66
1976	16341	17.44	77376	82.56
1977	16669	17.55	78305	82.45
1978	17245	17.92	79014	82.08
1979	18495	18.96	79047	81.04
1980	19140	19.39	79565	80.61
1981	20171	20.16	79901	79.84
1982	21480	21.13	80174	78.87

① 表 3-1 人口及构成[EB/OL].中国统计年鉴网,2012-07-14.

续表

年份	城镇		乡村	
	人口数/万人	比重/%	人口数/万人	比重/%
1983	22274	21.62	80734	78.38
1984	24017	23.01	80340	76.99
1985	25094	23.71	80757	76.29
1986	26366	24.52	81141	75.48
1987	27674	25.32	81626	74.68
1988	28661	25.81	82365	74.19
1989	29540	26.21	83164	73.79
1990	30195	26.41	84138	73.59
1991	31203	26.94	84620	73.06
1992	32175	27.46	84996	72.54
1993	33173	27.99	85344	72.01
1994	34169	28.51	85681	71.49
1995	35174	29.04	85947	70.96
1996	37304	30.48	85085	69.52
1997	39449	31.91	84177	68.09
1998	41608	33.35	83153	66.65
1999	43748	34.78	82038	65.22
2000	45906	36.22	80837	63.78
2001	48064	37.66	79563	62.34
2002	50212	39.09	78241	60.91
2003	52376	40.53	76851	59.47
2004	54283	41.76	75705	58.24
2005	56212	42.99	74544	57.01
2006	58288	44.34	73160	55.66

续表

年份	城镇		乡村	
	人口数/万人	比重/%	人口数/万人	比重/%
2007	60633	45.89	71496	54.11
2008	62403	46.99	70399	53.01
2009	64512	48.34	68938	51.66
2010	66978	49.95	67113	50.05

数据来源：中国统计年鉴网。

都市化是城市化的升级。"所谓都市化进程，是指以'国际化大都市'与'世界级都市群'为中心的城市化进程。它是城市化的升级版本与当代形态。……都市化与城市化的共同之处是人力资本、经济资本、文化资本从自然向社会、从农业地区向城市空间的流动与聚集。其不同之处主要表现在流动与聚集的规模、流动的方向与聚集的空间上。"①20 世纪 90 年代中以后，中国的城市化进程日益高涨，进入都市化进程阶段。1994 年一篇讨论浙江路桥镇发展经验的文章在《人民日报》中首次提出了"农村集镇化、集镇都市化"的发展格局。② 中国的都市化进程由此开始。"都市化进程在中国的标志性事件，是中国城市争相提出建设'国际化大都市'的发展目标。据相关统计，1995 年，提出这个目标的城市有 50 多个；1996 年，上升为 75 个；2004 年，高达 183 个。"③中国社会已然进入都市化进程。在都市化进程中，都市，作为都市化进程的最后目标，成了一个值得期待的、美好的事物。

伴随着人口生存地从农村向都市的迁移，与都市相适应的生存方式不仅顺理成章地被推举，且这种生存方式对于新入都市的人们则成了不得不学习的内容。这正是文化的都市化。乡村、小镇乃至中小城市在这种文化的都市化中不是被遗忘就是得按照都市文化的要求及品位而被呈现，即："乡村或中小城市文化要么不能在现实世界中出场，要么只能按照都市文化生产与消费的逻辑与需要再现自身。"④对于那些小城镇或乡村呈现什么，不呈现什么，都将依循文化的

---

① 刘士林.都市化进程论[J].学术月刊,2006,38(12):5.

② 陈化斌,陈连清.探索我国农村城市化的发展道路——"路桥现象"研讨会述要[N].人民日报,1994-01-07(5).

③ 刘士林.都市化进程论[J].学术月刊,2006,38(12):12.

④ 刘士林.社会的都市化与审美问题的当代性[J].社会科学战线,2006(2):116.

都市化原则予以筛选。这股文化都市化的潮流对于时尚媒介来说，可谓是一个千载难逢的时机。

三、日益发达的时尚杂志阵营

1993 年，《时尚》创刊。此时，时尚杂志依然还不是一个明确的体系。这些充满着昂贵的消费品且自身定价又很高的杂志，在其时中国的杂志体系里似乎还看不到美好的未来。1994 年《ELLE》发行量陡升，大有守得云开见月明的意味，这激励了后来者进入此领域。此外，20 世纪 90 年代中以后，大量杂志失去了过去的行政拨款，脱离了官方经营的模式，而改为自负盈亏的经营模式，这意味这些杂志从此后必须自己养活自己。逐利成了这些杂志共同的经营趋向，办杂志赚钱的观念也开始形成。1995 年《瑞丽》创刊，其有别于之前的《时尚》与《ELLE》，走"实用"路线，一时发行量非常可观。在《ELLE》《瑞丽》等大获成功的现实面前，在逐利的动力驱动下，一些更大众化的时尚杂志在 1995 年之后纷纷创刊，如《风采》《虹》《HOW》《秀》《都市丽人》《内衣》《嘉人》《大都市》等。这些新出的杂志，再加上之前 80 年代出版的《时装》《上海服饰》《ELLE》《中外服装》等，真正形成了所谓的"时尚杂志"的强大阵容。不过，这些被称为或自称为"时尚杂志"的刊物，往往没有明确而统一的内涵及外延的界定，只是在外观上强调纸张与印刷质量，定价也往往较高，内容上通常包含生活消费的资讯。

随着大量新刊物的入市，刊物间的竞争加剧，竞争不力的刊物很快就会死去，随后，又有大量新的刊物涌现，呈现出一番你方唱罢我登场的热闹局面。在90 年代的中后期，"要是有谁逛书报亭，保准入眼的全是时尚类杂志，封面上是一色欢笑着的明星大脸，张张都恍如相识，让人无从选择。这就是时尚杂志的现状，人人都争一杯羹，结果大家都只能平均着来。……那些新兴的杂志，有的很多是读者连个名字都没有瞅清楚，只出了一期两期就像水中涟漪一样散没了"[①]。关于时尚杂志的发展，有文章把 1993—2000 年的七年时间分成了发展的三个阶段：1993—1995 年为摸索期，1995—1998 年为成长期，1998—2000 年为成熟期。[②] 两三年间，时尚杂志的市场状况就出现一个大的变化，就成了一个具备独立特征的特定时期，可见这个阶段时尚杂志的市场变化状况，用"风起云涌"来形容一点都不为过。

---

① 尹晓冬.时尚杂志的危机与转型[J].编辑学刊,2001(6):10.
② 深度时尚:中国时尚杂志的发展历史及横向比较[EB/OL].杂志网,2012-07-13.

伴随着众多的同类杂志的兴起,时尚杂志间的竞争开始逐渐激化。如果说1993年《时尚》创刊时定价10元属于孤独的"天价杂志"的话,不出十年,时尚杂志领域十多元至20元定价的杂志已经充斥着市场。而且这类杂志大多集中在时装、美容、旅游等消费领域,同质化竞争的现象至21世纪初期已十分激烈。为了争夺读者,杂志除了在内容设计上考虑读者的需求,在市场的促销手段上也费尽思量。这些杂志随刊赠送的礼物价值一路上扬,一般都超过了刊物自身的定价,很多时候甚至达至刊物自身定价的十倍之巨。这使得刊物的经营、发行成本大幅度上升。至2003年以后,时尚杂志的资金准入已大幅提升。《时尚》创办初期几个人加几十万元人民币就可开张办刊的时代一去不复返,时尚杂志的市场竞争格局正在逐步成形。

20世纪90年代中以后,时尚杂志开始与国外进行版权合作。1998年,《时尚》旗下原先的《时尚伊人》与美国的 Cosmopolitan 合作,改名为《时尚 Cosmopolitan》;1999年,原先的《时尚先生》与 Esquire 合作,推出《时尚 Esquire》。进入21世纪的初期,国内时尚杂志与国外成熟的时尚杂志进行版权合作的风潮更是高涨。2001年《嘉人》与美国的 Marie Claire 合作,推出《嘉人 Marie Claire》;2003年《时装》与法国时尚杂志 L'Officiel 合作,推出《时装 L'Officiel》;以及原名为《追求》后改名为《虹》而与法国的 Madame Figaro 合作的《虹 Madame Figaro》等,不一而足。一时间,本土创办的时尚杂志几乎已被境外时尚杂志所吞没。

与此同时,随着中国经济的发展,时尚杂志的生存状态日益好转。90年代末,之所以会形成时尚杂志的创刊风潮,正是在于经营者们看到了时尚杂志巨大的营利能力。大量入驻中国的境外品牌,需要大量高端时尚杂志的广告空间来传播品牌的相关信息,这在经济上直接支撑了时尚杂志的生存。《时尚》在创刊三周年之际,公布了一项为三周年庆典提供奖品的、与《时尚》"有着很好合作关系的新老客户"名单,除了香港贸易发展局外,几乎都是清一色外来品牌,LV、BOSS、VERSACE 等都榜上有名(见图3.1)。进入21世纪后,时尚杂志由于其巨大的广告收益成为期刊市场中令人瞩目的一个门类。2001年的杂志广告收入中,女性杂志的广告大户主要集中在时尚杂志。其中《ELLE》《时尚 COSMO》的广告收入突破了亿元大关。"到2002年,发行商眼中的中国十大畅销杂志中有6名是时尚杂志;杂志广告收入前10名中则有7名是时尚杂志,而且前3名都是时尚杂志。"这前三名时尚杂志分别是《ELLE》《时尚COSMO》和《时尚 Esquire》。[①] 作为一个媒介品类,时尚杂志迎来了春天。

---

① 赵云泽.中国时尚杂志的历史衍变[M].福州:福建人民出版社,2010:159.

图 3.1　《时尚》1996 年第 5 期关于合作品牌的展示说明

第二节　时尚是一种美

　　《时尚》创刊后，时尚日益成为一个常用词。不同于 20 世纪 80 年代创刊的杂志，《时尚》一创刊就申明自己是消费类杂志，引导生活的方方面面是刊物的宗旨，并提出"时尚不是追波逐流的时髦，不是浅层次意义上的标新立异；时尚是一种文化，一种品位，是富有深刻精神内涵的社会现象"①。《时尚》的创刊，大

---

　　①　吴泓. 主编寄语[J]. 时尚，1993(1).

有一番要重新为时尚定义的架势。时尚究竟是何意义,在90年代中,形成了热烈的讨论。这些讨论连同其他的一些内容,共同拼构了时尚的意义。

对于时尚的意义的建构,针对概念的内涵与外延,不同的时尚媒介分别采用了不同的话语策略。其一,对于概念的内涵建构,最直接的策略就是展开对于时尚的意义的讨论。这在20世纪90年代中期达到了高潮,用《上海服饰》编委金骏的话来说:"关于时尚的讨论近来几乎演变为一项民间运动。"①其二,通过各种断言,直接确立时尚的要旨就是美,时尚刊物的存在目的是美,时尚本身的目的也是美,从而确立时尚就是一种审美文化。其三,是相对较隐蔽的,即媒介不对时尚的意义进行直接的讨论或断言,但通过对时尚语词的创新性用法从而替代或拓展原来概念的内涵意义。这种方法对概念内涵的创新虽然不是显见的,但作用或许更大。因为在这种方法中,增加或更换的概念意义是被当作既有的前提来使用的,是作为话语的话语来认知的。通过这三重的策略,这些刊物形构了时尚作为概念的内涵。内涵的确立必然伴随着外延的进一步厘清。这个时期的时尚媒介忙于在种种话语中将时尚与一些其他事物进行分离,如时装、流行等,将时尚确立为一个自足且有不同外延的概念,而不再是时装或潮流等的同义词。

一、对于"时装"的新理解

进入20世纪90年代中以后,特别是1995—1999年,随着人们生活水平的不断提升,时装不再是那么遥不可及的事物了,时装消费也进入普通人的日常生活。理解时装,成了这个时期时尚杂志的一个重要话题。对于时装的理解,虽然在一定程度上沿袭了之前将时装视为艺术的认知脉络,但这个时期,对于时装的理解开始有了新的面向、新的角度。

在《上海服饰》1996年第1期中,有一篇名为《时装·印象》的文章。在此文中作者认为时装是一种艺术组合。"一件美丽的时装是通过面料和款式之间的互相呼应,完成一种从'无声'到'有声'的发声过程。如果说面料是音符,那么款式就是把它们组合起来的曲谱;反之,如果说款式是一个构思的主题,那么面料就是把这个主题表现出来的内容。"②这样的认识使时装作为一种艺术的认识不仅具体化了,而且还强调了新的纬度——组合:面料与款式之间必须有机地组合,才能成其为一件完整的时装。这种组合关系若不恰当,时装就不成其为时装。对于当时社

---

① 金骏,瘦马.时尚:正在进行的"误读"[J].上海服饰,1997(1):11.

② 风铃.时装·印象[J].上海服饰,1996(1):30.

会上那些仅仅撷取某些时装的款式而更换面料以节约成本进行低价销售的做法，文章认为是失却了时装之为组合艺术之精要。"如近年来，沪上流行的吊带式礼服裙，是一种属于梦幻情调的'雅'时装，它的存在形式决定了它的面料要求，其光洁度、悬垂性、飘逸和平整度都不能低于一定的水准。自然，这在价格上也会显得'贵'一些，于是制造商抢滩了，他们以涤纶、人造棉、粗支纱的平纹布制成'低价位'的吊带礼服裙以'POP'的速度'充满'商店和街头，于是原先华贵典雅的款式因过分'通俗'而失去了魅力。"①因而文章认为这些同款而不同面料的服装不再是时装。若用今天的流行词来转译此观点的话，即时装无山寨。一旦山寨了就不再是时装了，因为这些山寨货少了对于款式与面料的最恰当的"组合"。

如果说组合艺术的认识是对于时装艺术论的一种更加具体化的延伸，那么这个时期更为重要的认识还在于，指出了时装是有功用的。"时装带给我们的是什么？是美丽？是快乐？是文化？当一位朋友问我时，我首先想到的是，在一切因素之外，时装带给我们的是自信和成功。"②一旦将时装纳入功用进行认识，就可能带出许多新的角度。在同一作者的另一篇文章中，作者认为，时装是一种语言，很大程度上来自设计师的语言，"他们设计的时装在很大程度上带有他们自身世界的'私语'"。因而对于穿着者来说，"重要的是怎么运用时装所拥有的不同的语言空间发出属于自己的声音"。因而"理解时装，也是理解生活的一个很大组成部分"。时装除了具备语言的空间，还具备视觉的空间。这是指时装的整体形象如何与穿着者之间协调，从而创造出独特的空间美感。此外，时装还是心灵的视点。这里非常值得一提的是，文中认为时装的心灵视点是只存在于女性中的。"如果说在男性世界中，时装具有某种权力和地位的象征，那么，对于女性来说，时装可包容起的是她内心世界的全部。……在女性的心灵视点中，时装是一个可信赖亦可抵达的城堡。……时装是女性走向社会并展现自身观点的窗口。"③这样的解读，其实包含了很明显的性别不平等，及性别归属空间的差异——属于公共空间的男性及属于家庭空间的女性。

另外，还有文章将时装纳入后现代的视野进行解读，如《后现代主义与当代时装》一文。此文介绍了后现代主义对于时装的理解，并沿用后现代主义的解构方式，解构了时装作为艺术的观念。"过去总认为时装是设计师的创造；如今时装是厂商根据街头消费者的爱好以设计师的名义推出的。"站在后现代主义的立场，时装不仅不再是艺术，而且也没有任何的象征意义。"除了本身

---

① 风铃.时装·印象[J].上海服饰,1996(1):30.

② 风铃.时装·印象[J].上海服饰,1996(1):30.

③ 风铃.时装·感觉[J].上海服饰,1996(1):30.

以外没有任何指向的'能指'(signifier),是没有实质的标志。当代时装则是典型。……后现代主义认为,当代时装只是一具形象的空壳。"①这样的言辞几乎就是波德里亚的原话。虽然文章只是介绍性的,介绍了后现代主义对于当代时装的认识,但它作为一种新的认识,多少都会冲击原先对于时装的认识。如果构不成冲击,那么至少也传递了这样一个信息:将时装当作艺术品供奉的认识,并不是中外都有的"共识"。需要说明的是,这样的理解不能视为是颠覆性的。虽然文章具备相当的学理,作者也是此方面的专业研究人员②,但此类文章数量不占优势,具备相当理解力的读者数量也应该有限。但这些非主流声音的出现,至少打破了既有的认识,刺激着人们对时装重新进行思考。

这个时期,对"时装是艺术品"的认识进行攻击的文章还有很多。有的文章干脆十分坚定地说道:

> "时装不是 SHOW! 没有梦想,只有现实。时装对我来讲是工业生产而不是时装表演。"BASICOS 工作室的主人、设计师 Charles Amzallag 对时装业的看法一针见血,在他15年的设计生涯中,成功地站在竞争激烈的 Sportswear 市场上"笑傲江湖",以一个无情的现实主义者态度创造着自己的产品。③

这段话传达了关于时装的几点认识。时装不是秀,是一种工业产品。这是一个结论,而不是一个需要讨论的问题。这种肯定性,文章是通过几个方面来实现的。首先,言说者的身份是 BASICOS 工作室的主人、设计师,这使得言说的内容具有了某种权威性;其次,不光是言说者的身份,而且是言说者的实际成功经历——"15年笑傲江湖",证明着这种认识是经过了长时间的实践检验的;再次,作者对于言说者内容的肯定——"对时装业的看法一针见血",则从旁再度确立了这种认识的正确性。在确立这种看法的正确性时,文章隐去了认同的主体——并没有言明是谁认为这种看法是一针见血的。这样的话语策略造成了一种似乎该认识被普遍认同的印象。

总之,这个时期,在这些刊物上,理解时装的内容陡增,可谓到达了"热点时刻"。各种视角的认识都参与到关于时装的理解中,如《时装的讲究:完成度》④

---

① 包铭新.后现代主义与当代时装[J].上海服饰,1996(3):16.
② 作者包铭新老师现在是东华大学教授。
③ 浮山.时装不是秀[J].上海服饰,1996(2):49.
④ 卞向阳.时装的讲究:完成度[J].上海服饰,1996(3):48.

是从时装本身来讲什么样的服装才能称得上真正的时装；《纽约—上海时装通信》①《日本服饰时尚见闻录》②则强调各地的时装观念及着装的差异性；《服饰与尊严》③则讲述了服饰，包括时装，对于建构人的尊严的作用；《并非独立的服饰之美》④则从审美的角度讲述了时装之美并非是独立的而是须与人相互作用后才能评价的；而《虚假的新奇感》⑤则分析了时装中所谓的新奇感对人来说无非就是一种距离感。但不管站在什么立场通过什么视角来认识时装——无论是视其为艺术还是视其为工业产品，无论是认为时装有象征作用还是没有象征作用，时装是一种日常品、是一种实物而不是某种概念，是所有文章传达的认识。这样的认识将时装从供欣赏观摩的艺术品"落地"到了日常生活领域，成为一种需要时时考虑其各种"功用"的物品，对这种物品的价值认识只有在与使用者的功用关系中才能确立——而不是"纯粹"将时装当作"美"的信使，只是 T 台上通过模特来展示的"艺术品"。

当然，美还是重要的。《ELLE》的《时装引言》中的一段话可看作是对这种新认识的总结："时装的个性具有双重性，一是人们纯美的天性，就是从大自然中攫取美，从以往的经验中攫取美；二是人们用服装来表达自己的个性，就是表达自己独特的思想和行为。"⑥这基本上是这个时期对于时装认识的较恰当的概括。美对于时装来说，依然是重要的，但并不是唯一的，时装也只有在被人们使用的过程中才能实现其作为时装的价值。

二、"时尚"的新用法

时装，从诞生起，就是作名词使用的，指符合某些特征的一类服饰。究竟是指符合流行还是指符合艺术审美的某些标准，伴随着对于"时装"的新理解，多少还是有些歧义的；但时装作为一种物品是没有歧义的。体现在语言上，"时装"均是作为名词来使用的。但 20 世纪 90 年代中以后，原本视为时装的同义词的时尚的意义产生了变化。这种变化不仅体现在直接的讨论中，也体现在时尚作为语词的使用中。这种变化使时尚不可再被视作时装的同义词。时尚开始有了独特的内涵，时装与时尚之间的关系亦出现了变化。如"六七年前，人们

---

① 广玲.纽约—上海时装通信[J].上海服饰，1996(3)：52.
② 铭辛.日本服饰时尚见闻录[J].上海服饰，1996(2)：22.
③ 斐旦.服饰与尊严[J].上海服饰，1996(2)：28.
④ 包铭新.并非独立的服饰之美[J].上海服饰，1996(4)：12.
⑤ 鸣新.虚假的新奇感[J].上海服饰，1996(5)：28.
⑥ 时装引言[J].世界时装之苑 ELLE，1996(2).

更多地把时装的概念局限在时髦一点的服装这个范围里,而很少从环境美学的角度把它们看作时尚的一部分①。从此话可以看出,时装的概念外延要小于时尚,只是时尚的一部分。关于时装与时尚的概念的分离,这样较直接的对相关概念进行澄清的话语方式是较少的,更多的是通过对时尚一词的不加言明的创新性的用法赋予其新意义,从而与时装加以区分。对"时尚"语词的创新性用法体现在三个方面:一是作为名词的新用法;二是作为形容词的新用法;三是既可以解读为名词也可以解读为形容词的一些新用法。

(一)作名词

时尚作为名词的新用法是指不再把时尚直接等同于时装而使用,作为名词的时尚开始另有一些意义,这些意义与时装相关,但不能等同或化约为时装。这些新的意义较驳杂,但通常与时装或服饰的流行有关系,基本上有三种跟流行的关系。第一种意义等同于流行,语句中的"时尚"一词基本可以用"流行"来代替。如"日本时装专家吉川和志先生的理论,目前正处于时装流行杂乱无章期,流行反复无常化不定而难觅规律,真可谓为时尚的'乱世'"②。在这句话中,时尚是指时装的流行,而非时装本身。又如"90年代的时尚没有绝对权威的设计师,也没有统一的衣着格式,只有优雅与俗丽这对矛盾在时尚中此长彼消"。从这句话可以看出,时尚是一种风格、一种统一的衣着格式,其实也意指流行。又如"ELLE推出的各式时装淋漓尽致地勾勒出人体无与伦比的魅力,成为全世界俊男倩女的时尚"③"男穿女装是一大时尚"④等。这些有关时尚的用语中,如果将"时尚"一词代之以"流行",基本还是维持了原句的意思。

第二种意义是指流行的趋势,而非流行本身。如:"露装成为今夏服装流行时尚"⑤。这句话中的时尚的用法是此一意义的典型用法。时尚不是指流行,而是特指趋势,正是这种趋势引导着流行。这类用法通常在时尚前面加以流行、新潮、潮流等形容这种趋势的特征的词汇。如"染发新时尚"⑥"新潮时尚——纹身穿孔"⑦。

时尚的第三种用法,将作为名词的时尚意义的内涵再度扩大。时尚似乎可

---

① 编者的话[J].世界时装之苑 ELLE,1996(1).
② 晓山.时尚的诱惑[J].上海服饰,1994(4):14.
③ 《世界时装之苑 ELLE》1994年4月号上内容.
④ 《世界时装之苑 ELLE》1996年封面标题.
⑤ 时装引言[J].世界时装之苑 ELLE,1996(4).
⑥ 小芳.染发新时尚[J].上海服饰,1996(4):46.
⑦ 方旭华.新潮时尚——纹身穿孔[J].上海服饰,1994(4):47.

以意指许多含义:流行、趋势、先锋,或可笼统地概括为超越。因而时尚也可以越出时装服饰领域。如"潇洒自如乃时尚"①,"摇滚时尚"②,"性感时尚"③,"ELLE追崇时尚 创造时尚"④,等等。

(二)作形容词

此外,从这个阶段开始,时尚不仅仅作为名词使用,还作为形容词使用,相当于英文的fashionable。时尚作形容词使用时,时尚=时尚的,但其意是以作为名词的时尚意义为基础的。如:"水果衫真是很时尚很创意"⑤;"做前人没有做过的事,够时尚吧?"⑥;"时尚的人们"⑦;"愿《时尚》令你永远时尚"⑧;等等。在这类用法中,时尚是形容物或人的特征的一个形容词。

(三)兼作名词与形容词

随着时尚的用法不断创新,时尚的意义变得十分复杂,不同的语境中时尚可以有十分不一样的意义,甚至其词性也很难分得清楚。如"早春二月,风吹上脸来,已经不会使人产生畏缩的感觉,就是所谓春意了。春来了,若问今季的时髦是什么? 时装设计大师呈现出何种风采? 大师们的回答大概是:拒绝相同。……大师们渴望用自己的双手创造新的肌肤;用心灵捕捉那些眼睛里流露出来的颤动着的吸和呼。把握时尚流风,徘徊踯躅,冥想迂回地做着舍与取的选择设计,创作出标新立异的成功"⑨。在这里,时尚究竟是名词还是形容词,很难说清楚,既可解为名词,亦可解为形容词,其意义十分复杂。

三、时尚意义的讨论

《时尚》创刊后,大量以"时尚"命名的栏目开始出现。这是《时尚》对刊物本身的体现,但伴随着时尚一词在日常生活中的日渐普及,这些以时尚命名的栏目的相关内容也不断地赋予着"时尚"新的意义。特别是"时尚人物"这个栏目,所采访的人物,无非都是各个领域有所成就的人物,展示了被采访者的特别过

---

① 《世界时装之苑 ELLE》1994年4月号上内容。
② 林欧.摇滚时尚[J].时尚,1996(6):86-89.
③ 晓山.时尚的诱惑[J].上海服饰,1994(4):15.
④ 《世界时装之苑 ELLE》1994年4月号上内容。
⑤ 石娃.水果衣裳[J].上海服饰,1996(5):23.
⑥ 《世界时装之苑 ELLE》1994年4月号上内容。
⑦ 《世界时装之苑 ELLE》1997年6月号上内容。
⑧ 时尚信箱[J].时尚,1996(1).
⑨ 时装引言[J].世界时装之苑 ELLE,1996(1).

人之处,并没有限定在哪一个具体领域,这使得时尚的意义更进一步地与某种实物脱离开来,而含有某种创造性的意义。

《上海服饰》中《时装不是 SHOW!》这篇文章,对于时尚的新理解颇为典型。在此处加以分析,可视为对时尚意义的一种抽象的概括。

时装不是 SHOW!

"没有梦想,只有现实。时装对我来讲是工业生产而不是时装表演。"BASICOS 工作室的主人、设计师 Charles Amzallag 对时装业的看法一针见血,在他 15 年的设计生涯中,成功地站在竞争激烈的 Sportswear 市场上"笑傲江湖",以一个无情的现实主义者态度创造着自己的产品。

Charles 的经验是对待设计要具有工业和商业的意识,"创造主义"固然伟大,但毕竟会在市场中徘徊不定,不能被众多的消费者所接受。在过去的几年里,高速增长的服装市场已出现衰退景象,因此可以得出结论:基本的需要是万应灵药,在相当程度上,顾客的反应是购买他所需要的实用型服装,也就是平时多穿着的基本件。这类服装在商店里应占大多数,设计的关键就是怎样才能使这些基本件符合时尚潮流。就像 BASICOS 的主要产品 Sportswear,这种运动型便装摆放在柜台上大都是一成不变的常规产品,正因此促使他们重新研究并改造,开拓较为时尚的路线,在每个细节上取与以往不同,产生吸引顾客的魅力。如他们在很普通的圆领 T 恤及沙滩短裤上面印上了丰富多彩的南美土著图案。"当然,产的数量与价格是不成正比的,多品种少批量才会获得更大的附加值。"

BASICOS 是一个非常国际化的为顾客提供多种服务的综合工作室,设计运动型便装和青春活泼风格的时装是他们的定位产品,还至少每年两次发行《LOOKER》,介绍那些很有市场价值的,无性别无国界的时装,还设有面料开发、印染设计、包装装潢、图案设计及广告制作项目。来自四面八方的 Ideas 融汇在这里,无拘无束的创造力得以充分发挥。只要你身在其中,不一会就会发现明天最好的销路了。讲求实际的工作作风使他们的服装产品在巴黎的同类市场中占据销量的四分之一。[①]

---

① 浮山.时装不是 SHOW! [J].上海服饰,1996(2):49.

文章共三段，依次来看，这三段文章分别表达了这样三个基本思想：第一段，强调时装就是工业产品；第二段，指出作为工业产品的时装，如要畅销，就得强调时尚；第三段，解释 BASICOS 的时装为什么卖得好，是因为能收集到四面八方的 Ideas，从而使无拘无束的创造力能得以发挥。依此话语的逻辑看来，时尚便是指有创造力的 Idea。这样的认识不仅解构了时装是时装秀的认识，而且将时尚完全地作为一个抽象的概念来加以认识。时装作为服装，只不过是符合时尚的服装。时装是一种实物，而时尚是一种概念，一种主义。

时尚是创造时装的 Idea，这样的意义，不仅让时尚与时装相分离，而且还赋予了时尚更大的意义伸展空间。首先，不同于时装，时尚作为一种 Idea，当然可以是一个形容词，可以有度量上的差别，可以有所谓的"较为时尚的路线"的说法。其次，在有些具体的话语中，时尚很难说是作为名词还是作为形容词。这样一来，时尚与时装、流行、时髦等概念的关系变得日益复杂。如果说时尚是一种 Idea，那是一种什么样的 Idea？ 这成了必然要问的问题，也即时尚究竟是何意义？

在关于时尚意义的讨论中，最为集中的讨论是关于流行的。从 1994 年开始，时尚与流行成了一个热门话题。1996 年《上海服饰》还专门组织了大规模的对于流行的探讨，这些讨论非常集中的一点是时尚与流行的关系。在讨论中，有不少人是将流行与时尚视为等同的概念。如"'时尚'指最新的风气习俗，时尚和时髦、流行的含义几近等身，只是说'时尚'更显古意文雅"①。作家蒋丽萍在谈时尚与流行时，也说道："我是搞不清的，流行和时尚是什么关系。我以为，它们是一回事。"②但随着讨论的深入，区别流行与时尚以及探寻两者之间的关系成了核心问题。

1997 年，《上海服饰》有一篇总结性的文章，以对话的形式，阐述了时尚的意义及与流行的关系。

> 我已经注意到关于时尚最大面积的定义："时尚即流行"……我无意去批评这种看法。问题是当你用"流行"去审视"时尚"所引发的社会事件时你会面临诸多解释上的困惑。

> 的确如此。比如 96 国际秋冬彩妆时尚对眼影部位的建议是：采用银光眼影。走在大街上我们好像还没有见到成群的实践者（演员、歌星倒是在小范围内实验着）。它不是没有流行开去，而这正是时尚所需求的局面。简言之，时尚是关于未来的寓言、想象、设计。③

---

① 晓山.时尚的诱惑[J].上海服饰,1994(4):14.
② 蒋丽萍.我看流行[J].上海服饰,1996(4):8.
③ 金骏,瘦马.时尚:正在进行的"误读"[J].上海服饰,1997(1):11.

这样的观点与齐美尔的时尚观倒是一致的。这种时尚与流行的区分集中在时尚与时间的关系上,有人总结道:"有一句话叫领先三年叫超前,领先一年叫时尚,正在流行叫时髦。"①也有人在时尚与流行所属的文化层次上进行区分,如作家刘心武认为时尚是"人类生产和消费领域里的顶尖级文化创造",因而不可能是作为大众文化的街头流行。②

总之,对时尚的大讨论确实激发了人们对时尚及其相关概念做更细微的区分。如一位《ELLE》的读者在来信中说道:"如何深刻领悟时尚与时髦、流行与永恒,应是每个热爱生活真谛、懂得什么是真美的有志之士共同承担的责任。"③另一位来自济南军区的读者在给《时尚》的信中说道:"对时尚,我的看法是:时尚是物质消费和精神消费活动的前卫表现,但不是最尖端的,因为最尖端的消费活动成为时尚,需要有一个被大众选择和认可的过程。时尚必须是流动的,但不能流行。因为流行就意味着凝固,就成了一种模式,就会失去个性,就失去了作为时尚存在的价值。"④总之,在这种类似于"民间运动"般的概念辨析过程中,时尚日益成为一个独立自主的概念而与时装、流行等事物相分离——但又以某种特别的关系与它们相关联。

四、时尚意义的统一:美

在较为具体的层面上,时尚的意义非常复杂。不过,在更高一点的抽象层次上,时尚的意义得到了统一。这个统一点就是:美。

(一)时尚是一种美

虽然作为时尚的一部分,甚至是主要部分的时装,跟美的唯一关系受到了质疑。但这种质疑并没有彻底动摇时装与美的关联,充其量只是为时装增加了一个功用的维度。时装与美的关系依然还是媒介话语中反复出现的内容。"时装的个性具有双重性,一是人们纯美的天性,就是从大自然中攫取美,从以往的经验中攫取美;二是人们用服装来表达自己的个性,就是表达自己独特的思想和行为。"⑤"我们为什么要把衣服穿得好看?穿得流行?……追赶流行,总是不由自主!为什么呢?我们怎会这般不厌其烦地自寻麻烦?想来想去,理由有不

---

① 时尚语丝[J].时尚,1995(4).
② 刘心武.超越梦幻[J].时尚,1995(4):123.
③ 孔庆文.读者来信[J].世界时装之苑 ELLE,1996(6).
④ 陈立.读者来信[J].时尚,1996(5).
⑤ 时装引言[J].世界时装之苑 ELLE,1996(2).

少。……理由虽各有不同,却离不开审美的范畴。"①

如果说时装之为美还略有杂音,那么时尚之为美则是纯粹而统一的声音。"时髦和时尚的区别,似乎也可以从这样的角度来加以诠释:时髦只不过是对现实中某种流行物的追逐,而时尚却是对现实的一种升华,是在现实已有事物和精神的基础上,以超前的审美情趣,创造出的'可享梦幻'。……是人类生产和消费领域的顶尖级文化创造。"②"时尚存在对所有人都是有意义的,它不会因为你是工薪族或处在城市平均生活水平之外就拒绝你的介入。你对它的消费不能以钱的方式予以确认,却无论如何可以在精神纬度上得到些许收获。……时尚的消费事实上包括直接消费(购买高级时装,成为专卖店的常客)和间接消费(从《上海服饰》《时尚》等杂志中嗅吸设计大师的灵感,积累基本的美学知识)。"③也即,对时尚直接的消费,就是用时装等物扮美自己;而对时尚的间接消费,则是积累相关的美学知识。从消费来说,无论在哪个层面,时尚都关涉审美领域,都是为了美,这一点无论如何是共同的。

(二)时尚杂志是美的载体

以美为目的在这些媒介的话语中是以编读双方共同认可的方式加以呈现的。对于美的重视,从编者来看,首先体现在内容编排上。《时尚》《ELLE》《上海服饰》每期均有大量内容是关于美的。《上海服饰》有一个专门的栏目就叫"制造美丽"(见附录三《上海服饰》1999年第1期目录),均是谈论如何才算美、如何才能美的问题。对于有些不怎么与美相关的内容,也被冠以"美"的名头,如《享受美的二重奏——Evian和ELLE获大奖者下榻希尔顿小记》。④ 这是一篇关于《ELLE》的三个幸运读者免费入住希尔顿的报道。这跟美的关系其实很牵强,但也被冠之以"美"的美名。《上海服饰》1996年第1期的卷首语《爱美的目的》一文中最后总结性地说道:"不管有无目的,也不管为人为己,爱美总是应该鼓励。这是天才和凡人平等地发挥其艺术想象的天地。"⑤可见美作为时尚刊物的合法性生存的基石,依然是被强化的。编辑反反复复地陈述美的重要性,更是每期的老三篇。

　　　随着时代的进步,我们越来越觉得一个人的审美观十分重要,它

---

① 编者的话[J].世界时装之苑 ELLE,1998(12).

② 刘心武.超越梦幻[J].时尚,1995(4):123.

③ 金骏,瘦马.时尚:正在进行的"误读"[J].上海服饰,1997(1):11.

④ 享受美的二重奏——Evian 和 ELLE 获大奖者下榻希尔顿小记[J].世界时装之苑 ELLE,1996(1):122-123.

⑤ 海星.爱美的目的[J].上海服饰,1996(1):5.

在一定程度上能反映人的阅历、社会背景、处世态度、思想情操等等，其实服装需要绘画、音乐、文学、历史甚至友爱精神等支撑才不致没了灵魂。朋友说，如果你看重这一切，就绝不会在公共汽车上为小事吵得凶。很有道理。不过当然，这不是套一身名牌能解决的问题。在人们达到温饱并超过这个阶段时，就有能力来慢慢培养自己的各种好品质，包括自己的审美情趣了。

……我们要随时"竖着耳朵"捕捉更多更美的新信息奉献给读者。每一位读者至少能在我们的每一期杂志中找到三分之一自己特喜欢的内容，这是我们努力的目标。[①]

读者对于编者的这种以美为宗旨的话语给予了足够的响应。特别是在《ELLE》中，读者来信几乎每篇都在谈美的问题。当然，这种响应是编者筛选后呈现出来的。

美是需要用心去体会的。当一个人学会用心去发现美、欣赏美的时候，她的审美品位就提高了，她的衣着、她的言行就会处处散发美的气息。《ELLE》在帮助我们成为这样的人。感谢《ELLE》又唤起了我对美的追求。[②]

《世界时装之苑 ELLE》的编辑同志：

你们好！

首先，作为贵刊的忠实读者，我要借此机会向你们表示感谢，感谢你们为 90 年代的生活增添了一片绚丽的色彩，感谢你们为我带来了美的感受和美的心情。[③]

《世界时装之苑 ELLE》编辑：你好！

如何深刻领悟时尚与时髦、流行与永恒，应是每个热爱生活真谛、懂得什么是真美的有志之士共同承担的责任。《世界时装之苑 ELLE》在时尚文化方面能实事求是地提出自己独特的使人理智而不是冲动的观点，着实令我们感到欣慰。

纵观 1995 年、1996 年的《ELLE》，我发现《ELLE》在格局变化上，内容编排上有了明显且很自然的进步，即在原有的基础上注入更贴近生活的时尚概念，尽管它依旧是属于前卫性质的杂志，但毕

---

①　编者的话[J].世界时装之苑 ELLE,1996(1).

②　王荣华.读者来信[J].世界时装之苑 ELLE,1996(6).

③　吴永泉.读者来信[J].世界时装之苑 ELLE,1998(12).

竟使更多的人开始理解和明白了时髦只是一时的、仅仅是时尚中的一小部分，物质文明，精神文明，才是构成时尚的核心。《ELLE》能以这种贴近生活又高于生活的形式指导读者，无疑是在有形无形中提高、拓宽和丰富了读者的审美观，为此，《ELLE》只要始终围绕时尚不等于时髦这个思想来宣传美的概念，将会受到越来越多的爱美人士的欢迎。[①]

需要说明的是，对于媒介中的读者来信，不可完全视为是来自读者的认识或意见。因为这是编者选择、编辑后呈现出来的"读者意见"，或者更准确点说是"编者想要的读者意见"。这依然应视作是媒介中的一种话语，而不是读者的话语。只不过通过来自读者的意见，在话语中呈现出一种"共识"的效果。这些读者来信，不仅有姓名、工作单位、家庭住址，甚至还有手写的签名，类似于法律文书的呈现方式给人一种无法置疑的真实感。这样的呈现方式，强化了"这是一种共识"的印象；这样的话语策略，达到了事半功倍的效果。

（三）时尚杂志的内容呈现讲求美感

时尚杂志在内容呈现上讲求美感，体现出一种时尚以美为宗旨的意象。对于时尚杂志中非常重要的服装展示部分内容，《时尚》《ELLE》都是以充满文学气息的、美仑美奂的方式呈现出来的。对服装营造的气氛的渲染加具体的技术问题的解析成了展示时装的基本格式，这成了一种时尚杂志的专属文类。无论是一段式还是两段式，无论是分行还是不分行，注重对于画面意境的营造，外加具体的服饰技巧是最典型也最普遍的时装话语文类。

初夏四重奏[②]

曼妙轻柔的长笛独奏，花一般的女子。花一般的女子，浪漫、时快、轻柔、芬芳，阳光、清风、鸟鸣，仿佛都因她而存在。她也用快乐和爱温暖着世界。无意间，自己已成了另一道风景。

细节：粉彩系列与花的色彩看上去鲜明、耀目。线条尽可能简单，极少配饰——但彩色框的太阳眼镜却起到画龙点睛的作用。

---

①　孔庆文.读者来信[J].世界时装之苑 ELLE,1996(6).

②　文字与图片来自《时尚》1996 年第 4 期。

听海的声音

在召唤矫健的身姿

海中星星的陪伴

似一尾活灵的美人鱼

信步踏浪

有一颗骄傲的心

腿部开衩尽量向上伸展

粗短的腿形会有所改观

无饰的一件套是

苗条、匀称的再现①

总之,时尚杂志在许多内容环节上,都体现出以美为中心的特点。刊物不仅在概念的辨析上直接申明时尚是一种美,更在各个具体的话语层面体现着美,从而让时尚的意义,在美这一点上得到了统一。不过需要说明的是,同样是对待时装,这个时期的时装已开始被肢解成各个部分来加以认识,如前文关于色彩、线条及泳衣的开衩高度的分析。这种分析方法原本只是用来分析服装而非时装的。因为当时装被视作一种艺术时,那就得符合艺术的审美方式,艺术是无法用语言来分析的,正如塞尚写给他朋友的信中说的,"谈论艺术几乎是无用的"②,换句话说,只有具备功用的产品才可被分解为各个局部后用语言加以分析。这样的有关艺术的观念是被人们广为接受的——这种观念至今都是主流的,无论是对于绘画,还是对于音乐。不可分解后加以分析是人们对艺术品与功用品的一种基本区分。艺术只能整体性地感知,而不能分析,这是人们对于艺术品的基本理解。当原本被视作艺术品的时装在穿着功能或视觉效果上被逐一分析时,这事实上已经将艺术品下降了一个层次,使原本仅用于远观欣赏的时装离观看者近了一步,与日常生活的联系近了一步,但也正是在此过程中,时装作为一种具备实用功能的物品的意味被强化。而与此相对的则是时尚的日益抽象化,日益远离具体的物品。

---

① 文字与图片来自《时尚》1996 年第 4 期。

② DAKE D. Aesthetics theory[M]//SMITH K,MORIARTY S,BARBATSIS G,et al. Hand book of visual communication:theory, methods, and media. Mahwah, New Jersey: Lawrence Erlbaum Associates,Inc. ,2005:4.

第三节　时尚之美的限定

"时尚"是一个独立的概念；"时尚"属于更高级的审美文化；"时尚"是一种美。除了这些意义，媒介话语中的"时尚"还具备另一些特征。这些特征可视为是对时尚作为一种更高级的审美文化的限定，或者说是时尚之为美的特定审美趣味的倾向。这些审美趣味的倾向主要集中体现在都市、年轻与女性这三个方面。

一、都　市

20 世纪 90 年代开始，我国开始了城市化乃至都市化的进程，时尚刊物也呈现出以都市为中心的特点。在 80 年代末，萌芽期的时尚刊物偶尔还要呈现一下对于乡村读者的"同等关注"——虽然有些勉强。进入 90 年代中以后，以乡村读者为对象、从乡村视点出发的内容全面消失。与此同时，都市被以一种高举的方式呈现出来。如果说早期关于时尚的都市定位还是隐含的，到了 90 年代中以后，都市则是被极力推举的，都市生活的许多面向都被呈现为是"美"的，进而传递了肯定的价值取向，即当然也是"好"的。而乡村，在这些媒介的话语中则是隐匿的，只有在被其当作某种奇观时才会出现，也即必须得容纳在都市文化中，以符合都市文化的逻辑才可被呈现。在时尚的话语里，乡村可以说是时尚的暗面——只能作为都市的背景，作为一种为了显现亮面而必须存在的黑暗背景；甚至是属于另一个星球的：一个无人知晓的外星球，只有一个笼统的大类，没有任何可关联的具体地点。

（一）都市空间：办公室与百货公司

从 1992 年开始，《上海服饰》开设了专门以都市命名的版块，先是"都市风情""都市时尚"，后又有"都市流金"（见附录一、二、三，分别是《上海服饰》1992年、1996 年、1999 年目录）。都市，俨然已是最核心的焦点了。《时尚》于 1993年创刊时，我国已开始了都市化的进程。不同于《ELLE》与《上海服饰》创刊初期的情况，《时尚》一创刊就是以都市为对象的，不仅展示都市的内容，还声明只为都市中的读者服务。"都市丽人""都市一派"都是其固定的栏目名称。1995年第 4 期《时尚》有一则征稿启事，清楚地说明了《时尚》的内容设置是以都市为对象的，总共六个版块的征稿内容，没有一个版块是关于乡村的。其中"都市一派"栏目的征稿启事中特别说明："内容以反映都市中生活方式、意识、行为较有特色、较为超前的一群人的生存状态为主。""情感世界"则"反映现代人主要是白领阶层和时尚青年中的情感问题"。无论是情感还是收藏抑或是人物还是话题,内容发生的空间均是都市。都市是所有这些内容展开的共同空间背景。①这只要翻阅一下 20 世纪 90 年代中以后的目录,就能获得这样的印象。1996 年《时尚》男女两部分的目录,更清楚地看到"都市"在里面所占的分量(见附录四)。《ELLE》的内容设置上也大抵如此(见附录五)。

都市在时尚杂志里被展示为一个盛放美好事物的空间,特别是大都市。上海、北京是这些刊物中最常出现的中国地名,伦敦、巴黎、纽约是刊物中常见的国外地名。且不说《上海服饰》原本是以上海为其限定的区域,《ELLE》与《时尚》中的一些展现时尚美的环境,当其指名地点时,通常也是在上海或北京街头,或国外都市的街头。1995 年第 2 期,《时尚》就有一组大的封面文章,标题就叫作《大上海进行曲》。《ELLE》1994 年有一期街头时装主题,讲的就是伦敦街头的时装。进入 20 世纪 90 年代中以后,全世界的都市在这些时尚杂志里都与美关联上了。特别是巴黎、伦敦等国外大都市,在媒介话语里面,这些地点成了美的发源地。只要随便翻阅一下这个时期的刊物,就能产生强烈的"都市"印象。

那些专属都市的空间成为关注的重点。作为都市生活中的一个特定空间,办公室就成了时尚的重要内容。《时尚》专门有一个固定版块,叫"办公室物语",这个版块的内容不仅反映发生在办公室里面的故事,介绍一些职场的规则,如《现代办公室十大禁忌》②,而且办公室本身亦可成为关注的对象。如《时尚》的一个大专题文章《老板办公室,透露什么信息》。"有什么样的老板,就会有什么样的办公室。你想了解一个老板的管理思想及做人风格,不见得一定要和他面谈,你去看一看他的办公室,看得越仔细,你的了解越深入。"③办公室的话题,不光是量较大,而且在话语中被置于更重要的地位。《时尚》甚至将办公室话题作为封面文章(见图 3.2)。

随着我国的都市化进程,百货公司及 Shopping Mall 开始在大型城市出现。这时候,这些刊物中百货公司、咖啡馆等消费场所是另一类重要的地点。《上海服饰》1996 年的都市时尚连续刊登的王唯铭的文章《上海,有那一些女人(续三)》中,完全是以百货公司来对女人们进行区分的,作者将上海女人分成了在美美百货购物的女人们,在友谊商城闲逛的女人们,以及在摩士达忙乎的女人

---

① 征稿启事[J].时尚,1995(4).
② 现代办公室十大禁忌[J].时尚,1994(2).
③ 殷智贤.老板办公室,透露什么信息[J].时尚,1994,(4).

图 3.2　以办公室主题作为封面文章的《时尚》杂志

们。购物地点成了时尚话语中的另一个重要空间背景。[①]　百货公司不仅是故事发生的地点，百货公司的信息也成为《时尚》的内容。1996 年《上海服饰》的彩页有一个固定栏目就是"上海巴黎春天百货流行情报"。《时尚》则有"赛特之页"专门介绍赛特百货公司每季的新动向。[②]　这类信息，并不是以广告的形态出现的，而是作为一种最新的资讯抑或供欣赏的内容出现的。

　　如果稍仔细分析下，就会发现对办公室和百货公司的推举正是契合了对于生产、消费两端的都市化进程的响应。乡村的劳作与生产通常是分散的、在自然环境中的，个体与个体之间的协作并不需要在办公室完成。因此对办公室故事的聚焦，契合了都市化进程中一幢幢拔地而起的写字楼。而百货公司与咖啡馆则是都市文化中消费空间的典型。乡村也有消费，但乡村的消费往往是为了生产而进行的消费。这也是传统中国社会对消费的认识。人的身份识别是以生产及生产能力来划分的，而非消费。但此时出现的依据消费地点对人群进行分类的视点，正契合着都市对消费的推重。通过对办公室与百货公司的反复强调，传达了一个关于时尚承载空间的基本认识：就时尚而言，无论是生产一端，还是消费一端，其行为都是发生在都市空间里的。

----

①　王唯铭.上海,有那一些女人(续三)[J].上海服饰,1996(5):12.

②　赛特之页[J].时尚,1994(4).

（二）品　牌

对于品牌的重视，也是都市化的进程中在时尚杂志中体现得比较清楚的。从品牌的角度来介绍时装与时装设计师是这一个阶段比较突出的变化。在上一个阶段，即便是通过国外版权引进合作的《ELLE》，对于品牌的介绍也是非常有限的。及至 20 世纪 80 年代结束，《ELLE》的话语中，有设计师的介绍，但没有品牌的内容（除了少量的几页广告），服装是以一城一地的风格来分别的，如上海时装、美式时装，等等。进入 90 年代中以后，关于品牌的内容陡增。品牌的故事、设计的理念、传达的气氛成为这些文章中的关键点，物品自身的一些问题却被弱化了。《ELLE》中最早出现的较大篇幅的品牌介绍是从 1994 年开始的。1994 年 12 月号的美容资讯当中，增加了"最后推荐"，这些"最后推荐"有了品牌的推荐。① 1995 年《ELLE》出现"名牌追踪"的栏目，并有了从品牌视点出发的时尚内容。如："ESPRIT 对时尚负责""BENETTON 眼中的中国时尚"②，等等。自此以后，品牌信息成为《ELLE》非常重要的内容。随便翻看任何一期 1996 年之后的刊物，品牌的信息可谓铺天盖地。以 1996 年第 1 期为例，光是大型的、与品牌相关的文章就有以下四篇：《斯蒂侊软木手袋》《卡尔文·克莱恩与他的 CK ONE 两用香水》《从中国到月球——LEONARD 总裁达尼埃尔·特里布亚尔的理想》《"贵族与平民媾和"——戈尔捷的牛仔布新设计概念》（参见附录五）。此外还有一些分布在"国际风"栏目中的小文章亦会介绍品牌的信息，如《阿兰·德隆和他的品牌》《巩俐任欧莱雅亚洲地区的代表》③，等等。在每期的来自国外与国内的消息中，都有此类与品牌相关的内容。

《时尚》本身就是强调推荐精品的，因而品牌内容是《时尚》的重头戏。如《时尚》1996 年第 1 期的"名牌老总各述春秋"是一个大的策划，由三篇独立的文章组成，分别是《VERSACE 打了主牌打副牌》《CHANEL 为何姗姗来迟？》及《MCM 将与你同往世界各地》。作者署名为"本刊编辑部"，并注明是独家专访，可见对于品牌内容的重视。而且从这一期目录中还可以看到，《KRIZIA 的时装艺术》《Jerome Alexander 之美容奥秘》《马自达，海外白领车》均介绍了品牌的相关情况。④ 对于《时尚》与《ELLE》而言，1995 年之后，对于品牌的突出是极其显见的。相对来说，本土创刊的《上海服饰》对于品牌的介绍会收敛一些。但相对于上一个阶段，品牌内容的增加也是十分明显的。在《上海服饰》固定的几个

---

① 参见《世界时装之苑 ELLE》1994 年 12 月号第 6 期。

② 参见《世界时装之苑 ELLE》1995 年 4 月号第 2 期。

③ 来自国内的消息[J].世界时装之苑 ELLE，1996(5)：72.

④ 参见《时尚》1996 年第 1 期。

栏目中,"外面的世界""时装街"从 1996 年开始,突然增加了对品牌的直接介绍。如《Donna Karan 的新坐标》[①],以及在"时装街"中专门介绍品牌的文章《品牌》[②],又或专门关注境外品牌状况的实地采访《远征,一座城市与一类品牌》[③]。此外,这时候的服装展示几乎全都标注着品牌——不管这是中国消费者能认识的或不能认识的(见图 3.3)。

图 3.3　《时尚》页面示例

图片来源:《时尚》1996 年第 4 期。

(三)摩　登

当时尚限定在都市时,有着都市意指的"摩登"一词就出现了。《上海服饰》中最早出现摩登一词是在 1994 年《摩登也需要修炼》一文中;《时尚》最早出现的摩登一词是在 1995 年第 1 期的情人节专辑中,有一页介绍结饰的内容,冠

---

① 　陈彬. Donna Karan 的新坐标[J]. 上海服饰,1996(1):15.

② 　山水. 品牌[J]. 上海服饰,1996(5):29.

③ 　姜亦峰. 远征,一座城市与一类品牌[J]. 上海服饰,1996(3):8-9.

以标题:"结饰结饰 摩登世界里的古典风情";《ELLE》中最早出现的摩登一词是在 1996 年第 1 期美容内容里面将黑色眼影的妆容称为"摩登一刻",而那些热爱黑色的摇滚乐手们则被称为摩登人物。自此以后,摩登在时尚杂志里面,与流行、潮流、时髦一样,成为一个常见词。《时尚》2000 年第 4 期有《摩登纯女性》。自此以后,摩登是时尚杂志中无须赘言的高频词。在这个时候出现摩登不是巧合,而是摩登本身浓烈的都市意味导致的。虽然关于摩登及摩登女郎,中国社会有着复杂的认识与态度,但摩登即是"都市的"是人们对于此概念的基本认识。在整个社会未全面推进都市化进程时,摩登的复杂意味让编者们有意无意地避开这个词。但正是在都市化的进程中,曾在 30 年代风靡一时的摩登,又重新复活了,且借着都市化进程,在此后的时尚媒介的话语体系中,其原本的负面意味消失殆尽。至 21 世纪初,摩登已是时尚杂志中的一个热点词语了,如《摩登女孩的 N 种经典瞬间》[①]《摩登 7 月主打色》[②],等等。

(四)乡村:时尚的反面

乡村也不是绝对地不呈现,而是作为一个奇观、一个遥远的传说、一种田园的回忆,或作为一处都市人的消费场所来加以呈现的。如 1996 年第 3 期的《时尚》有一篇长达九页的大制作《心在高处——西藏行》。撰文拍摄者有从事西藏文学的作家、故宫博物院的摄影师、中央电视台国际部主任、首都文明工程基金会的秘书长、杂志美术编辑以及文物出版社的摄影记者。这样六个人组成的团队,文化背景也算多元了,但对于西藏的话语无不是将其作为都市的对立面来理解的,对于西藏的理解无不是站在都市人的角度进行的。以下是各人对西藏理解的总结性内容,这些内容都是原文中用黑体加以突出的精要部分。

张子扬:因为宽容和真纯,从藏人身上可以看到许多,我们在都市里已找寻不到的人性的光辉。

娄晓琪:在城里,我们总设置好退路,有一套保全自我的技巧,但所有那些在这里都脆弱得不堪一击。

王小宁:我想,我们可能永远不会真正了解藏人的内心世界,如同我们永远也不可能有那样的眼神,在都市里一直叫嚷着返璞归真,但璞和真是什么我们根本不知道,只有到西藏我们才知道要找什么。

宗同昌:西藏,我一直很想念它,在那里,我可以将个人的感觉充分发挥,但在都市里,我的穿着、谈吐、做事的取向都必须考虑别人的

---

① 孙卉.摩登女孩的 N 个经典瞬间[J].上海服饰,2005(4).

② 摩登 7 月主打色[J].上海服饰,2005(7).

感受。我挺理解为什么西藏人那么虔诚地相信宗教，在那种环境里，有信仰才可能很好地活着，但在都市里，过分相信某些东西会使你和周围起冲突。

张子扬：在西藏，一方面，大自然令我匍匐在它的面前，惭愧自己的渺小；另一方面，现代文明与那种原始文明的对比，又令我生出很强烈的自信。其实，我在西藏发现的东西固然很多，但西藏让我对自己的发现更多。

王小宁：所有关于西藏的感悟、赞叹、憧憬都没有终止，但若问都市人有几个真的愿意落户到这片"香格里拉"，回答"我愿意"的人一定寥寥无几。也许唯因和西藏保持着距离，我们才会欣赏它，唯因西藏的所有我们注定不会再有，它才如天国般成为现代人心中最后一片净土。①

从这些内容可见时尚杂志呈现乡村的目的与方式。张子扬的这一段话真正道出了时尚杂志呈现乡村的目的：用乡村作为一面镜子来观照都市，并为都市找到自信。当时尚杂志将乡村作为一个保持着距离的奇观来展现时，除了感叹奇观的美妙，最终都引向一种思考：如此的一个幻境我们为何要放弃？那必然是因为它落后，这正是张子扬的总结：现代文明相对原始文明时的优越感，从而最终为都市生活找到自信、找到内心的安宁。王小宁的一段话是全篇的结束语。在这段话中，西藏是作为我们欣赏的一个对象、一片不切实际的净土来对待的，而不是当作一个现实的存在来呈现的。这也是时尚话语中对于乡村的另一种想象。

此外，乡村亦可被当作某种回忆、某种梦境来对待。

在城市深处可贵的绿荫之中，知了伏在树上叫着。上街去，若是不打顶遮阳伞便只能在烈日下行走。对改善城市绿化环境的渴望在短期内难以实现，只能转向更实际一些的行为：换一身田园装扮，换一个心情。穿衣对于忙忙碌碌的"工蜂"来说，无疑也起到一些生活的润滑剂作用。

绿色是生命的颜色，清新爽快，体现夏季的生机勃发，适应了时下人们向往休闲而又追求机遇的心态。工装服再度行俏，一派清纯与帅气，令人联想起田园之中的泥土芬芳，这是一种极雅致的浪漫，有滋有味。而海南黎家山寨的风情，属于另一种浪漫，海水、沙滩、椰树，聚酯

---

① 心在高处——西藏行[J].时尚,1996(3):70-78.

纤维泳装、白布鞋、漆皮包,拒绝尘世的喧闹,互相辉映,在不经意间给
人温馨的回味。①

在这些话语中,田园不是现实的田园,田园是一种装扮、一种回忆、一种浪
漫、一种想象、一种奇观。总之,时尚是都市的,无论它以什么面目出现。在时
尚的话语中,乡村是一个田园梦、是一种回味、是一个遥远的传说,而不是一种
现实。当把时尚看作流行时,作家陈村的总结很有代表性。"流行是一种病。
它像感冒一样,在都市的上空飞扬跋扈。……流行是社会化的假胸,以便区分
同类和异类。……它使其余的人们一律变成乡巴佬。"②正是在时尚或流行这条
分界线上,世界分成了都市与乡村,乡村成了时尚的对立面。

二、年 轻

时尚是属于年轻一族的,这是此阶段媒介话语中清晰呈现出来的。《时尚》
《ELLE》《上海服饰》,无一例外均将年轻人作为自己的读者。进入 90 年代中以
后,《上海服饰》当中的中老年版块不见了,所有的内容均是关于年轻人的。《时
尚》与《ELLE》更是如此,不仅不见中老年人的影子,而且在话语中把只关注年
轻人的内容设置合法化。1996 年《时尚》公布了读者的特征,其中年龄特征如
下:29 岁以下的占 83.2%,30 岁以上的占 16.8%。③《ELLE》在 1996 年第 5 期
也介绍了自己的读者概况:"从我们读者的个人资料来看,特点是年轻,受教育
程度高,有较好的职业和个人收入,时尚品位较高。"④这些信息,不仅仅只是划
定了各自的读者。如果考虑到这些刊物的主要内容是时尚,它也传达着这样的
信息:时尚是属于年轻人的。用《时尚》中的一次大片的标题来总结可谓是:"年
轻的时尚先锋。"⑤

在媒介的话语中可以看到,年长者对时尚持否定态度的多,年轻者对时
尚持肯定态度的多。如作家蒋丽萍说道:"我现在已经很少被流行或时尚左
右。……我已经变得老于世故,流行或时尚的那几套把戏实在遮不住我的视
线,当我一想到藏在它背后的那个永恒的主意时,我就会哑然失笑——带出两
边的鱼尾纹。"⑥作家陈村对于时尚更是持一种嘲讽的态度:"流行首先是一种

---

① 时装引言[J].世界时装之苑 ELLE,1996(4).
② 陈村.流行是一种病[J].上海服饰,1996(4):9.
③ 《时尚》的读者:有什么特征? 有什么需求[J].时尚,1996(5):136-137.
④ 编者的话[J].世界时装之苑 ELLE,1996(5).
⑤ 年轻的时尚先锋[J].时尚,1996(4).
⑥ 蒋丽萍.我看流行[J].上海服饰,1996(4):8.

病。……尽管流行是一种病，无病的人们只需看看、说说、笑笑，如耐不住寂寞也可跟跟，千万不要骂骂。跟要跟得及时，骂就更须眼明手快，否则没等骂完，流行已经换装，那就骂到阴沟里去了，声音也就跟着发臭。"①"流行和时尚最忠实的追随者是青年。他们喜欢踩着流行的节拍走路，合着流行的旋律跳舞。在他们看来，这样的光阴才是没有虚度。他们唯恐流行和时尚把他们落下，他们天天刺探军情，日日跟踪追击，练出一种比雷达还敏锐的感应能力。只有等他们有了一些阅历之后，才会在一次又一次的（时尚）循环中慢慢沉下心来，寻到自己的真爱。"②言外之意时尚是属于年轻人的把戏，但不是真爱。

时尚是年轻人的把戏没错，但年轻人却认为这是他们的真爱。1996年正值青春年华的罗中旭在谈到流行时，就与蒋丽萍的观点截然相反。以下是一段记者与罗中旭的对话。

> 记者：你能否用一句话为流行下一个定义？
> 罗：流行是表现自我的一种方式。
> 记者：身处于流行时代对你意味着什么？
> 罗：幸运。
> 记者：假设我们有能力在一夜之间结束流行时代，你会做何感想？
> 罗：失望。③

罗中旭简短的回答十分明确地表明了对于流行的态度。1996年的年轻歌手老狼认为以流行为代表的时尚是人类心灵的渴望。④ 更有年轻人将流行归结为是一种遗传密码，是人类对于自身的迷恋。⑤

时尚是只属于年轻人的，上了年纪的人们只能远离时尚，不管是主动还是被动。若非要与时尚有关，最多只能在对时尚的嘲讽中取乐。这几乎是上了年纪的人们对待时尚的一种共同态度了。

> 向来，每一种时尚总是只取巧一部分人，而摒弃另一部分人的。今夏水果衫的亮丽和媚艳，显然只想到了那些二八少女。我们这些高头大马、老朽一些的女人穿水果衫，大概只会像那些蒙了厚厚浮尘、呆头呆脑、了无生气的蜡木瓜蜡香蕉了。

---

① 陈村.流行是一种病[J].上海服饰,1996(4):9.
② 蒋丽萍.我看流行[J].上海服饰,1996(4):8.
③ 罗中旭.流行在幸运与失望之间[J].上海服饰,1996(4):9.
④ 老狼.流行,概率,心灵[J].上海服饰,1996(5):11.
⑤ 姜亦峰.流行,生命的遗传密码[J].上海服饰,1996(5):10-11.

二十年前,这样的蜡木瓜或蜡香蕉还算个东西,置于茶几餐柜之上,尚可充充阔。但现在呢,用它作烧香用的供品,还嫌俗气!

大概真正的人生也如是,老了的女人等同于供品。哀哉悲哉!

这样想着,就很希望有哪个服装师为我们这些老女人设计一种水果衫,榴梿果衫。当然它也必须能够发出榴梿那种独特的怪味与臭味。

那天在流花路上,我想象着人们远远瞧着穿榴梿果衫的我们,便匆匆掩鼻落荒而逃的景象,便忍不住一个人站在六月的阳光里哈哈大笑起来。

啊啊,榴梿果衫,你在哪里?[①]

时尚是属于年轻人的,时尚刊物的美容主题无一例外的都是如何永葆青春。这样的内容,当然也在强化着时尚与年轻的关联。似乎一不年轻,就与时尚无缘了。不过,对于年轻的理解,是稍稍拓宽了一些的。年轻不一定限于常识中年轻人,年轻的年龄范围在此时已有所拓宽。但无论如何,老年人是绝不可能纳入年轻的范畴之内的。35 岁、45 岁、55 岁或许还可以与年轻有关,七八十岁就绝不可能再与年轻有关了。老年话题比如长寿在时尚话语中是缺席的。

三、女　性

20 世纪 90 年代中以后,时尚成了女性的特权。如《时尚》,原本是均等的一分为二的男女两部分,1997 年以后,男女两刊分离。起初两刊均是双月刊,逢单月出《时尚先生》,双月出《时尚伊人》。从 1998 年起,女性刊物保持每月一册的量,而《时尚先生》只有一半的量,逢单月才出刊。这种状况直到 2001 年以后才彻底改变。另外,在男女两刊合并的时间里,女性内容在量上多过男性的内容。1994 年 4 月开始,直至 1996 年,《时尚》专门不定期出一本针对女性如何扮美的别册《丽人苑》,随刊一起发行(见图 3.4、图 3.5)。《ELLE》在 1996 年曾出过一部分男士及儿童的服装内容,但进入 1998 年以后,大篇幅的男士服装就不见了,真正回归至"ELLE"(她)的定位。《上海服饰》虽然保留了部分的男士内容,但所占的篇幅已大不如前。进入 90 年代中以后,对于男性的内容,只剩下了象征性的一个小栏目"男士之光",每期只刊发至多三篇小文章,占两个页码(参见附录《上海服饰》1992 年、1996 年、1999 目录)。至 2000 年以后,只剩下每期刊发一篇文章的一个小栏目"纯粹男人"。而且此时,男性内容的读者对象已经转

---

①　石娃. 水果衣裳[J]. 上海服饰,1996(5):23.

变,不是为男性读者准备的时尚讯息,而是为女性读者了解男性而设置的内容——事实上依然是针对女性的。总之,在90年代中以后,这三本刊物在内容的设置上均倾向女性。

时尚是一种美,但美的主体是女性,男人与美是不相干的。这在当时的语词使用中体现得特别明显,只要涉及美人,一定是说美女的,而绝不会是美男。如《美人是什么?》一文中说道:"美人是风景""美人是财富""美人是力量"。① 这里面的"美人"无一例外全指女性。又如《上海服饰》1996年第6期的栏目"女人与美"下有以下三篇文章《美女不要想不通》《女人的指甲与趾甲》《美人秘密的泄露》,均是谈女性美的问题的,或称之为美女,或称之为美人,这是两个等同的概念。又如:"与众女友们玩一个选择测试题:如果有来世,是做个极美丽的女子,如幕前模特儿;还是做个有才华却无貌相的'人物',如幕后名人一类的呢?接下来的回答几乎异口同声:当然做大美人啦!"②这样的概念设定,意指美的任务是单单落在女性身上了。时尚作为一种美,当然也是通过女性来体现的。"也许是流行和时尚多在女人身上体现的缘故吧,它也和女人的性情一样,是很变化不定的。"③

图3.4　《时尚》的别册《丽人苑》

来源:《时尚》1996年第3期。

图3.5　《丽人苑》内页

---

① 孙见喜.美人是什么?[J].上海服饰,1996(5):16.

② 刘素影,刘迎.体会美丽的个性[J].上海服饰,1997(6):61.

③ 蒋丽萍.我看流行[J].上海服饰,1996(4):8.

在这些时尚刊物中,对于女性需要美,女性爱美是被当作天性来对待的。

天下的女人都爱美,爱美的目的却各有不同。

有人声称自己爱美并无目的,这也说得通。人生太多盲目的追求,更何况追逐的对象是美,人之美,自身的美! 如灯蛾奔烈焰,如长河归大海,是身不由己的事。美是崇高的,爱美是崇高的,美可以成为人生的全部。对于美女而言,红颜被损,是比死还要痛苦的事。以前读书,看到古代美人多早夭,不禁叹其薄命。现在想想,岁月对美貌最残忍,相貌平平者倒不怎么怕变老变丑,对于佳人而言,早夭或许竟是一种福。①

《时尚》在 1996 年曾做过一个大的专题叫《女人为美丽付出多少代价?》,既有男性视点又有女性视点。但无论如何,总认为美丽是女人的事业。"女人的身体是负载梦想的飞行器。飞翔于时尚变迁之间,飞翔于唯美的理想周围。"男性的视点更是认为"女人的美会感动世界"。"一个真正的女人应能成为不可被代替的、能为社会创造男人做不到的事物的人。从这种意义上说,女人的美是为了全人类。"②

相比针对女性铺天盖地地讨论美的问题,关于男性与美或时尚,不仅讨论的量很少,而且还显得十分尴尬。在一篇起名为《与女人争一片天》的文章中,作者从时装发布会上中国男模不够好的表现谈起,认为时装业中,男模的缺位不是中国的问题,而是全球的问题,是一种观念的问题。文章标题的动词用了"争"字,其实就意指这个天地,原本是不属于男人的,是需要去争夺才会有的。甚至,男人的漂亮有时还是嘲讽的对象。

男人的漂亮

看过一组男性系列服装,它们有个很历史很怀旧的名称:美国根源。我实在看不出那些服装和"美国根源"有何瓜葛。既无剽悍的印第安风情,也无点滴的牛仔情结。

但它们又的确是美国根源。那些大摇大摆迎我走来又大摇大摆背我而去的男模特,个个有施瓦辛格的肌肉。"施瓦辛格"们染绿了头发,穿得花里胡哨像从迪斯尼乐园出来似的。这大概便是另一种拙

① 海星.爱美的目的[J].上海服饰,1996(1):5.
② 林欧.女人为美丽付出多少代价?[J].时尚,1996(3).

稚、自由、荒诞的美国根源吧？①

即便有关男性美，但都得不以美的名义来诉说。在一篇叫作《男人的型》的文章中，作者介绍了西装、夹克、T恤对于男人体型的独特作用。"西装是最讲究型的，也最能体现型。自20世纪末西装成为男性的日常礼服之后，把男人塑造成一个符合传统审美观的型。""男人着装，只有出型，才会有款，没有型，还算男人吗？"②虽然这依然是审美的问题，但男人的审美不可名正言顺地讨论美不美，而得另找词汇来表述。似乎男人是应与美丽无缘的。③

如果集中来看某一年的《上海服饰》"男士之光"栏目下的内容设置，更可看出男女性别与时尚（或依旧说美）之差异。

> 与女人争一片天/南妮/24；
>
> 服饰营销"四挂钩"/褚荣铝/25（1996年第1期）
>
> 他的美丽你看得见/肖帆/26；
>
> 服装名牌创建与保护/钱凯/27（1996年第2期）
>
> 男人的型/嘉文/28；
>
> 男人的漂亮/石娃/28；
>
> 素雅的女人与明艳的男人/佳波/29（1996年第3期）
>
> 穿出你的锦绣前程/叶亦凡/32（1996年第4期）
>
> 男人内裤/予吟/25；
>
> 男装生机 难掩风流/白沙/25（1996年第5期）；
>
> 男人的气味/王陵/36（1996年第6期）

最有意思的是，竟然有两篇完全与性别没有关联的文章被安排在了"男士之光"的栏目下，第1期的《服饰营销"四挂钩"》与第2期的《服装名牌创建与保护》。《服饰营销"四挂钩"》讲了服饰营销的四种市场策略；《服装名牌创建与保护》讲了服装如何创名牌及保名牌的一些问题及举措。这两篇完全没有性别指向但均关涉经营问题的文章，都被安排到了"男士之光"的栏目下面。如果联系这一整年的关于男性的内容，很容易让人形成这样的印象：男性只要事业成功，

---

① 石娃.男人的漂亮[J].上海服饰，1996（3）：28.

② 嘉文.男人的型[J].上海服饰，1996（3）：28.

③ 其实也有微弱的其他声音，如有一篇标题为《男人与美丽无缘？》的文章质疑了这种现象。文章认为目前男女性别的差异也是一种社会文化的建构，并不是自然而然的。但这种声音相对于女性的相关内容，实在是构不成挑战的。可参见：铭心.男人与美丽无缘？[J].上海服饰，1996（1）：12.

女性才要美。

此外,从 1994 年开始,性感一词开始在时尚杂志中出现,并逐渐成为这些杂志中的热点词汇。不过,此时的性感全是女性的性感,而没有男性的性感。1994 年《上海服饰》的《性感的都市》一文专门讨论了女性身体的乳房与腰脐对于性感的作用。① 《时尚》1996 年第 2 期《性感可以定做吗?》一文中,作者介绍了何为女性理想的胸部、隆乳材料的安全问题以及自己美胸的一些小办法。② 性感都是女性的事情,甚至有时还跟女性的道德相关联。"最后我们谈到关于'性感'的问题,洋太太们说性感其实是指女性的魅力。法国妇女'露'得很多,她们觉得这无所谓,这与我国的观念不同,露是一种美,这或许对男性是一种吸引,但这不是坏事,她们认为,问题不在露,正派的露是美,另一种露是有意的诱惑,看你的着眼点是什么。"③ 在这些言辞中的性感,就是指女性的性感,是女性时尚美的一部分。

总之,无论是内容设置还是语词的使用,从这些媒介的话语中可以得出这样的判断:时尚是一种只适用于女性的美。需要说明的是《时尚》男女分刊的举措与此问题的关系。《时尚》起初是分男女两部分的,男女内容同存一本刊物中,后又分出男性专刊,这很容易让人追问"男性内容部分对于时尚的意义建构难道不起作用吗"? 事实上,如果仔细阅读一下就会发现,在男女合刊时期,《时尚》的内容中真正有性别分野的、针对男性的内容很少;两个目录两个封面的设置更多的是一种经营策略,而非内容分布的真实反映。1995 年的"时尚信箱"中编者也说到,增加男性内容是读者的心愿,也是编者在新的一年里的目标。④ 其次,男性部分的内容大多是有关财经的,关于时尚的内容很少涉及(可参见附录四《时尚》1996 年目录)。即便有所涉及,也依然是关于女性的时尚,对时尚的性别分野构不成挑战。如"时装潮流千变万化,每季的服饰总有不同的法术来表现女性不同的美"⑤。换句话说,即便是时尚男刊,也认同时尚只事关女性的观点。时尚男刊对于时尚的性别挑战,要在更晚一些的时间才能构成。

---

① 凌麦童.性感的都市[J].上海服饰,1994(5):20.

② 徐巍.性感可以定做吗?[J].时尚,1996(2).

③ 卞茵."洋太太"话服饰[J].上海服饰,1996(1):46.

④ 时尚信箱[J].时尚,1995(1).

⑤ 夏日魅力之完美篇[J].时尚,1996(3).

第四节　时尚媒介的确立

20 世经 90 年代中以后，随着时尚杂志的日益成熟以及人们消费水平的提升，时尚杂志对于自身的呈现已不同于上一个时期。在媒介话语中，编者已与读者分离；对于读者，亦采取了明确的界线划定，体现了一种在分离中实现团结的策略。此外，时尚的话语群体开始形成，这些群体掌握了时尚的话语权，时尚媒介是联通这些群体与读者关系的中介。

一、媒介种类的自我认定

进入 20 世纪 90 年代中以后，随着《时尚》的创刊，时尚杂志慢慢迎来了属于自己的时代。如前述，经济的发展，使得时尚产品的生产、消费都渐成气候；与此同时，国外的奢侈品也在 90 年代中以后大量入驻中国。这些产品的入驻带来了品牌传播的需求，这外在地推动了时尚杂志的发展。在这个阶段中，时尚杂志不仅增长迅速，而且确立了自身的定位，渐渐形成了所谓的"时尚杂志"群体。

如果单纯地从"时尚杂志"这四个字来说，最早提出的还当属《时尚》。《时尚》在 1994 年第 1 期的广告征订中提出了"时尚杂志"这一说法。"时尚杂志印刷精美，每个读者既能看到期望的赏心悦目的画面又能看到新的资讯，包括流行情报、时尚选择等最详尽的购物指南。杂志广告更有效，时尚杂志绝对是适当的广告媒介，因为购买时尚杂志的人，目的是购买高档的产品，体味美好的生活。"在这则启事后又附上"广告收费 彩页 1 页 2 万元人民币，黑白页特别优惠价 1.2 万元"①。从全篇来看，此处的"时尚杂志"，并不是指一个杂志的品类，更多的是指《时尚》这份刊物本身（见图 3.6）。1996 年，《时尚》在三周年寄语中依然认为自己是"一本多元化的消费旅游类杂志"②。真正最早采用今天理解的"时尚杂志"的提法的是《上海服饰》。《上海服饰》在 1997 年的广告征订中，首次说到《上海服饰》是"中国唯一发行量超过一百万册的时尚杂志"③《ELLE》对于自己的定位一直是在时装杂志与时尚杂志之间徘徊的。1994 年 2 月号，

---

① 具体参见《时尚》1994 年第 1 期。
② 与《时尚》一起成长[J].时尚,1996(4):4.
③ 《上海服饰》1997 年广告征订。

《ELLE》说到自己是一本"体现开放精神的国际性的杂志"。1998 年 12 期，《ELLE》的"编读来往"中还是自称是"时装杂志"。不过至 21 世纪初之后，所有这些杂志都开始自称是"时尚杂志"，因此这个阶段是这些刊物对自身所属媒介品类进行逐步确认的时期。

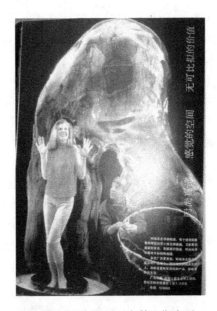

图 3.6 《时尚》1994 年第 1 期内页

二、时尚话语的群体

进入 20 世纪 90 年代中以后，时尚的话语群体已逐渐形成。纵观杂志上时尚内容的相关作者，时尚的话语群体大致可分成三类：一类是社会知名人士，特别是作家；另一类是这些杂志中的长期作者，通常也是服饰界专业人士。这两类群体通常直接在时尚杂志中发言。此外，还有一类被供奉为权威的时尚话语群体，他们通常是一些国外的设计师，他们的发言总是被前两类的话语群体奉为时尚的权威或真谛。

20 世纪 90 年代中后期，在这些杂志上最活跃的作家或许当属刘心武。《时尚》有一个栏目叫"时尚语丝"，这个栏目几乎就是刘心武的个人专栏。刘心武在这个栏目当中的内容涉猎很广，从时尚的概念辨析（如《超越梦想》①）到现代

---

① 刘心武.超越梦幻[J].时尚,1995(4):123.

人的休闲问题①,乃至家居装修的问题②,均有所涉及。这个时期参与时尚讨论的作家还大有人在。1996年《上海服饰》组织的关于流行的讨论中,涉及的作家有陈村③、蒋丽萍④、叶兆言⑤。此外,还有歌手老狼⑥、罗中旭⑦。在《时尚》展开的时尚相关内容的讨论中,有些名人或许不直接撰稿,但参与了采访,如演员刘威⑧。这个群体之所以被邀请发言,是因为他们在某些领域具有相当高的知名度,这类群体可姑且称为明星型话语群体。这些言语者,或是直接撰文,或是由其他作者采访来发言,无论是哪种形式,这些谈论时尚的人群都有一个特点,即他们只是出现在这个阶段,在这之前与之后都不是活跃的群体。

第二类时尚的话语群体由那些长期以来关注时装、流行、服饰美容相关领域的作者所组成,如包铭新、王唯铭、瘦马、裴旦、茜茜等。他们长年累月地在这个领域撰稿写作,可姑且称为专家型的话语群体。这类作者长期为时尚杂志撰稿、一直关注时尚问题,有些甚至是服饰领域的专家,如包铭新不仅为《上海服饰》大量撰稿,本身也是一个服装研究专家,在大学任教。这些作者相对固定,有时还具有以他们的名字命名的专栏,如"裴旦小屋""茜茜形象设计信箱"等。

这样两个作者群体构成了这个阶段时尚话语的主要群体。这两个群体之间少有沟通与交流。前一个群体基本针对一些大众问题,像如何看待流行的问题、如何看待美的问题;后一个群体通常关注时尚领域内更为专业的问题,如时装业的世界走向,或者在不同的视角下对于时尚或时装的理解。在态度上,时尚杂志的编者们对这两类群体并没有特别的倾向,任由两个群体在两条平行线上各自言说着各自的时尚。但专业人士对于前一个群体不够专业的时尚评论是有些不满的。如"我已经注意到关于时尚最大面积的定义:'时尚即流行',持此类观点的甚至包括一些知名作家。让那些非时尚的实践者来谈是极容易谬种流传的"⑨。言辞虽然有些激烈,但这样的批评并不多见,更没有来自被批评者的反击。总之,两个群体之间尚没有话语争夺的问题。

此外,媒介话语中还存在着另一类被视作权威的话语主体。这类言说者的

---

① 刘心武.论休闲[J].时尚,1994(2).

② 刘心武.装修[J].时尚,1994(4).

③ 陈村.流行是一种病[J].上海服饰,1996(4):9.

④ 蒋丽萍.我看流行[J].上海服饰,1996(4):8.

⑤ 叶兆言.面对流行[J].上海服饰,1996(5):10.

⑥ 老狼.流行,概率,心灵[J].上海服饰,1996(5):11.

⑦ 罗中旭.流行在幸运与失望之间[J].上海服饰,1996(4):9.

⑧ 安三.让美在生活中荡漾——"皇上"刘威谈美[J].时尚(丽人苑),1994(4):36-37.

⑨ 金骏,瘦马.时尚:正在进行的"误读"[J].上海服饰,1997(1):11.

话语被当作判定时尚理解正确与否的终极依据。国外著名服装设计师是这类群体中最重要的人群。如有文章说道:"真正的时髦,应该是一种具有现代感的精神态度。奥地利设计师 Helmut Lang 就曾说:'时装并不限于服装,而是衣服的本质,关乎态度、外貌及性格,跟大家穿什么无关,因为时装是精神。'"①似乎只要一经设计师特别是名设计师认可,这个时尚的意义就是不容置疑的。《时尚》在这方面贡献最大,做了大量的关于设计师的介绍。在周年寄语中,《时尚》说道:"我们力求超越表面化的时髦去反映真正时尚——'世界著名时装设计师档案'的建立……是我们慎重选择、详加分析的结果。"②言外之意,获得真正的时尚必须通过这些途径。在此时的时尚杂志的话语中,时装设计师是掌握着时尚的最高权威者。如果说在 20 世纪 90 年代这样的信息是有些隐含的,那么到了 21 世纪初,时尚话语中的设计师地位被大张旗鼓地提高。在一篇回顾 90 年代是谁改变了时尚的文章中,作者对国际上的设计师给予了非常高的评价,将他们树立为改变时尚的核心人物。如称 Tom Ford 为"时尚皇帝","时尚皇帝 Tom Ford,人们要么热爱他,要么讨厌他,幻想家 Tom Ford,重新定义了时尚一词。带着些犬儒和有益的明智,他明确了一个概念:时尚也是产业。他以破除常规的方式拯救并将 Gucci 发扬光大,而且把成功改造品牌的方法理论化。对于他,不论是风格、店铺还是广告都要在他的控制之下。但他本人也处在转折之中:2004 年,他与集团的合同改变了……他会离开时尚界吗?"对于 Karl 则称为"伟大的 Karl","当他胖些时,就好像是威廉二世;当他瘦些时,就是王子。他的贡献是如此之大,他身边聚拢着时尚界的种种年轻天才,而他自己就好像是这些设计师、摄影师等等的监护人。Karl 懂得明智的抉择。在每个时期都能顺应局势。即使他不停地在媒体上亮相,讲述自己领域里的种种细节也无损他的气质。他的形象就是设计师,不仅为时尚中人设计,也为走在路上平凡如你和我的人设计。为大家的时尚,就是 Karl"③。此外,这个时期自认为专业的时尚话语群体中的时尚观点有不少是直接来自西方的时尚研究者的,如齐美尔、波德里亚等。

三、与读者的关系

(一)编者的身份呈现

进入 20 世纪 90 年代中以后,媒介从业者对于自己为之工作的刊物的媒介

---

① 予吟. 时髦年代[J]. 上海服饰,1996(5):17.

② 一周年寄语:《时尚》感谢大家——我们是否已成朋友?![J]. 时尚,1994(4).

③ Nathalie Dolivo. 10 Years:谁改变了时尚?[J]. 世界时装之苑 ELLE,2004(2):120-123.

品类逐渐清晰。随着对媒介品类的逐渐清晰，媒介从业者——编者也渐渐地走上前台，在媒介的话语中亮出了身份。

《时尚》创刊号上的《主编寄语》是有吴泓的签名落款的。在 1993 年的时尚杂志中，这是一种高调的亮相。但之后，普通编辑并没有紧跟着走到台前。《时尚》创刊三周年之际的一篇代表刊物言说的文章没有任何的编者落款。1999 年第 7 期《时尚》的卷首语中出现了殷一平的手写签名。但《时尚先生》部分的主编殷智贤有时依然没有落上手写的签名。编者对于自身的呈现是采纳个性化的手写签名还是统一的打印文字，此时还没有形成固定的格式，但无论如何，编者作为一个群体开始有了独立的形象。

1996 年《ELLE》将每期"编者的话"作为一个必有栏目固定下来，并且放置在杂志内容的首页，编者的重要性得到一定的体现。但相较于《时尚》，《ELLE》的编者在话语中还是一个模糊的群体——没有呈现具体的编者名字。1996 年的六期内容中，《ELLE》对于编者的落款分别是：第一期，"《世界时装之苑ELLE》"；第二期，"你们永远的朋友《世界时装之苑 ELLE》"；第三期，"你们忠实的朋友《世界时装之苑 ELLE》"；第四期，"你们忠实的朋友《世界时装之苑ELLE》"；第五期，"你们忠实的朋友《世界时装之苑 ELLE》"；第六期，"你们的忠实的朋友《世界时装之苑 ELLE》"。这时的编者是以一种集体形态出现的，对于读者来说这样的编者是一种较抽象的存在。《上海服饰》基本也是如此（见图 3.7）。如 1999 年第 1 期的新年献礼中落款也是《上海服饰》编辑部。通

图 3.7　《上海服饰》1997 年第 12 期新书介绍

过上述的罗列可知,这类被确立为时尚杂志的刊物在90年代中以后,开始了对于媒介自身的呈现,但这种呈现通常是以集体面貌出现的,编者基本还是一个空泛的概念。

(二)对读者的界定

随着《时尚》《ELLE》《上海服饰》的日渐成熟,进入20世纪90年代中以后,在媒介的话语中出现了对读者的描述与界定。1996年第5期,《时尚》用两个整页公布了读者的一些信息,标题为《〈时尚〉的读者:有什么特征?有什么需求?》。范围涉及性别、年龄、收入相关的各方面特征,并在另一页发布了抽样调查的统计数据。性别,《时尚》读者中男性占38.6%,女性占61.4%;年龄,《时尚》读者中29岁以下的占83.2%,30岁以上的占16.8%;收入,《时尚》读者中平均月收入在1500元以下的占20.4%,1500～3500元占50.2%,3500～7000元占13.9%,7000元以上的占6.5%。这是《时尚》第一次十分郑重地在媒介中公布读者的相关信息。①

《ELLE》在1996年第5期、第6期连续两期介绍了读者的情况,"从我们读者的个人资料来看,特点是年轻,受教育程度高,有较好的职业和个人收入,时尚品位较高"②。另外,《ELLE》还通过读者的来信,进一步确认了刊物的读者对象。"看到有不少读者认为贵刊不够大众化,希望你们增加适合中国大众口味内容,对此我禁不住要真心地恳求:大众化的东西多的是,尽可以用它们来满足自己的口味,但请放过《世界时装之苑ELLE》这本还没有大众化的杂志吧!同时我也恳求诸位编辑先生、女士,千万手下留情,不要把贵刊弄得失了本色。"③通过读者来信,《ELLE》强调了刊物对于读者是有所选择的,并不是为所有的读者服务的,这与前一时期意欲包揽天下读者的状态有了很大的变化。

虽然《上海服饰》并没有如此正式地对读者进行过界定,但在很多场合,《上海服饰》对于自己的读者是有描述的,如:"《上海服饰》的读者以关注时尚的女性为主"④。总之,女性、年轻、高收入是时尚杂志读者的基本特征。由此可见,当刊物相对成熟后,当这些媒介具备较充足的资源时,所有的刊物对于潜在的读者都采取了分离的策略,在话语中言明了只为某一类读者服务,只以某一类读者为对象,从而在话语中划定了组织的边界。

① 《时尚》的读者:有什么特征?有什么需求?[J].时尚,1996(5):136-137.
② 编者的话[J].世界时装之苑ELLE,1996(5).
③ 吴永泉.读者来信[J].世界时装之苑ELLE,1998(12).
④ 都市时尚编者按[J].上海服饰,1996(5):12.

(三)编者与读者的关系:你、我是知音

在这个时期,这三本刊物无论自身的实际发行情况如何、量达到多少,与读者的关系无一例外地呈现出两大特征:其一,对编者与读者进行了分离,是一种信息传递者与接收者的关系;是我和你的关系抑或我们和你们的关系,而不是"我们"之间的关系。这是相较于上一阶段出现的明显变化。当这些读者相对于另一个人群时,读者会被称为"他们"。如《上海服饰》的读者以关注时尚的女性为主。她们愿意读一读不那么时髦的男性文人的看法。她们可以不那么在乎那种居高临下,和近于炫耀的辞藻,她们甚至可以接受自己十分喜爱之物的猛烈攻击。她们常常把男人看作是易于激怒的大孩子,只要这里并没有恶意,只要调侃并没有变成嘲弄"①。这里,当读者相对于男性文人时,编者将读者称之为"她们"。这个"她们"当然是不包括编者在内的。而当编者直接与读者对话时,不是称之为"读者"就是"你"或"你们"(可见下文),显示了编者与读者之间的一种分离策略。

其二,编者与读者结合在一起时的关系特征则是一种"知音"关系。如:《时尚》1996年第一期的"时尚信箱"内容。

> 《时尚》杂志社:
>
> 您好! 第一次认识《时尚》是1995年年初,真没想到在如今众多媚俗的杂志、报刊中竟有这样一份高品位的杂志,惊喜之余,我不禁担心,《时尚》能够保持自己的风格吗? 能否会如《ELLE》那样经久不衰? 几期《时尚》一路看下来,使我这份担忧成了多余,我期望明年改版后的《时尚》获得成功,成为我的"最爱"。
>
> 一位初识的朋友
1995.10.29
>
> 亲爱的新朋友:同您一样高兴,彼此发现了对方。《时尚》一直坚持自己的编辑方针和杂志风格,并在像您一样热心关心《时尚》的各界朋友帮助下,不断进步革新。希望您喜欢今年的新《时尚》。

《ELLE》在1996年第6期的《编者的话》中也说到,新的一年内容将做出一些调整,这些调整"望在新的一年中,编者与读者之间的友谊得到巩固,并为相互觅得知音而庆幸"②。《上海服饰》1999年的新年献礼也说到"相识是缘,相知是情,相交是真心。所以,在新年钟声敲响的时候,你我之间已不再需要更多的

---

① 都市时尚编者按[J].上海服饰,1996(5):12.

② 编者的话[J].世界时装之苑 ELLE,1996(6).

语言,只希望你能喜欢包含着我们全部真心的——新年献礼"①。"你我是知音",既表现出信息的传递者与接收者之间的分离,又表达出在茫茫人海中的互相发现,这句话可作为对编者与读者的关系的一种概括,这也是三本刊物一致的语言腔调。

伴随着这样的知音定位,在媒介的话语中编者对于读者的回应持一种感激之情。"鉴于大多数读者的需要,从明年开始,我们杂志将从双月刊改为月刊,这样,传播美的信息的速度可以提高很多,量也翻了一番,在这种情况下,我们最要坚守的,就是杂志的质量。尽管这么一来,需要多花几倍的力气去克服种种客观存在的困难,但有读者的支持和爱护,我们就有信心。"②"每天会收到许多读者朋友的来信,接听许多读者朋友的电话。你们对《上海服饰》所表现出的关爱着实令人感动,也促使着我们尽力把每一期杂志做得更好。"

《时尚》前几年每隔一年的《周年寄语》特别明显地昭示了这种关系。1994年《时尚》一周年寄语的标题是:"一岁的《时尚》感谢大家——你我是否已成朋友?!"光是副标题,问号与感叹号并用的方式,让寄语充满了疑虑气息。一周年寄语较全面地介绍了《时尚》的定位,以及《时尚》做过的一些内容及工作的说明,并在文末说道"'一岁的《时尚》做了些什么?'我们常常反省自己,忐忑不安。我们深知差距与不足,唯倾尽全力把《时尚》办得更出色,才能报答读者朋友和广告客户的知遇之情"③。两周年寄语的标题则为"大家的时尚"。对《时尚》获得的各方面的认可进行了介绍,但末了依然还是不忘说道:"我们特别感动的是,读者和广告客户给予我们的宽容和支持。"④三周年寄语篇首就说道:"《时尚》3周岁了。如一朵盛开的玫瑰,改革开放的'温室效应',广大读者的细心培育,《时尚》养分充足,长得那么精神、那么鲜艳…给我们的读者回送一份什么样的礼物呢?"⑤回送一词是意味深长的。这意味着读者的认可是礼物,是意外的喜悦。而回送意味着是读者送礼在先,编者出于感激进行的回送。不过,从三年的寄语中可见,随着刊物日渐获得的认可以及刊物自身的成熟,对于读者的感激的情绪是慢慢淡化的。但无论如何,在编读关系中,感激来自读者对刊物的认可,还是这个时候的基调。这个基调不因办刊的长久以及刊物所拥有读者量的增加而有所改变,体现出了信息传递者对于接收者的足够的关注。

---

①　致读者朋友[J].上海服饰,1999(1).

②　编者的话[J].世界时装之苑 ELLE,1996(6).

③　一周年寄语:《时尚》感谢大家——我们是否已成朋友?![J].时尚,1994(4).

④　两周年寄语:大家的时尚[J].时尚,1995(4).

⑤　三周年寄语:与时尚一起成长[J].时尚,1996(4).

小　结

这些媒介对时尚意义的建构，是伴随着对时装的重新理解的。对时装的深入全面的理解过程，不仅丰富了时装本身的意义，而且也将时尚与时装作为两个独立的事物相分离。在媒介的话语中，都市、年轻、女性是时尚的适用面。适用面的确立，事实上也限定了时尚作为美的审美趣味。审美趣味的内在限定，就隐含了允许时尚的适用范围的溢出。这三个限定词中间，对于女性的限定在这时已偶尔有所溢出，但都市、年轻一定是时尚之为美的限定词。更多的时候，是三个并列的限定词完成了对于时尚之为美的限定。或者说，时尚之为都市年轻女性的美，在这个阶段媒介的话语中是一种较正统的意义。此外，随着明确了都市的限定，时尚的消费导向日益明晰，但这种消费导向依然是纳入美的名义之中的。时尚作为一种美，此时除了纯粹地观赏，也开始与日常生活及消费有了关联。

时尚的意义逐渐被划定边界的同时，时尚杂志的自我呈现也日渐明朗。至2003年，三本刊物都认为自己是时尚杂志了。另外，时尚的话语群体已经形成，明星型和专家型话语群体是直接发言的两个主体，另外还存在着一类隐含的权威型的话语群体。这三类话语群体是媒介中最主要的话语群体。媒介对于三类话语群体给予的只是均等的展示，既没有对其评价，亦没有呈现出远近亲疏的差别。随着时尚消费者的增多以及时尚杂志自身地位的逐步确立，这些刊物都在话语中对读者进行了分离——言明只有某一类人群才是自己的读者。在分离读者的同时，编者也明确将自身与读者分离开来，信息的传递者与接收者的角色在话语中得到确立。这使得这个时期的时尚媒介像一个剧院，编者是时尚剧目的组织者，而话语群体是时尚剧目的表演者，读者则是时尚剧目的观看者。编者对于读者能够欣赏自己组织的剧目深表感激，并声明彼此是一种知音关系。说明知音关系有两层意义：第一，时尚杂志虽然发展壮大，但时尚依然是一个新生的事物、不是所有人能接受的事物，所以知我者谓知音。第二，知音关系的确立，暗示了进剧院来的少数者的优势地位，体现了对时尚作为一种符号资源的强调。通过这种符号资源与那些不懂时尚者区分开来，从而形成认同，让这些读者团结在组织者的周围，形成某种类似的组织。这正是一种分离与团结并举、在分离中实现团结的话语互动策略。一群原本散乱的个体，一旦形成某种形式的组织，组织内部命令发布者的信息就更有可能被接受。媒介话语对于将时尚媒介建构成一种组织的努力或者说为时尚划定边界的努力，正是确保时尚的意义能建立起来的基础。

附　录

一、《上海服饰》1992 年第 1 期目录

时装新款

编结世界

二、《上海服饰》1996年第1期目录

心　语

都市时尚

时尚评论

女人与美

流行情报

外面的世界

胜家设计裁剪缝纫讲座

54 不同面料的结构与工艺处理

时装新款

58~64 流行时装裁剪 30 余款

编织世界

65~75 毛衣编织新款

三、1999 年《上海服饰》第 1 期目录

特别策划

欢欢喜喜过新年

8 新年三城观景

10 热热闹闹过大年，欢欢喜喜穿新衣

12 和名人一起过新年

14 新春美发大行动

16 新年美颜提案

装扮顾问

精装美人

18 G. M. D. 神气活现在冬日午后

形象设计

20 茜茜形象设计信箱

扮靓企划

22 五件单品翻花样

24 本月最魅搭配报告

26 演绎经典及膝裙

30 认准一个颜色

比　例

31 "颈"上添花

32 扮一个多姿多彩的自己

33 使运动更有成效的秘诀

34 香水教室

36 时髦辞典

37 寻找自我的另一种表达

制造美丽

时尚资讯

时尚评论

流行情报

潮流情影

排行榜

异域扫描

消费触角

裁剪室

　　84 最新女装 12 款

　　　　织品苑

　　90 最新毛衣 12 款

四、《时尚》1996 年第 1 期目录

女性部分目录

特别企划

　　49 来自地中海的问候

　　　　——意大利专辑

　　57 一个意大利人的中山装情结

　　64 忘情于自然的领唱

　　　　KRIZIA 的时装艺术

　　60 罗马假日

　　52 黑色火焰

　　　　——牛仔女装系列

中式服装

　　93 东方情中国韵

新春专辑

　　114 素手花心香满一整年

　　119 真情送你轻松出演

　　　　——录一盘个人专辑盒带

　　120 略施小计餐桌上星级

时装・美容

形象设计

　　117 立体人生

美容新概念

　　38 男士体面的答案

时尚美容师

　　44 快妆　5 分钟靓丽出门

　　　　Jerome Alexander 之美容奥秘

独家专访

　　12 名牌老总各述春秋

五、《ELLE》1996 年第 1 期目录

六、《时尚》创刊号《主编寄语》

主编寄语

《时尚》让大家久等了。

在忙忙碌碌的生活中，我们越来越真切地发现：随着社会的进步，经济的发展，观念的更新，人们越来越注重生活的质量、时尚的感觉。

于是，我们想到创办这本《时尚》。

时尚不是追波逐流的时髦，不是浅层次意义上的标新立异；时尚是一种文化，一种品位，是富有深刻精神内涵的社会现象。

时尚不是盲目的消费，当然更不是荒唐的挥霍；时尚是价值的实现，是修养的外化，是消费领域足以折射人的素质的全方位的观照。

作为旅游消费杂志，《时尚》将反映海内外最新潮流，引导人们在吃、住、行、游、购、娱这现代旅游"六要素"中的种种文明消费，成为实用指南。

《时尚》杂志是生机勃勃的最新流行通讯，她将为目前快速扩展的白领阶层打开一个全新的窗口。新的职业，新的挑战，新的体验，每一位时代青年跟随现代生活的步伐，享受美好的人生。

时尚，是时代风尚。《时尚》杂志将努力反映生活方式的变化给人们的观念带来的冲击，着重于现代消费文化的传播。《时尚》的读者将是成熟的文明消费者。

波浪起伏的消费浪潮中成为一叶导航的风帆，是《时尚》的希冀。

今天，《时尚》启程！

第四章　时尚无所不在

2005 年以后,中国的时尚工业日渐发达,时尚杂志体系日益膨胀,竞争也日益激烈;与此同时,社会生活中的价值观日益多元化,价值观冲突成为现实的社会问题。在这样的现实背景下,时尚杂志对于时尚的意义开始了强化与解构并举的话语策略。一方面,过往建立起来的时尚作为一种有限定的美,进一步得到了强化;另一方面,时尚突破了审美领域,成为一种具备挑战精神的生活方式。这使得时尚的意义变得更为复杂,时尚杂志从而将自己推举为时尚的最终裁决者。

第一节　复杂的时尚生态

2006 年以后,特别是 2008 年以后,中国社会的时尚文化与时尚工业日渐兴盛。随着经济的发展、人们生活水平的提高,时尚已是日常生活中的一个常见概念,不仅媒介上充斥着时尚的内容,在生产领域以及日常交往中,时尚都已是一个常用词。这个阶段中国的时尚工业迅速崛起,时尚杂志再度扩大,成为媒介力量中十分重要的一支。与此同时,改革开放进入第三十个年头,价值观的多元化日益明显。这些社会现实组成了这个阶段时尚话语的实践背景。

一、迅速膨胀的中国时尚工业

从产品的输出地来说的话,此时国内的时尚工业体系是由国外与国内的时尚产品共同构成的。2008 年以后,几乎所有国际热销的时尚品牌都已在中国落地。LV、Dior、Chanel、Hermès、D&G、Armani、Maxmara、Versace、Gucci、Tod's、Fendi、Prada、Yves Saint Laurent、Jil Sander、Celine 等一线服饰奢侈品牌都已在中国的百货公司占据了醒目位置。另外,世界化妆品五大巨头携带着旗下众多的护肤及彩妆品牌,全面入驻中国。五大集团的化妆品品牌,成为中国百货公司一层楼面的主角。兰蔻、雅诗兰黛、资生堂、SK-II、Dior 已是中国老百姓耳熟能详的护肤品牌。除了奢侈品牌的入驻,一些较低价的快时尚品牌也在中国的各个城市蔓延开来。在中国大城市的 Shopping Mall 里面,ZARA、H&M、MUJI、MANGO、GAP 等品牌以尽可能大的玻璃橱窗展示着各种各样的"New Arrival"(新货)。中国,已是国际时尚品牌的必争之地。

国内时尚工业的发展亦十分迅速。至 2007 年,国内已有纺织服装与鞋帽制造企业 14770 个,工业总产值达 7600.38 亿元。[①] 继 21 世纪初期中国服装企业初次上市扩张后,2008 年起,中国的服装企业再次出现大的腾飞,市场格局再次调整。"2008 年上海美特斯邦威服饰股份有限公司、特步国际上市,2009 年中国利郎有限公司、匹克体育用品有限公司上市,2010 年希努尔男装股份有限公司、上海嘉麟杰纺织品股份有限公司、北京探路者户外用品股份有限公司、东莞市搜于特服装股份有限公司上市,2011 年浙江森马服饰股份有限公司上市……"[②]随着中国服饰企业的上市扩张,中国本土的服饰品牌也逐渐成长,特别是在快速时尚领域,中国的本土品牌已占据了非常重要的地位。美特斯邦威、匹克、太平鸟、森马、ONLY、VERO MODA、Jack & Jones、Me & City 等都已在中国的各大城市设有专柜或专卖店,特别是美特斯邦威及其旗下的 Me & City 的旗舰店,规模之大,绝不亚于 ZARA、MANGO 等境外品牌。

与此同时,电子商务的发展为时尚工业带来了更多样的信息与交易渠道,一些小众的设计师品牌凭借电子商务获得了成长空间。如淘宝第一女装店"小虫米子",凭借着淘宝交易平台,成长为网络上的一个新锐品牌。另据《都市快报》报道,注册于 2006 年的淘宝小店"七格格 TOP 潮店",借着电子商务平台,成为淘宝自 2003 年成立以来成长最快的一家店,成为淘宝的一个传奇。这家店不仅获得了生存空间,更重要的是设计师出身的店主更趁势推出了自己的两个品牌,成长为网络品牌名店。[③] 网络时尚品牌的兴起丰富了中国的时尚工业格局。中国的消费者,特别是年轻的消费者对于时尚产品的追求,已不再唯大牌独尊,一些新生的设计师品牌由此获得了成长空间。

与此相应的,则是中国的时尚品消费量的大幅提升。"中国是全球最大的服装消费市场之一。2007 年服装全行业产量为 512 亿件。从 2001 年到 2007

① 中华人民共和国统计司.13-2 按行业分规模以上工业企业主要指标(2007)[M]//2008 中国统计年鉴.北京:中国统计出版社,2008:486.

② 中国服装产业 90 年[EB/OL].中国时尚品牌网,2012-08-20.

③ 魏奋.你听说过"七格格"吗?[N].都市快报,2010-07-27(A12).

年,我国规模以上服装企业产量增长了 159%。"①此外中国的化妆品消费量自改革开放以来以每年超过 20%的速度增长,至 2006 年,"在全球化妆品销售额排名中,中国超越法国和德国,仅次于日本和美国,成为全球第三大化妆品市场。2006 年,中国化妆品行业销售额首次突破 1000 亿元"②。随着中国消费者对于国际大牌及其他奢侈品牌的熟悉,2008 年以后中国的奢侈品消费量开始更加迅猛地攀升。"高盛最新数据显示,2010 年中国奢侈品消费高达 65 亿美元,连续三年全球增长率第一,销售量第一。据高盛投行预测,未来 5 年内,愿意消费奢侈品的中国人口将从 4000 万上升到 1.6 亿。"③中国日益成长为世界奢侈品消费的大国。至 2012 年,"报告显示,中国奢侈品市场占据全球份额的 28%,已经成为全球占有率最大的奢侈品消费国家"④。在奢侈品的消费中,很大一部分消费额贡献给了国际服饰品牌。"根据奢侈品协会的调查,普拉达(Prada)、菲拉格慕(Ferragamo)以及爱马仕(Hermès)都是中国人认为最好的奢侈品牌。2009 年奢侈品牌地位指数(LBSI)调查显示了富裕的中国人心中排名前三的品牌名称。在女士提包方面,爱马仕排名第一,其后分别是 Lulu Guinness 和菲拉格慕(Ferragamo),处于第二、第三。女装品牌中,普拉达位列第一,其次是伊夫圣罗兰(Yves Saint Laurent)和爱马仕,排名第三的是古琦(Gucci)和杜嘉班纳(Dolce & Gabbana)。女鞋方面,位列第一的是菲拉格慕(Ferragamo),其次是古琦和爱马仕。男装品牌方面,乔治·阿玛尼(Giorgio Armani)处于顶端,其次是路易威登(Louis Vuitton),再后是迪奥(Dior)和保罗·史密斯(Paul Smith)并列第三。而男鞋方面,Louis Vuitton 列于第一,排名第二的是范思哲(Versace),第三的是乔治·阿玛尼、布莱恩·艾特伍德(Brian Atwood)以及古琦"。⑤

这个阶段中国的时尚工业无论是生产与消费都进入到一个快速发展的阶段,时尚的生产者、消费者群体日益庞大。

---

① "中国时尚产业蓝皮书"课题组.中国时尚产业蓝皮书 2008(概要版)[M].北京:中欧国际工商学院《中欧商业评论》时尚产业研究中心,2009:19.

② "中国时尚产业蓝皮书"课题组.中国时尚产业蓝皮书 2008(概要版)[M].北京:中欧国际工商学院《中欧商业评论》时尚产业研究中心,2009:19.

③ 李宇英.中国奢侈品消费催生"北京镑"[EB/OL].半月谈网,2012-08-20.

④ 中国奢侈品消费全球第一的隐忧[EB/OL].中国新闻网,2012-08-20.

⑤ 中国人最喜欢的奢侈品牌排名[EB/OL].美国购物网,2012-08-20.

二、日益复杂的时尚杂志体系

进入 21 世纪后,时尚杂志的发展更是迅猛。首先是与境外成熟的时尚杂志进行版权合作成为国内时尚杂志的主流办刊模式。2005 年 8 月,被认为是最高端时尚杂志的 *VOGUE* 登陆中国。至此,全球五大时尚期刊(*ELLE*、*COSMOPOLITAN*、*MARIE CLAIRE*、*HARPER'S BAZAAR*、*VOGUE*)均有了中国版本,形成了"欧美系"时尚杂志的阵营。与此同时,"日系"时尚杂志开始崛起。除了 20 世纪 90 年代中创办的《瑞丽》,进入 21 世纪后,更多的日系刊物开始面世,2001 年《昕薇》创刊,2004 年《米娜》创刊,这两本刊物后来成为时尚杂志市场上的两支劲旅,并连同其他一些刊物,组成了与"欧美系"瓜分天下的"日系"阵营。

除了这些一贯以高定价亮相的时尚杂志,2005 年以后还出现了一批以低定价进入市场的时尚杂志。创办于 2008 年的《伊周 Femina》只售 2 元,相对于市场上基本是 20 元的时尚杂志,《伊周 Femina》的定价可谓是超低价了。《优家画报》创办于 2008 年,亦仅售 5 元。此外,国内还有一些报纸走杂志化路线,以时尚杂志的面目登陆市场。由现代传播集团于 1998 年改版的《周末画报》,在 21 世纪迎来了自己的春天。总之,进入 21 世纪特别是 2005 年之后,时尚杂志成了期刊市场上一支发展最强劲的分支,甚至出现了杂志泛时尚化的倾向,以至于有人将《三联生活周刊》《新周刊》等都列入时尚杂志之列。[1]

进入 21 世纪后,互联网开始普及。时尚杂志开始关注网络媒体,纷纷创办电子刊,后来又创办各自的网站并在网站的基础上联合电子商务。如时尚集团的时尚网[2],又如瑞丽网[3],这些网站不是可以在线购物就是具备产品试用的功能。时尚杂志的经营模式也开始复杂化,产业链开始延伸。

大量时尚杂志的涌现让时尚杂志间的竞争日益激烈。2006 年新加坡《联合早报》的记者吴新慧较全面地分析了中国时尚杂志的市场状况。随着中国时尚杂志生存土壤的日渐成熟,时尚杂志之间争读者、争人才的现象已十分突出。赠品的价值越来越高、刊物的页数越来越多,所做的一切就是为了争抢有限的读者。"《IFLAIR 都市生活》副主编王婷妮说,除了赠品,中国的年轻杂志读者也很在意页数,杂志越厚就越觉得物超所值。《IFLAIR 都市生活》因此从 200

---

[1]　红尘. 论时尚杂志畅销的时代特征[J]. 新闻界,2005(1):78.

[2]　网址为:http://www.trends.com.cn.

[3]　网址为:http://www.rayli.com.cn.

页增加到 224 页,更有一期办到 300 页。王婷妮说:'这就是中国的时尚杂志市场,我们得竞争广告、竞争赠品,还有竞争页数。'"[1]人才竞争体现得最明显的方面就是工作人员薪酬的飙升。"据知,日本系的中国版时尚杂志《瑞丽》,其时装编辑的月薪是 5000 元左右。不过令许多同行羡煞的是 *VOGUE* 的优厚待遇,有业者透露,这高档时尚杂志的时装编辑每月有 13000 元至 15000 元人民币的收入。"[2]

随着新的时尚杂志的加入,时尚杂志市场重新洗牌,市场份额被重新分配。2005 年北京上海两地最被经常阅读的杂志中尚没有《米娜》《昕薇》等杂志(见表 4.1),进入 2008 年市场格局就发生了大变化(见图 4.1)。

表 4.1　读者最经常阅读的时尚杂志排名[3]

北京			上海		
排名	杂志名	阅读指数/%	排名	杂志名	阅读指数/%
1	瑞丽服饰美容	27.1	1	瑞丽服饰美容	26.5
2	世界时装之苑 ELLE	16.5	2	都市丽人	19.3
3	瑞丽伊人风尚	14.5	3	世界时装之苑 ELLE	14.4
4	时尚·伊人	13.3	4	瑞丽伊人风尚	8.1
5	都市丽人	13.1	5	都市丽人—职场先锋	5.2
6	好主妇	5.3	6	时尚·伊人	5.2
7	职业女性	4.6	7	职业女性	4.6
8	嘉人	2.0	8	今日风采	4.3
9	今日风采	1.7	9	秀	4.2
10	都市丽人·职场先锋	0.3	10	嘉人	3.5

① 吴新慧.时尚杂志进入战国时代[J].青年记者,2006(5):58.
② 吴新慧.时尚杂志进入战国时代[J].青年记者,2006(5):58.
③ 资料来源:《当代图书馆》2006 年第 1 期,第 73 页。

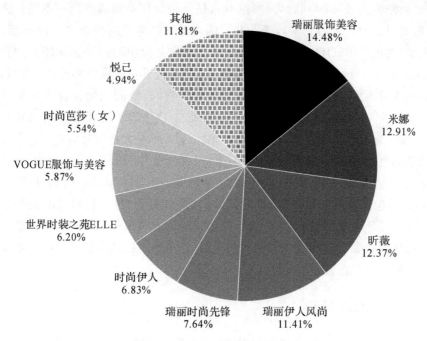

图 4.1 2008 年上半年时尚类期刊市场份额对比

图片来源:根据蔡正鹏、陈向伟《2008 年上半年女性高码洋时尚杂志的竞争格局》整理而来。

　　从各集团的走势来看,2008 年以来"瑞丽集团"再度上升了 2 个百分点,VOGUE 集团也上升 1 个百分点,但其新刊《悦己》已停止了持续高增长的势头。"时尚集团"和"ELLE 集团"均下降 1 个百分点;在"四大集团"中,"瑞丽集团"的主要竞争威胁不是来源于其他三大竞争集团,而是《昕薇》和《米娜》代表的"其他集团"。自 2007 年上半年以来《昕薇》销量迅速上升,逐渐改变了由"四大集团"支撑的竞争局面,2008 年"瑞丽集团"再次上升,并且有力牵制了《昕薇》、《米娜》快速增长的势头,这两股力量的较量是 2008 年女性高码洋时尚类杂志竞争的主流。[①]

　　与此同时,中国的时尚男刊开始全面崛起。最早的时尚男刊当推时尚集团

　　① 蔡正鹏,陈向伟.2008 年上半年女性高码洋时尚杂志的竞争格局[J].今传媒,2008(8):84.

的《时尚先生》。1997 年《时尚》将原本只是分男女两个封面的同一本刊物拆分为《时尚伊人》与《时尚先生》,于是有了国内最早的男性时尚杂志。1999 年《时尚先生》尝试与 ESQUIRE 合作,2001 年正式改名为《时尚 ESQUIRE》并与《时尚 COSMO》一样,保持每月出刊的频率,成为时尚男刊市场中的元老。此后,陆续有一些时尚男刊创刊。但除了少数几本刊物,其他的刊物面世不久就停办了。2004 年,时尚集团旗下的《男人装》创刊,走性感路线,获得了良好的市场回报,引发了新一轮的时尚男刊的创办高潮。2008 年一大批的时尚男刊背靠各个时尚杂志集团,纷纷入市,简直成了一个"时尚男刊年"。之后,"桦榭集团的《摩登绅士》、法国老牌时装杂志男刊《L'OFFICIEL HOMMES》、财讯集团的《hislife 他生活》、瑞丽集团的《男人风尚》、《芭莎男士》等一批男性时尚杂志相继创刊。随处可见的路牌广告、盛大的创刊盛典。中国的男性时尚杂志已经进入了白热化竞争"①。时尚男刊的大量入市,使得原本已竞争激烈的时尚杂志市场的格局更加复杂。

三、多元价值观

进入 21 世纪以后,中国经过近 30 年的改革开放,人们的价值观日益多元化。"多元文化价值观是毋庸置疑的历史和现实存在。"②之所以会产生价值观的多元化,原因是很复杂的,既有来自于内部的体制改变等原因,也有来自于外部的全球化浪潮的原因。不管是何原因造成的,价值观的多元化,已成了人们生活中能够切实感受到的问题。价值观不仅多元化,很多时候还出现了冲突。类似于"宁愿坐在宝马车里哭,也不愿意坐在自行车上笑"③的择偶言论,一度成为社会热议的问题。传统的价值观已在一定程度上被消解,而新的一致的价值观尚未成形。因此人们感到:"社会核心价值观的迷失,是中国社会面临的最严重问题之一。"④"社会思潮的多元化和差异性,导致人们不同程度地存在政治信仰迷茫、理想信念模糊、价值取向扭曲、诚信意识淡薄、法制观念不足、道德失范等问题,这要求必须有统一的基本价值观和价值标准,必须建设中国特色社会

① 智族《GQ》创刊时尚男刊争夺战白热化[EB/OL].新浪尚品,2012-08-03.

② 孙伟平.论社会核心价值观与价值观多元化[M]//潘维,廉思.中国社会价值观变迁 30 年(1978—2008).北京:中国社会科学出版社,2008:146.

③ 此话最初来自江苏电视台的电视相亲节目《非诚勿扰》中一位女性择偶者的言论,后引起社会热议。

④ 潘维.论当代社会的核心价值观[M]//潘维,廉思.中国社会价值观变迁 30 年(1978—2008).北京:中国社会科学出版社,2008:53.

主义核心价值体系。因此,提出中国特色社会主义核心价值体系的命题,是推进改革开放,适应社会主义市场经济发展的必然要求。"①社会主义核心价值观的提出,事实上正反映了这个时代价值观的多元化。在多元的价值观中,性、婚姻及两性关系上出现的变化与人们的日常生活直接相关,最容易被人们关注到,与此相关的问题被人们热议,这些内容也成了媒介话语中时尚最关切的面向。

(一)性与婚姻关系的多元化

性交往是应该建立在感情基础上的,缺乏感情的性交往是不道德的,特别是对于女性来说,只以生理快感为取向的性交往,是会受到道德谴责的。这基本上是中国社会传统的性观念。但在李银河 2007 年发表的文章中,可看出没有感情的性交往已悄然出现,在她的采访中,一位不赞成此类性交往的知识女性透露道:"不和感情连在一块,单纯的生理快感不会有意思的。但是这种事在文化圈子里一点不稀奇。现在北京有几处房子的人不少,在观念上也不认为是坏事情。当然没有人会陷得很深,弄到要离婚的程度,及时行乐的观念蔓延得很快。"②

伴随着性必须与感情缠绕的观念的改变,性与婚姻的关系也发生了变化。在人们的观念中,两者已不再是合一的概念了。"在人们的印象中,性生活质量是影响到婚姻质量的最重要的因素之一。情况果真是这样吗? 从我调查的结果看,有些女性显然对此持有不同的看法。虽然不少人认为性的确是婚姻的一个重要理由,但性对婚姻并不一定是最重要的;有的女性甚至认为,同婚姻分开的性活动才更轻松。"③因此李银河认为"中国现在的性现状,处于一个否定之否定的转折阶段。在最早的古代,中国人的性是健康的、自然的,各种各样的性关系,婚外的、婚前的都是被允许的,性是自由的。到了宋明礼教,特别是清代,一直延续到'文化大革命',中国人对性有一种禁欲的倾向,否定'性',除了婚内性行为,其他都是丑陋病态的、不道德的。改革开放后,人们逐步否定从宋明清以来的这种禁欲观点,进入了否定之否定的第三阶段。但它不单是否定,还加入了性的民主、公民权等现代的因素,是一个螺旋式上升的过程,当然这个过程还处于刚刚起步的阶段"④。由此可见,性与感情和婚姻的关系已不再是那么单

---

①　姚茂军,彭家理."社会主义核心价值体系"提出的背景、原因与过程[J].重庆科技学院学报(社会科学版),2007(5):18-19.

②　李银河.中国女性的爱情婚姻与性[J].青年作家,2007(6):65.

③　李银河.中国女性的爱情婚姻与性[J].青年作家,2007(6):65.

④　李银河.性是自由快乐的[J].商务周刊,2005,12(5).

一,多样的且夹杂着其他各种诉求的性交往已开始出现。虽然这些现象绝不是主流的,但至少是可以被社会所容忍的。这使得性与爱情、进而与婚姻的单一绑定关系被打破了。单身还是结婚,也就不再是对立的两种状态了。"一位单身女性持有这样的观点:'结婚不结婚不太重要,但要有性伴侣。'"①

性交往关系的多样化,事实上亦映射了文化包容程度的提高,这会间接地鼓励人们采纳非主流的生存状态,比如单身——当然单身人口的存在未必是因为人们可以获得婚姻之外的性关系。在实际的家庭结构中,最近的调查也确实显现了单身家庭的比例正在逐渐提高。在关于兰州的一次家庭结构的调查中发现,"单身家庭在兰州占到一个不小比例:11.2%,换言之,大约每10个家庭中就有一个是单身家庭。相比之下,在历次城市家庭结构调查中单身家庭都没有占过如此之高的比例"②。这个调查与"剩男剩女"现象是相吻合的。"剩男剩女"现象之所以存在,除了一些社会与现实的原因,很重要的一点在于社会包容程度的提高。"社会包容程度的提高,使得人们可以自由地按照自己的意愿选择自己的生活方式。因此,婚姻对于很多人来说就不是非选不可的模式。他们或者怕失去自由,或者不愿意承担生活的压力和责任,或者因为其他原因而选择单身。所以,社会包容程度的提高也是城市中'剩男剩女'现象出现的原因之一。"③与此同时,"剩男剩女"现象的存在也使婚恋观更加多元化。

把性从婚姻之中解除出来,还带来了另一些特别的性伙伴关系。除了单身,在外出打工的人群中,还出现了临时的"搭伙夫妻"的现象。此外,在婚恋观中,对于一直以来视为病态的同性恋亦开始有了更为宽松的态度,在社会中出现了各类关怀同性恋的组织,如各地的同志协会。2009年,上海举办了首次同志骄傲节。④ 虽然还不被主流媒体大范围地报道,但网络等其他渠道的传播工具已开始为这些活动提供一些组织与曝光的机会,这表明了社会对此的态度已日渐宽容,性交往关系日益多样化与复杂化。

---

① 李银河.中国女性的爱情婚姻与性[J].青年作家,2007(6):65.

② 李银河.家庭结构与家庭关系的变迁——基于兰州的调查分析[J].甘肃社会科学,2011(1):7.

③ 曹婧.都市"剩男剩女"现象解读[J].人民论坛,2011(17):159.

④ 具体报道可参见:Asa.中国大陆首个同志骄傲节将炫动上海[EB/OL].(2010-10-17)[2012-08-22].熊志网站.

（二）两性关系的多元化

我国的男女两性关系从 20 世纪 90 年代开始就呈现出与世界其他各国不太一样的状态，调查显示，民众认为女性较优越的比例特别高（见表 3.2）。

表 3.2 女性对两性家庭地位的评价（%）[①]

	日本 1992	菲律宾 1993	美国 1993	英国 1993	德国 1993	瑞典 1993	中国 1990
男性很优越	16.8	32.8	20.0	19.3	6.4	0.9	2.7
男性较优越	47.0	7.1	31.4	32.4	20.4	9.1	21.0
男女平等	29.1	53.3	32.4	32.6	53.0	77.1	59.0
女性较优越	3.9	3.8	11.0	8.3	11.5	7.7	16.4
女性很优越	0.6	3.0	3.3	3.3	2.0	1.6	0.9
未答	2.7	0	1.9	4.1	6.6	3.7	0.1

进入 21 世纪后，随着女性主义研究的兴起，男女两性关系的改变更加复杂与深入了。这些研究不仅仅只是关注男女两性在婚恋及家庭地位上的平等与否，而是深入探讨男女两性关系的一切方面，如看与被看的角色关系。这些研究的兴起推动了男女两性之间关系的进一步变化。这个阶段，电视剧《花样男子》的热播可视为对此改变的一种响应：被看的不仅仅是女性，男性也可以是被看的。一旦将男性置于被看的地位，在男女两性的服务与被服务的角色关系上也产生了变化。在众多以女性为服务对象的产业内，男性服务者的数量激增，特别是针对女性的彩妆行业，在大型百货公司内，一个高档彩妆品牌如果没有一个男性 BA（Beauty Assistance）已显得非常奇怪。美男成为女性消费的一个动力。"在国内，很多服务性的行业也看到了这一点，女性消费集中的很多行业，男人作为服务者开始大行其道，并且效果甚佳。其实，启用男性服务者，就是将美男置于被观看、被欣赏的位置。"[②]说到底，就是将男性置于与之前女性一样的、被观看的地位。

当男性置于被观看的地位时，女性作为被观看、被凝视的对象的观念并没有减弱。在广告、电视中，各种各样的女性以各种各样的姿态被"展出"，甚至在

---

① 李银河.妇女，家庭与生育[J].江苏社会科学,2004(4):169.

② 谭小芳.美男经济解读与美男营销分析[EB/OL].(2010-03-12)[2012-08-22].悦读网.

企业招聘的过程中,时有耳闻对于女性形象及容貌的过分要求。这种现象混同着日益兴起的对于美男的观看与凝视,使得男女两性之间的关系不再能简单地套用看与被看、主体与客体、压迫与被压迫的二元对立关系。这在事实上提供了一个容纳争论的文化氛围。

第二节 "时尚"之为美的强化与拓宽

时尚杂志对于时尚的意义建构,在这个阶段首先集中在对原有的时尚意义的进一步强化与拓宽。在这种强化与拓宽的过程中,时尚的审美趣味更严格地锁定在都市与年轻两个特质上。不过,与上一个阶段不一样的是,这个阶段更强调都市与年轻是时尚的核心特质,而非时尚的适用领域。都市年轻人虽然还是主要的时尚实践者,但是非都市年轻人依然可以很有时尚感,只要他们呈现出"都市的""年轻的"审美趣味。也即在这个阶段,都市与年轻在时尚审美中已不再是实质性的限定词,而是一种可抽象出来的审美趣味了。这样的一种抽象,使得时尚具备了向都市以外的空间蔓延、向年轻人以外的群体渗透的可能性,只要在这些非都市的空间依然具备"都市感",在非年轻的人群中依然体现"年轻感"。

一、有限定的美的强化

上一阶段时尚作为一种有限定的美——都市、年轻、女性的美,在这个阶段,在都市与年轻两个维度上得到了进一步的强化与延伸;但随着男性时尚期刊的兴起,在性别限定方面,意义被拓展了,时尚不仅仅只关乎女性,男性也开始进入时尚世界。只不过男性的时尚之美依然是与女性一样,源于身体,是通过无微不至地修饰身体的所有方面而达成的。在这个意义上,虽然表面看起来对于性别的限定是被突破了,但如果将男性与女性的差异置于看与被看的关系下审视的话,那么这也可以说是时尚之意对于女性视角的强化。在性别这个维度上,时尚之为美既是一种对女性性别限定的突破,又是对女性意识的强化——在被看的视角下。

(一)都 市

在这个阶段,时尚之为美的都市意味在媒介的话语中得到强化。这种强化体现在两个方面。首先,时尚杂志的内容日益集中在都市。不仅乡村的内容消失了,一些小城市的内容也在时尚媒介的话语中消失了。关于都市的内容集中在一线大城市，"北上广"成为出现频率最高的国内城市，如《5 月，行走在城市的街巷》，介绍了北京、上海、广州的关于吃、购、游的特色街道。① 又如《享乐上海 101》，"像本地人一样生活：去他们最常去的咖啡馆晒太阳，去最热门的酒吧看夜色，去最具想象力的艺术馆陶冶情操，走进大路后的小弄堂逛一逛，然后再找一间静谧的 Boutique Hotel 隐于市。为你挑选上海新晋热门场所，享乐之旅就此展开"②。此外，世界范围内的大都市与国内一线城市，并列成为媒介话语中最常出现的地点，如伦敦、纽约、巴黎、东京等。"8 月是火热的购物季节，想让自己今夏不与时尚脱节，得先 update 你脑中的时尚版图！现在《时尚·先生》将同你一起，到巴黎、纽约、伦敦、东京去领略购物情趣。从'巴黎的春天'逛到英国 Dunhill 的旗舰店，白天在纽约的 East Village 或 Chinatown 疯狂收购时尚品牌，夜晚和打拼的东京人一起借着唱歌喝酒解放自己⋯⋯"③又如《在屋顶上狂欢》，介绍了北京、上海、广州、香港、纽约及开普敦的最新的空中酒吧与泳池，描述了一种似乎更值得期待的都市生活。"生活在大都市的我们习惯与高楼相处，寸土寸金，所以设计师和投资者开始引领着我们向上看。屋顶的风景不错，空气也好，以至于那些地面上司空见惯的泳池、花园、艺术展，上了楼顶就拥有新的卖点。不得不承认，rooftop 不只是单纯的 city view，它还意味着立体化的城市生活方式越来越有趣。"④在这个时期的关于都市的话语中，乡村与小城市统统消失了，只有那些著名的大都市才是时尚话语关注的地方。另外，关于都市的话语有了一种中英杂汇的表达方式，特别是某些地名或场所名称，一般都直接用英语表述，并且将这些零星的英语单词直接嵌入中文篇章中。语言上的杂汇，让话语呈现出了一种中西融合的感觉，似乎在时尚的话语中，世界各地的大都市是融为一体的。需要指出的是，这种中英杂汇的用词方式是从此以后时尚媒介行文的一个基本模式。在这种模式中，似乎世界上的都市都是联成一体的，都是共享同一种审美原则的，似乎只要是"都市的"，就是可互相理解的。这在事实上不仅消解了乡村，而且也在暗中传递着乡村审美趣味的不可理解性。

其次，都市的审美趣味被进一步强化。时尚之为美不仅"是"而且"只能是"符合都市的审美取向的。只要不符合都市审美取向的，特别是有乡村关联的审美趣味的，在媒介话语中会被说成是"老土"，是不时尚的典型。如《上海服饰》中

---

① 5 月，行走在城市的街巷[J]. 瑞丽服饰美容，2006(5).

② 叶孝忠，等. 享乐上海 101[J]. 世界时装之苑 ELLE，2010(8):334.

③ 张小波. 时尚都市火线 8 月 SHOPPING[J]. 时尚 ESQUIRE，2003(8):113-130.

④ 派派，鬼鬼，雅哥. 在屋顶上狂欢[J]. 时尚 COSMO，2009(7):322-326.

有一篇介绍尼可·里奇的形象转变的文章。文中说到尼可·里奇虽然出身名门，但刚出道时的形象很差。其中有这样两段话，用以解释她不够好的形象。

> 原先的服装搭配使人显老，而且有一身土气，不知道的还以为哪里跑出来的农妇呢！经过了换造型师，剪短头发，减肥后的 Nicole Richie，前后简直判若两人。

> 即便是精心打扮后拍摄的写真，也无法逃脱平庸的感觉，还是觉得很土。好在色调上已经开始有些搭调了。[①]

从这些话中可以读出，无论是什么风格，一旦有一种土气，一旦与乡村有关联，那就是不好的形象。"哪里跑出来的农妇"是时尚话语中算得上最狠的一句恶评了——同时也依旧是今天最常用的一句恶评。这句话，将时尚对都市推举的话语策略体现到了极致。"哪里跑出来的农妇"，真可谓是时尚强调都市意味的一句超浓缩金句——虽然是通过反面贬抑来达成正面褒扬的目的。首先，农妇一词，原本只是一个地域加性别的组合，只是说明来自农村的女性。但经过时尚话语对都市的推举，但凡农村的就是不好的意思，这在明里就表达了对农村的唾弃。其次，这句话透露了都市话语最关键的一个策略，那就是：乡村的不可知。既是农妇，当然是农村来的无疑，但为何还有"哪里跑出来"之问呢？因为相对于都市，农村最大的不同就是无名。所有的大都市都是可识别的：或叫上海，或叫东京，或叫伦敦，甚至还可细至这个空间中的某个区块与街道名，如纽约曼哈顿区、伦敦西区。任何没有去过这些城市但读过时尚杂志的读者都不会对这样的地名感到陌生。但在时尚杂志偶有出现的乡村，则一律无名，只有那些芬芳的花儿以及泥土的气息：土气。地图出现后，人们对于任何事物的认识，都是通过地图化（MAPPING）来实现的。一处无地名、只有用以容纳或是花儿或是泥土的空间是不可识别的空间，这样的空间是怪异的，是只能被摒弃的。通过这样的话语策略，乡村在时尚话语体系里，就成了不知所由的处所，其审美趣味也就不可理解，从而是被摒弃了。这样的空间要么是以怀旧形式存在，要么是以幻境存在，就是不可能以现实状态存在。

通过这个策略，在这些媒介的有关时尚的话语中，农村是劣于都市的，农村是仅作为都市的暗面、用以衬托都市，才有出场的理由的。都市趣味已是一种铁定的时尚审美取向。

[①] 皮丘小白.前后巨变的时尚新宠——妮可·里奇[J].上海服饰,2007(1).

(二)年 轻

年轻作为时尚之为美的限定,也得到了强化,不过年轻与年龄的关系被更为彻底地解除了。年轻不再与年龄有关,年轻是一种状态。因而如何保养,也即如何保持年轻的状态,成为时尚杂志中日益重要的一部分内容。2005 年之后,时尚杂志的内容版块日益明晰,时装(fashion)与美容(beauty)成为时尚杂志的核心内容。这两部分内容是所有时尚杂志的必有内容(参见附录一至三各时尚杂志目录)。原本以服装为主要内容的《上海服饰》在 2003 年以后,也开始大幅度增加美容方面的内容,至 2008 年《上海服饰》的内容已归结为三大版块,分别是 Fashion、Beauty、Life(见附录一《上海服饰》2008 年第 1 期目录)。其他各刊对于美容内容的增加更是明显(参见附录各刊目录)。美容部分的内容,其宗旨总起来说就是一句话:如何保持年轻——或是通过彩妆进行外在的修饰,或是通过护肤品进行内在的对于身体机能的护理。

一切会显出衰老痕迹的地方都是时尚杂志关注的对象;一切显示年轻与否的身体细节都被纳入关注的视野。"我们能打败时间吗?"这个疑问是时尚杂志关于年轻与否的关键问题,如《保养品能否打败时间?》中写道:"每天都习惯性地往脸上层层涂抹,但你有没有忽然冒出这样的疑问:用这么多保养品,真的就能延缓衰老吗? 有些事,时间最公平,人人均等,毫不含糊。如果你已过 30,想必已经从与同龄人的比较中明白保养的作用;如果你还是 20 出头熬夜不保养也神采奕奕,那也不妨听听 COSMO 的保养时间经,我们不可能打败时间,也不可能不让岁月留痕,但是我们可以比同辈人更经得起时间的洗礼,抗衡岁月的痕迹。""与岁月抗衡的保养,是一生的职责,需要用细心保养的'时间',去抵消打算赖在脸上不走的'时间'。"甚至"在告别青春痘之前,就要开始抗衰老"。[①]衰老就是时尚的反义词,因此需要"减龄魔方,倒转肌肤年龄"[②],好"让肌肤停步在永远的 22.5 岁"[③],或者更年轻些,让肌肤停留在"永远的 20 岁"[④]。甚至再年轻些——孩子气,也是时尚的。因为孩子气的时装,是一种令人有好感的时装风格[⑤],"孩子气为我们的爱情加糖;孩子气,亲情世界的润滑剂,孩子气帮我化解工作烦恼;孩子气融合我们的友谊;孩子气让我的生活更丰富"[⑥]。

---

① 奕方.保养品能否打败时间? [J].时尚 COSMO,2009(8).

② 减龄"魔方",倒转肌肤年龄[J].瑞丽服饰美容,2007(1).

③ 让肌肤停步在永远的 22.5 岁[J].瑞丽服饰美容,2006(5).

④ 永远的 20 岁[J].世界时装之苑 ELLE,2008(10):386.

⑤ 重返孩童时光,玩一场时装游戏[J].瑞丽服饰美容,2006(8).

⑥ 这时我们孩子气[J].瑞丽服饰美容,2006(8).

少女般清瘦的身材是年轻的必需条件。时尚杂志大量的内容开始关注减肥,各种减肥办法是时尚杂志当中的热门话题,甚至还会有一些很"邪门"的减肥方法,如《选对房间,自然苗条》①。明星减肥的秘诀更会被不厌其烦地当作榜样述说着,如《容祖儿瘦身防反弹秘诀大公开》②《超级明星的超级瘦身菜单》③,甚至《主编寄语》都可以是以减肥为主题的④。任何一本刊物,减肥都是每期不会缺少的话题。以 2006 年《瑞丽服饰美容》为例,光是大型的减肥文章甚至是封面文章,就包括:第 1 期《坐着瘦懒美人修身必杀技》⑤(封面文章)、第 3 期《厚美女超薄变身 5 大视觉减肥术》⑥(封面文章)、第 5 期《激情塑造拉拉队长完美体线》⑦、第 6 期《做水上运动先锋为了 BIKINI 努力》⑧、第 7 期《随时随地修形瘦身全计划》⑨、第 8 期《瘦身在甜蜜中进行》⑩、第 9 期《高效瘦身 35 招减赘肉》⑪、第 10 期《动物园修身》⑫、第 11 期《明星榜样灵感塑身》⑬。而零星的关于减肥的话题更是散布在每一个角落,特别是来自读者的言语。"我属于那种梨形身材的人,穿什么款式的连衣裙能够使我看上去显得瘦一点?"⑭"我有一张肉嘟嘟的圆脸,其实我并不很胖,这让我十分苦恼,要怎么工作穿衣才会使我看起来较瘦呢?"⑮"总是坐在电脑前不怎么动,屁股、大腿、小腹的赘肉真是挡也挡不住。怎样穿衣服才能真正起到遮盖的效果呢?"在这样的话语中,传达出了一个信息:瘦是获得传受双方认可的时尚的必需条件,是一种"共识",因此减肥是时

① YOLAYOLA.瘦身公寓请你来入住——选对房间,自然苗条[J].上海服饰,2007(1):118-120.

② NATALE CHOW.容祖儿瘦身防反弹秘诀大公开[J].上海服饰,2007(1):116-117.

③ 耀梅.超级明星的超级瘦身菜单[J].时尚 COSMO,2007(1):326-328.

④ 徐巍.开心减肥史[J].时尚 COSMO,2009(7):32.

⑤ 袁园.坐着瘦懒美人修身必杀技[J].瑞丽服饰美容,2006(1):303-306.

⑥ JORCE,袁园.厚美女超薄变身 5 大视觉减肥术[J].瑞丽服饰美容,2006(3):145-150.

⑦ OKBAND.激情塑造拉拉队长完美体线[J].瑞丽服饰美容,2006(5).

⑧ 做水上运动先锋为了 BIKINI 努力[J].瑞丽服饰美容,2006(6).

⑨ 随时随地修形瘦身全计划[J].瑞丽服饰美容,2006(7).

⑩ 瘦身在甜蜜中进行[J].瑞丽服饰美容,2006(8).

⑪ 高效瘦身 35 招减赘肉[J].瑞丽服饰美容,2006(9).

⑫ 动物园修身[J].瑞丽服饰美容,2006(10).

⑬ 明星榜样灵感塑身[J].瑞丽服饰美容,2006(11).

⑭ 服装聊吧[J].瑞丽服饰美容,2006(2).

⑮ 服装聊吧[J].瑞丽服饰美容,2007(3).

尚的必需功课。① 有的刊物还设有减肥的专门栏目，如《上海服饰》在生活版块中的一个栏目就叫"瘦身健康"。但事实上，时尚杂志对于瘦的推崇与健康没有关系，甚至是以健康为代价的。如"在经历了长达一年多的地狱式减肥后，她只剩下 34 公斤的重量，简直到了骨瘦如柴的地步。不过就是从这时起，她穿任何衣服都显得那么有范儿，时尚风向指数远远超过了她的闺密 Paris Hilton 小姐"②。这是写尼可·里奇时尚大变身的文章中的一段，前文介绍的尼可·里奇身高为 158cm。对于 158cm 身高的一个女性，仅有 34 公斤的体重，这究竟是否健康的问题在时尚媒介的话语中是完全缺失的。所有的言语都是围绕瘦以及如何才能瘦的，即便骨瘦如柴也没有关系，因为只有骨瘦如柴才具备更高的"时尚风向指数"。

　　总之，年轻些、更年轻些是时尚杂志经年不衰的话题。"时装潮流季季变，'难道就没有一个不变的趋势吗'，有一天，我刁难我的时装编辑们，冥思苦想了半天，一编辑突然豁然开朗似的大喊一声：'Forever Young！'一句话引得众人频频点头。对，Forever Young！永远年轻。"③ 在时尚世界中"甚至还有所谓的越青春，越聪颖，贪恋'青春'的本身，更倾慕拥有青春的无惧无畏。因好奇心，所衍生出的贪心、变心、野心，转化为无穷的社会推动力。赞美青春，并寄予无穷厚望"④。"徜徉在无限延长的青春期里"⑤，是时尚的梦想；而达到真正的"青春不老"更是被时尚专业人士及时尚杂志视为崇高的责任⑥。那些经年保鲜的人们就是时尚杂志树立的偶像。如对于杨恭如，有文章说她"年过三十，青春依旧……是公认的美女"，因而有资格被邀请来传授"美丽心经"，号召天下人都要"做时尚的恒久美女"。⑦ 做得成做不成是另一回事，但在这样的话语中，年轻的审美取向被强化了。而所谓的美人经，说白了就是如何全方位地对抗衰老的办法。"时间就像魔术，善于把握的人，会让自己充满无穷的魅力。"⑧ 但不善于把握的人，"25 岁，是否还年轻？"已成了要质疑的问题。⑨ 可见年轻是必需的，但年轻不是与年龄对应的，年轻是一种状态，是可以通过对身体、心理的护养达到

---

①　服装聊吧[J].瑞丽服饰美容,2007(3).

②　皮丘小白.前后巨变的确良时尚新宠——妮可·里奇.上海服饰,2007(1).

③　徐巍.Forever Young！[J].时尚 COSMO,2007(12).

④　奕方.越青春越聪颖[J].时尚 COSMO,2007(12).

⑤　周迅:徜徉在无限延长的青春期里[J].世界时装之苑 ELLE,2008(9).

⑥　火文静.青春不老还有多远？[J]时尚 COSMO,2008(9):448.

⑦　张蕾.杨恭如和妈妈一起做时尚的恒久美女[J].上海服饰,2007(2):24.

⑧　鹿冰.花样年华的气质美女张曼玉[J].上海服饰,2007(2):76.

⑨　只有 25 岁,是否还年轻[J].瑞丽服饰美容,2006(9).

的一种状态,是一种审美的取向。

二、有限定的美的拓宽

在前一个阶段,时尚之为美是一种属于女性且只被女性采纳的美,这个意义在这个阶段随着时尚男刊的兴起被拓展了。一方面时尚工业已全面进入男性世界,在现实生活中人们已接纳时尚也适用于男性的观念。但在这些时尚媒介的话语中,男性与时尚的关系还是沿袭了之前的女性与时尚的关系一样的逻辑,即时尚之为美对于男性也如女性一样需要重视修饰。这多少与传统的男性美——通常强调粗犷、不修边幅——有些冲突。另外,时尚之为女性的美,原本还意味着女性对男性的吸引;但随着男性时尚刊物的兴起,时尚亦意味着男性对女性的吸引;基于性别间的吸引,女性美在此意义层面上被拓宽为两性间的吸引力,即性感。

(一)男性-重修饰-女性

男性时尚刊物的崛起,对"时尚是女性的天地"的传统认识形成了挑战,并最终瓦解了时尚仅与女性相关的性别区分关系。"在这个崭新的世纪,时尚早已不是上流社会的特权或者女人购物消闲之余的谈资,它已成为一种重要的社会文化现象,大众对时尚所发生的浓厚兴趣是历史上前所未有的。"[①]凭借类似的言语,时尚男刊们开始了男性对时尚的征战之途。

2005 年以后,《时尚 ESQUIRE》首先把原先较为散漫的内容归结至三大部分:专辑·人物、服饰·消费、运动·健康,这样的内容设置已基本与女性时尚刊物相同。在服饰·消费版块中,开始有了大量的关于男性如何装饰打扮自己的内容。如《2006 男人时尚终端的三个密码》,这是一个大型的策划稿,在这个大型稿件中,文章将男人时尚终端的三个密码分别划归为以下三个方面:

都会美型男时代的来临

传统男装标榜的宽大和伟岸在 2006 年应该得以改变,更加精致利落的线条和干净纯粹的色彩是 2006 年男人着装的重点,抛下保守的正装鞋吧,用同样精致的休闲鞋解放你的双脚。

2006 年的时尚男士应该是健康、自在、放松的。

---

① 黎明.时尚:一种永恒的语言[J].时尚 ESQUIRE,2003(8):162.

功能与华丽并存的"饰"界

男人们一直通过各种形式完善自身追求质量和内涵的天性,2006年的男人们不会再仅仅追求那些形式上前卫花哨的物质,他们的选择可能是专为飞行员和潜航者设计的机械动力表,可能是真正贵重的金属和宝石,金属感除了代表未来也可以代表经典。

辛辣味觉体验的视觉重现

香槟、X.O.干邑、伏特加都不是什么新鲜玩意,但是纯粹依赖味觉和色彩,在这个乱花迷人眼的时代显然是不够的,新瓶装旧酒,是不是应该算是一种重生呢? 缀满 SWAROVSKI 水晶香槟酒瓶、富有巴洛克风格的华丽装饰和线条、缀满雪树浮雕的伏特加瓶身……阻挡不住的味觉体验总需要视觉冲击的先行。[1]

这三个所谓的密码分别讲述了男人着装的风格选择是要强调都会美型男;男人随身饰品的选择应选择那些功能与装饰并重的物品;男人的生活物品应选择那些除了味觉本身还应有视觉效果强调装饰的产品。唯有在这三个方面男人们都精挑细选了,才算拥有了属于男人的时尚。换句话说,但凡涉及个人形象的方面,男人都需要精心考虑。无论什么样的风格——是奢华还是内敛,如何修饰自己是时尚男人必须思考的问题,男人时尚段位的高低就在于是否擅长修饰自己,男性时尚关涉的其实也就是通过装饰扮美的问题。

为了男性扮美,2006 年以后,《时尚 ESQUIRE》甚至有了一个与女性时尚刊物类似的形象咨询栏目。此栏目专门为男性进行个人形象的分析,并给出着装的建议,类似于一种形象的诊所,而且所占篇幅很大,每期有 4~6 页的内容量。2006 年第 1 期,刊物对一个叫刘威的建筑设计师进行了形象分析及着装建议(见图 4.1)。

---

① 杨勇.2006 男人时尚终端的三个密码[J].时尚 ESQUIRE,2006(1).

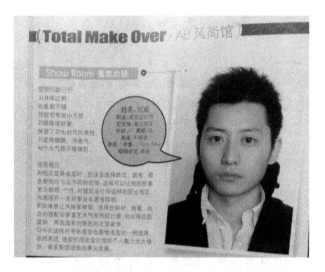

图 4.1 《时尚 ESQUIRE》2006 年第 1 期对刘威的形象建议

简要形象分析：

1）身体比例形象都不错，但脸型有些小方脸；

2）眼睛很好看，保留了学生时代的单纯；

3）显得腼腆，书卷气；

4）个人气质不够强烈。

这样的分析从身体到眼睛逐一进行点评，这样的分析方式与对女性的造型分析没有什么不同。在分析了个人特质之后，设计师给出了两种造型方案。其中一种造型方案如下：

1）发型 选择了他最意想不到的，与整体造型相适合的蓝色，中间的头发如鸡冠高耸，和他平常腼腆的样子截然不同。

2）白裤子 特别是在阴冷的冬天，这样明亮的色彩会令人心情振奋，这条白裤子可以说是整个造型的灵魂，正是它突显了其他部分的华丽色彩，没有这条白裤子，整个造型的感觉会大打折扣。

3）颈链 画龙点睛的一笔，在酒吧、迪厅这样活跃、动感的场合，尤其需要光芒闪烁的饰品，敞露的皮肤衬上精细的水钻颈链，增添了性感和神秘感。

4）腰带 银漆皮带和镶钻的皮带扣起到了锦上添花的作用，这种造型风格下，腰带扣搁在哪里可以随心所欲，衬衫也不一定要扎在裤子里,可以让下摆从皮衣下露出来。①

从这段分析文字可以看出,男性的着装与女性一样,从发型直到腰带,每一处细节都是时尚的关键点,每一处细节都是需要精心打磨的。

除了对于着装的关注,男性时尚与女性一样,还要注意身体本身的修饰,甚至连身体最末端的手脚,也是一个男士时尚的关键点。

手足情深
——男士护手全攻略

我们已经可以非常平静地接受男人用各种各样的瓶瓶罐罐洗脸护理去角质甚至敷面膜了,但是你不会以为护理就是这么点颜面功夫吧?!

整天脸蛋光鲜漂亮的男人们不要以为这就够了,在你与人握手的瞬间,大手一挥的刹那……你的手脚正在暴露你生活的真实质量。真正的精致生活是从细节开始的,而细节是什么? 不过就是那些不为人注意的点点滴滴。②

总之,男士需要关注各个细节,需要对各个细节加以修饰与装饰是时尚之要旨。对于男性来说,时尚亦是一种重修饰的美。这种美的实现方式并没有性别的区分,如女性一样,重视修饰、在意细节,而不是传统的对于男性美所说的那样:大男子不拘小节。因而从这层意义上来说,时尚在男性方面的意义承袭了女性审美取向的某些特征——如果把女性特征归结为是一种重修饰的美的话。或者说,在重修饰这一点上,男性时尚与女性时尚获得了共性,因此,可以视为对于时尚在女性这个限定意义上的一种延伸。

(二)性感—身体

性感本就是一个关键词,进入 2008 年之后成为更为重要的关键词。性感甚至可以是最重要的封面文章(见图 4.2),主编、出版人都会专门来讨论性感,如《ELLE》2009 年 7 月号,光一期内容,与性感相关的文章就有《性感沙滩美人霍思燕》《性感假日》《性感一夏》《你认为的性感是……》《男人眼里的性感》以及《编者的话》部分的出版人史领空的《性感自主时代》、晓雪的《性不性感我说了算》以及大型的策划稿《性不性感我决定》等。《ELLE》刊物大力提倡的 3S 女人

---

① 风尚馆[J].时尚 ESQUIRE,2006(1).
② 杨勇.手足情深——男士护手全攻略[J].时尚 ESQUIRE,2006(1).

的第一条便是 Sexy,另外两条是 Spirit 和 Style;与此类似,《时尚 COSMO》则提
出 3F 女人,即 Fearless、Female、Fun。无论是 3S 还是 3F,性感都是很重要的
一个方面,如:"选择一种最能代表 COSMO 精神的图案,非豹纹莫属:性感、大
胆、激情美丽的豹纹!"①又如:"身为 COSMO 女郎,当然明白身体曲线是比脸蛋
更有杀伤力的性感武器。面对'蝴蝶袖'和'大象腿',除了抽脂你并非别无选
择——不流血不开刀的微整形美体术或许是变身性感辣妹的最佳途径。"②

图 4.2 《ELLE》2009 年第 7 期封面

无论是针对什么年龄段的读者,无论是以欣赏还是实用定位的时尚刊物,
性感是最为重要的一个关键词。什么"足下性感"③、6 分钟超速性感美妆术④,
此类内容比比皆是,真的是"性感的主题每一季都不缺"⑤。性感,已上升为一种

① 黄月侠,孙葛. 快乐是勇敢的另一种形式[J]. 世界时装之苑 ELLE,2009(8).

② 美颜快报[J]. 时尚 COSMO,2009(8).

③ 足下性感[J]. 上海服饰,2008(6).

④ 倪昊. 6 分钟超速性感美妆术[J]. 时尚 COSMO,2009(8).

⑤ 性感未来式[J]. 上海服饰,2007(2):28.

性感主义。如《3大法门演绎新性感主义中的OL》:"本季秋冬,新性感主义的风格大行其道,无论复古风、华丽街头风或中性低调风都是新性感主义的三重法门。OL可以变幻不同造型,让单调的冬季多姿多彩。"①又如《绝对性感主义》②等。

性感也是男性时尚话语中的关键词,是伴随着男性时尚兴起的一个重要概念,男人是否时尚的标准亦在于是否性感。2006年《时尚ESQUIRE》有一个栏目就叫"大师眼中的性感"。在这个栏目中,用了较大的篇幅来介绍各个著名时装设计师,如John Galliano及Tommy Hilfiger眼里的性感,特别是男性性感的内容。这一年与性感相关的文章大量增加,如专门的采访稿《莎朗·斯通:有多少性感可以重来?》③。总之,性感不再只是女性的性感,男性的性感伴随着时尚男刊的崛起也成为时尚的一个关键词。

男女两性中所言说的性感,是指性别间的吸引力。在时尚话语中,性感指向身体带来的性别间的吸引力。这种吸引力既可以是来自身体本身的,也可以是通过身体的呈现带来的,但无论如何身体本身是最重要的。如《时尚COSMO》有一期大型的策划《寻找你的性感体重》,在这篇文章中,虽然说到性感并不仅仅只是某个体重的数字那么简单,但无论如何,体重或者说身体本身是性感的核心所在。即便性感是种自信,这种自信也得依据某种身体特征才能寻得。因而维多利亚·贝克汉姆"被专家与杂志编辑们评价为身材过于瘦削而没有吸引力"。另外这篇文章还给出了一个科学的性感指数的测量方法。"从科学的角度来说,性感指数的测量主要可以从以下三个方面来综合评估——体重指数:身高与体重的切割。机体成分:脂肪与水分的切割。腰臀比例:腰围与臀围的切割。其标准范围不仅仅是性感之神的眷顾之地,也是保持我们最佳身心健康的理想范围。"④可见,性感终究是与身体相关的。

> 聪明的女人绝不是多舌花哨的鹦鹉,性感的女人也不是简单地暴露出自己的身体。现在的性感姿态是:低调地诱惑,就像现在流行的生活姿态——闷骚,一切的味道要等人去体会去发现,那种恨不能露出骨头的暴露性感被全盘肢解,如果看到的只是魅惑的丰乳肥臀,一丁点悬念都不留,哪还有什么美感?

> 如果没有头脑,暴露出来的就是恶俗,并非性感。

---

① CRYSTAL.三大法门演绎新性感主义中的OL[J].上海服饰,2007(2).

② 绝对性感主义[J].上海服饰,2007(2).

③ 莎朗·斯通:有多少性感可以重来?[J].时尚ESQUIRE,2006(5).

④ 小非.寻找你的性感体重[J].时尚COSMO,2009(7):172-181.

性感女神钟丽缇和美容专家张晓梅一起探讨最流行的性感姿态：

要性感,不要暴露!

郑渊洁 有想象力的身体最性感

钟丽缇 性感深藏在皮肤里①

总之,无论是露还是不露;无论是由身体的哪一部分所激发,性感的意义最终都是指向身体的,是以身体作为最终的裁判的。因而身体的任何一个部位,都是有可能与性感相关的,如:足下性感。②

对性感的重视,将时尚话语的中心直接指向了身体,身体被置于时尚话语的中心地位。这对于男女来说均是如此。对男性性感的重视,使男性的身体成为一个重要的关注对象。在性感的话语体系中,男性的身体如女性一样,成为凝视审核的对象。

这是一个"身体主义"横行霸道的年代。自从麦当娜惊世骇俗的锥形内衣造型曝光以来,无论是安吉莉娜·朱莉,还是布拉德·皮特,对于摄影师的要求都是"性感,性感,再性感一点"。于是乎,各大杂志的封面人物都磕上了一种叫作"性感"的毒品,女的必定眉眼魅惑、丰乳肥臀,男的不是腹肌坚硬得好像假的一般,就是半开衣襟欲露还遮。③

对于身体的聚焦,在女性时尚刊物中多少还是隐含的,在男性时尚刊物中,则是直接的、显见的。关于身体的话题是时尚男刊中的重要话题。如林剑的超大篇幅的长文《千年男体:男性身体的另类历史》④以及《你最珍贵的身体》⑤。这样的内容,或许并不能形成学理上的结论,但是时尚男刊通过对身体话题的不断重复,形成了时尚与身体的密切关联。无论男女,达成性感的技巧有许多种,但是无论用什么技巧最终归于身体的吸引力。因此,性感主义,或许可以换一种说法为"身体主义"。不过这个身体主义是不分性别的,是男女一视同仁的对于身体本身的关注。

综上所述,在时尚之为美的这个层面上,时尚男刊的崛起,拓宽了时尚之为美的性别取向。但这种美的实现方式其实与女性比起来,没有根本性的区分。

---

① 要诱惑,但请低调[J].世界时装之苑 ELLE,2006(6).
② 足下性感[J].上海服饰,2008(6).
③ 你最珍贵的身体[J].时尚 ESQUIRE,2006(5).
④ 林剑.千年男体——男性身体的另类历史[J].时尚 ESQUIRE,2006(9).
⑤ 你最珍贵的身体[J].时尚 ESQUIRE,2006(5).

无非都是强调修饰、强调两性间的吸引力。抽象一点来说，都是对身体的美化。这个阶段的时尚话语，已或明或暗地将身体置于时尚的中心了。如果以身体为中心向外延展的话，时尚之为美的实现就是美化身体的空间。最中心的当然是身体本身，其次便是直接附着于身体上的物件，如衣服、妆容，再者便是容纳身体的更大一些的空间，如寓所街道以及这些空间里与身体相关的一切物什等。时尚之为美的审美对象说到底就是对身体空间的审美。都市与年轻的审美取向最终要看参与实践的身体是否具备这种审美趣味。因此，越是紧密联系身体的空间，越被认为是与时尚相关。日系刊物所谓的实用性其实不过是更集中地关心身体本身及身体就近的空间装扮的问题罢了，如美化身体本身（减肥、美容等），又如通过身体的覆盖物（服饰、化妆等）美化身体的呈现；而所谓的不实用，则是因为某些内容离身体的距离更远些，如建筑、街道的风格等内容。以身体为中心，是时尚之为美的意义的明确指向。因此这时关于时尚之为美的意义可以概括为：时尚是一种以身体为中心的、都市的、年轻的审美取向的美。这种美的衡量标准在于两性间的吸引力：性感。

第三节　"时尚"超越美

在时尚意义的解构中，"时尚不只是美"的意义在这个阶段的媒介话语中突显了出来。时尚是一种挑战精神。这种挑战精神是与其时社会的多元价值观相呼应的，主要是对既往传统的性、婚姻及两性关系的一种挑战。这个新维度上的意义，使时尚不仅仅只是关涉美，它已然成为一个更全面的事物，似乎已是一种全栖类的文化而进入社会所有的领域。这使得时尚最终在更抽象的层面上只能归结为：时尚是一种生活方式。

一、时尚：一种全栖类文化

相较于女性时尚刊物，时尚男刊对于时尚问题采取了不一样的话语方式。在时尚男刊中，时尚本身如政治、经济一样是一个值得研究与关注的社会现象。相对于女性刊物更多地通过具体的细节与物品来"体现"时尚，时尚男刊采取了一种更为抽象、更为理论化的方式来"论述"时尚。如《时尚：一种永恒的语言》将时尚与变化、时尚与两性、时尚与传播、时尚与风格的相关研究做了全面的介绍。"在这个崭新的世纪，时尚早已不是上流社会的特权或者女人购物消闲之余的谈资，它已成为一种重要的社会文化现象，大众对时尚所发生的浓厚兴趣是历史上前所未有的。"①在这样的话语中,时尚对于男性来说俨然已是一个重要话题,而不是女人的小把戏。而且时尚也不是一个轻浅的话题,它有厚重的历史感,如《文艺复兴时代的时尚帝国》②就文艺复兴时期的时尚进行了全面的介绍与总结。在男性时尚刊物里面,时尚本身作为一个话题,是被理性地剖析的,而不是感性地置身其中就可以的。在文类上,这些文章更接近于学术论文。这样的话语方式,使时尚展演成一种更为重要的社会问题——时尚已不仅仅只是生活审美这么简单日常的问题;时尚不仅值得关注,还值得研究。

这样的话语方式及意义建构最终也在女性刊物当中得到了响应。女性时尚媒介也开始在话语中突显时尚本身的重要性,直接用其文中的英文标题来说则是:"Fashion rules the world."(时尚统治世界)"21世纪时尚影响力空前爆发,超越了衣着品位趋势潮流,入侵全民生活,从生活基本、兴趣爱好,到人生、思维、主张,牵动娱乐政治经济,俨然发展为一种'全栖类文化'。"③这样的话语让时尚突破审美的疆界进入了所有的领域,从而为其他向度的开拓奠定了基调。

二、时尚:挑战

随着日系刊物的崛起,以实用性为目标的时尚杂志的内容日益集中在服装与美容上面,以时尚的审美趣味美化身体与身体的呈现成为这些刊物的主旨,并对身体出现的场景给予具体的设定,如周一上班时、周末约会时等等,且对这种场景中的身体装饰物逐一介绍,甚至还标明价格,这让时尚与生活消费的关系日益紧密。从这方面来说,时尚确实在中国社会中导入了浓重的消费主义文化。但与此同时,欧美系杂志的内容范围日益宽泛,文化、旅游、科学等,似乎一切皆是时尚的领地。"挑战",成了这些刊物中的一个核心词汇。从这些刊物的内容范围来看,所谓的挑战并不是挑战一切,而主要在三个方面对传统观念形成挑战,分别是性观念、婚姻观念及性别角色观念。

(一)性观念

在中国人的传统观念中,性是不可以公开谈论的——特别是对于女性来说。性与爱及婚姻是联结在一起的,性交往是不可以独立于爱或婚姻之外而存在的。虽然在现实中,性交往已通过各种方式脱离了爱与婚姻而单独存在了,

---

① 黎明.时尚:一种永恒的语言[J].时尚 ESQUIRE,2003(8):162.

② 殷智贤.文艺复兴时代的时尚帝国[J].时尚 ESQUIRE,2006(5).

③ 奕方.时尚一统江湖[J].时尚 COSMO,2009(7):230-235.

但在道德层面,这样的性行为,如果不被谴责的话,至少是不被广泛接受的。时尚媒介话语,对传统性观念构成了三个方面挑战。

1.可进入公共领域的性

2006 年以后,《时尚 COSMO》中有两个关于性的固定栏目,一个叫作"至情至性"(参见附录二《时尚 COSMO》2008 年第 12 期目录),另一个叫作"两性进化论"。这两个栏目都是以性为主题的,以介绍性用品、性技巧,推进性观念为己任。如《一个人的性生活》,无微不至地介绍了单身女性如何使用与选择性工具①;再如《性爱左灯右行——8 个你应该打破的惯"性"思维》,介绍了爱侣之间如何突破性爱惯性的 8 个方面②;又如《突破 6 个性爱禁忌》,谈了关于女性在性爱中 6 个存在误区的惯常认识,并提供了科学调查的结果以支持"突破"③。这些关于性生活的内容,不仅仅只是传递了文章中的相关"信息",而是以这些内容的"密集出场"宣告着关于性话题的态度。

性的相关内容,在《ELLE》上虽然不如《时尚 COSMO》这么密集,但也是一个较为集中的话题。2006 年以后,《ELLE》有一个关于两性的栏目叫作"世说男女"(参见附录三),其中有不少的内容是关于性的。如《不平等床约》对男女在性生活中的各种不对等现象做了分析,并给出了女性在交欢时的一些具体的建议④;《冬季爱经》给出了冬季如何提升"性趣"的一些建议⑤;《你是哪种"床上美人"》,通过一系列的测试问题来帮助女性了解自己的性潜力与性爱的方式取向⑥。2008 年《ELLE》做过一个大型的调查,调查了中国女性的情爱困惑,其中排到第三位的困惑就是"我对我们的性生活不满意"。⑦ 这些以性交往为主题的文章,且不论其效果,就其高调呈现这个方面来说,至少传递了这样一个信息:在时尚话语中,性是"可以"而且"应该"公开谈论的话题,而不是如传统观念所认为的那样,属于闺房秘事,上不了台面。套用《时尚 COSMO》的原话来说:"做爱可以是一种社交……今天的 COSMO 女人不应该把做爱看得太过私密、太过

---

① AWARD.一个人的性生活[J].时尚 COSMO,2009(8):186-190.
② VENITA.性爱左灯右行——8 个你应该打破的惯"性"思维[J].时尚 COSMO,2009(7):182-183.
③ 突破 6 个性爱禁忌[J].时尚 COSMO,2008(6):174-176.
④ 仕豪.不平等床约[J].世界时装之苑 ELLE,2008(4):210-211.
⑤ MARION R,EDOUAR D.冬季爱经[J].世界时装之苑 ELLE,2006(1):146-147.
⑥ 你是哪种"床上美人"[J].世界时装之苑 ELLE,2008(10):234.
⑦ XUE N.中国女性八大情爱困扰[J].世界时装之苑 ELLE,2008(10):220-230.

高高在上、太过仪式感。"①刊物通过大量的在媒介页面出现的相关话题,用一种很直接的方式将性的话题置入大众媒介中。

在此之前,中国社会对于性的话题不是不讨论,而是通常认为这是一个私密性的且应有诸多限制的话题。Schipper 在他《道家的身体》一书中对 R. H. van Gulik 的观点进行了批驳。他在书中指出,即便在古代,中国人性行为的发生也不是如 R. H. van Gulik 这样的西方人所理解的那样是纯天然的、不受限制的。性爱在道家文化中,被崇尚的同时也被压制,与基督教传统中的性观念并没有那么大的差异。② 在这些时尚刊物大举展开性话题前,性交往作为一个话题,在中国社会确实是有一些讨论的,但这些讨论一般都是限于特定环境的:要么是在私密空间的,如传统的春宫图;要么是属于专业领域,如医学刊物的。在此之前,这些内容从未如此不加掩饰地进入过大众媒介。如果再考虑到这些刊物经常被读者在公共空间阅读,如咖啡馆或交通工具上,这样的大举展示实在是一种极高调的挑战态度,一种将性话题置入公共领域的挑战。

2. 性只是性

时尚杂志提倡一种性、情、婚姻各自分离的性观念,特别是对于女性来说。这个话题在较早的时候就开始了,只不过话语的言说方式与后期有些不一样,在文章的量上亦不如后期这么集中。《分手后,你还和他有性吗?》一文刊于2004 年的《ELLE》,在此文中作者介绍了各种恋情结束后的"情外性",之后还给出了一段心理学家的解析。

> 从二人世界退出来,感情往往很难一下子就交割清楚。但也有人说,比感情更难断的是身体的关系。当爱结束的时候,性也就结束了吗?
>
> 事实是,很多分手情人在恋爱关系终止后还会发生"情外性"。情已逝,但是性的吸引还在。本期 ELLE 访问了四个女人的"情外性"经历,究竟是"很受伤"还是"很释放",她们自有体会,而心理学家也有建议。
>
> 心理学家王裕如解析"情外性":身体的空虚和失落是失恋的痛苦源泉。
>
> 女人都不会忘记失恋的痛苦,而失恋的极度痛苦是因"失性"而产

---

① 突破 6 个性爱禁忌[J]. 时尚 COSMO,2008(6):176.

② SCHIPPER K. The taoist body[M]. KAREN C. trans. Los Angeles:University of California Press,1993:144-147.

生。身体中性快乐的记忆和渴望给精神带来沉重压力。性、爱情和婚姻本是三件不怎么相干的事，人类的进化曾经把爱情和性相连，但是女性继续进步的结果就是性和情的分离。女人现在可以像男人一样脱离爱情而性，这既是进步也是担忧。

女人对性怎么办？

女人可以像男人一样去拥有性，但是女人可以做到像男人一样拿得起放得下吗？女人在性的方面其实比男人更贪婪，女人可以无限地承受，而男人则穷尽有时。男人在性的方面是收放自如，而女人在性方面没有自主权。所以在性的方面女人要做更多的努力、更充分的心理准备才能不受伤害。[①]

在这里《ELLE》采取了一种媒介采访与专家分析结合的言说方式。《ELLE》提供了四个采访对象的情与性经历，在展示了这四个采访对象各自的现状后，由专家王裕如解说道："性、爱情和婚姻本是三件不怎么相干的事，人类的进化曾经把爱情和性相连，但是女性继续进步的结果就是性和情的分离。女人现在可以像男人一样脱离爱情而性，这既是进步也是担忧。"这是专家的观点，其实也是《ELLE》的观点。之所以要由专家来言说这样的观点，是因为在现实中，这多少还是一个有争议的话题，《ELLE》尚不具备足够的力量来直接对读者"宣告"这种观点。这种力量上的不足，不光是认识上的，更多的是情感上的，是由媒介在多次与读者的话语互动中所获得的情感能量所决定的。这种力量的不足，可以从其言说方式中窥见。上面的引文属于一种客观的分析与介绍，类似于传播某种新知识，因此，从言说的力量来说，比直接下命令的言说力量要弱得多。但到了后期，这种较间接的言说方式变成了由媒介自己直接来言说了。如对于过多的性伙伴，《ELLE》是如此言说的。

女人都希望自己的性欲师出有名，既不愿成为别人口的"荡妇"，也害怕一辈子只尝过一种梨子的滋味而虚度了青春年华。虽说男人的数量不是幸福生活的指数，但绝对是密友聚会时的最佳谈资和炫耀资本。那些性经验丰富的女人，我们从鄙夷到美慕，因为到头来我们发现，女人没经历过男人，犹如拳击选手没有下过场子，应变能力、抗击打能力、反应能力都是纸上谈兵，心态就不好，没有别的办法。而你交往过的男人越多，越怪异，越不靠谱，就越能把自己培养成一个老当

[①]　FLORA，SAC. 分手后，你和他还有性吗？［J］. 世界时尚之苑 ELLE，2004（2）：112-113.

益壮的战士。[①]

在这里,对性的言说,已变成了一种直接教导的方式了,在力量上明显要强于前面的那篇引文。这反映了几个问题:其一,在现实中,如前文所述,性与情及婚姻的关系已多元化,这样的讨论事实上也是嵌入整个社会价值观多元化进程中的,成为其进程中的一部分。其二,因为是此进程中的一部分,凭借大的背景,言说者也同时获得了力量。换句话说,这两个方面是互为因果的关系:时尚媒介对性话题的展示助推着性观念的多元化,而现实中性观念的多元化又反过来增强着刊物在言说此类话题时的力量。通过这样的循环,在此类刊物中,性关系已日益成为一个不再与道德有纠葛的事物——性只是性而已。

这种态度在后来关于"床友"的讨论中,表现得更为清楚:所谓床友,是指"男女双方以性为基础建立的友好关系,不涉及爱情、婚姻,不干涉对方私生活。……寻找床友前,先问下自己是需要性,还是需要爱。需要爱的就正儿八经谈一场恋爱去"[②]。在这里,不仅在言说的内容上明确地对性与爱进行了分离,而且言说的口吻已全然是一种命令的口气,充满了力量——性只是性。

3. 性是一种权利

在时尚媒介的话语中,性被视为一种权利,一种高于婚姻约定的权利。这在《时尚 ESQUIRE》对《金瓶梅》的颠覆性解读中表现得尤为突出。

潘金莲,中国历史上的悲剧人物,出于对幸福的渴望和对化学药品的少许了解,她给丈夫喝了腐蚀性很强的药物。阴毒吗?也许只是生错了年代。放在今天,我们通常会管这叫"主动追求自己的幸福"。我潘金莲之所以出此下策,主要是因为当时衙门不受理离婚案。后人为纪念她和西门大官人的真挚爱情,写下《金瓶梅》。

西门庆

风流倜傥,采花猎艳,他本不该为一个有夫之妇动了杀心,玩玩儿不就得了吗?看来他是动了真情了。阅人无数的男子要是发现合适的,也一门心思地要拥有,这经历放在今天可比一人——查尔斯王子。

潘金莲

9岁被卖进王招宣家学习吹拉弹唱,15岁王招宣死了,18岁她又被转卖到60多岁的张大户家。但遭到张府大奶奶的反对,张大户只好把潘金莲嫁给租住他家院子里的武大郎。一个是看武大郎老实,还

①　芥末,小非.经历多少男人才能成为女人[J].时尚 COSMO,2007(1):171.

②　MISS 南,毛利.床友之交淡如水?[J].世界时装之苑 ELLE,2011(10):406.

有就是近点,也好偷会。由此可见,潘金莲就没有过一次像样的性生活,直到她遇到帅哥西门庆。①

对于潘金莲,因为没有一次像样的性生活,所以所做的一切都是合情合理的。而对于西门庆,原本性就如美食一样,玩玩儿不就得了,但西门庆动了真情,所以值得颂扬。因而"后人为纪念她和西门大官人的真挚爱情,写下《金瓶梅》"。在这样的话语逻辑中,有一个基本前提就是性是每个人的权利。将性视作权利的话语,在《床友之交淡如水?》一文中达到了极致。此文虽然是从关于床友的电影开始的,但对于床友持一种中立客观的态度。所谓床友,是指"男女双方以性为基础建立的友好关系,不涉及爱情、婚姻,不干涉对方私生活"。文中说到床友的问题是复杂的,最后给出了拥有床友的五条相关策略。

需要床友,你真的准备好了?

床友不是你想要,想要就能要。你随随便便要了,最后弄不好就眼泪掉下来。在阅读好以下床友攻略之前,请暂停你寻觅床友的脚步。

一、确保对方是单身

不管怎么说,和有妇之夫建立床友关系,是不道德的,也是危险的。虽然现在这样的事情也普遍,但抛开道德层面,考虑个人安全,如果被发现后,对方的伴侣是个脾气暴躁的人,她过来找你麻烦,你也只能很无奈。

二、明白自己的需求

寻找床友前,先问下自己是需要性,还是需要爱。需要爱的就正儿八经谈一场恋爱去。如果两个人之间,一个是要性,另一个是要爱,最后不但会闹得不愉快,更会性爱两失,得不偿失。

三、安全套必不可少

床友之间的性,安全套是必不可少的。除了不能怀孕,更关键是保护自己的身体健康。床友没有承诺,无需对对方负责,你永远不知道你的床友的别的床友是什么人,别的床友的床友又是什么人。所以,一定用安全套。

四、拥有床友不可耻

拥有床友不是一件可耻的事情。如果你单身,或者一段感情结束,没有开始下一场。要求你在这个时候不能进行性生活才是可耻

的。但无恋爱关系的性生活的途径无非这几样：出钱购买，一夜情，床友。和前两者相比，床友更安全。如果你们可以承诺一对一的床友，那么安全系数还要高。

五、谨防骗子明辨析

现实中，真的有不少人打着谈恋爱的幌子寻找床友。所以不想当床友的你，在恋爱伊始，就应该要求恋爱中的应有权益。

性欲不下流，下流的是欺骗

如电影中床友变真爱的成功案例，在现实生活中不多。但对于不相信柏拉图的人来说，真爱必定是好的床友。

单身男女，到底是需要真爱，还是需要床友，在不同的阶段，会有不同的解答。然而任何两性关系都需要建立在一个健康、积极、不相互欺骗的态度上才会最大限度地避免伤害，带来快乐和喜悦。

至于能不能变真爱，一切随缘。真爱是所有两性关系中最难得、最可贵的。床友变成了真爱就如同你去买个车轮子，结果中了大奖获得了一辆全新跑车。但别把这一切打进你的预算，有人买了一辈子的轮子也没有中到过跑车。要千万记得，你付出的也只是一个轮子的代价。

祝福天下有情人终成眷属的同时，我也祝福天下有欲望的人终成床友。要记得马斯洛的话：吃饱，穿暖，有房子住，有性生活，是人类的基本需求。性欲不下流，下流的是欺骗。别因为身体的蠢蠢欲动而害羞，请用正确、光明、不欺骗的方式去追求你的床友或者真爱吧！[①]

在这段文字中，文章赋予了追求床友即追求性的合法性，并由马斯洛的需求层次理论来为性的权利背书，将有性生活置于与吃饱、穿暖、有房子住的同等地位。从这些关于性权利的话语中，可见时尚媒介的言说力量日益强大，日益以一种先知般的权威态度对读者下命令。这事实上也反映出性观念本身的变化。

(二)婚姻与单身

在早期时尚媒介的话语中，对于婚姻与爱情常常是以如何获得对方的倾心为出发点的，对于放弃婚姻而选择单身的生活方式，基本还持一种试探的态度。但至 21 世纪后，这种状况慢慢地发生了变化。2003 年《ELLE》有一篇《旧单身 VS 新单身》一文，算是较大型的对于单身的聚焦。文章采访了一直单身的赵赵

---

①　MISS 南,毛利.床友之交淡如水？[J].世界时装之苑 ELLE,2011(10):406.

与有过婚姻又再度单身的作家棉棉。在采访中赵赵与棉棉对于单身分别谈了一些相应的困境与难处。棉棉甚至用到了凄凉两字来形容目前的单身生活。但有意思的是,这样的一篇采访稿,在页面上被当作重点的话语摘录出来,并以更大的字号予以突出的却都是单身生活的美好,而没有任何单身生活的艰难。

这是两个人关于为何是单身的一些对话。

赵赵:一个女人要是过了 24 岁没有结婚,以后就会越来越困难。24 岁以前,女孩可能需要从婚姻中得到一种依赖,可以有个人让你靠一靠的感觉。因为自己特别没有把握,还没有独立的生活,会急着想逃到另一个人身边去,有人照顾着就好。可一过 24 岁呢,对生活看得清楚了,自己可以照顾自己,就不需要也不愿意去迁就什么。谁也不靠谁了。这时候要结婚,就难了。眼前,我就是一个例子。

棉棉:我倒觉得,我身边很多的女人单身是有一点被迫无奈的意味。因为找不到好的男人。于是她们现在越来越多的时候只是待在家里,连门都懒得出。大家打打电话,彼此安慰照顾。我真是不了解男人,他们怎么就这么奇怪呢?

赵赵:不奇怪。为什么要单身? 因为男人和女人,再怎么好也是两个人。两个人就一定有两种思维方式,会有分歧。最困难的一点是,男人和女人很少可能做到同步成长,因为每个人生活的客观环境太不一样了。这是奢求。

棉棉:对,同步成长是很重要。可是,不知道你有没有这样一种感觉:现在的男人比较弱? 他们不能跟上女人的脚步。在我的那段婚姻里头,我曾非常努力地帮助我的伴侣明白这一点,帮助他打开他的世界,可是没有用。除非他自己想那么做,否则一切白搭。

赵赵:对。越精彩的女人,生活中的变化也就越快越多,男人反而显得保守了。他们可能害怕。现代女人对男人的要求已经和传统意义完全不同。男人却没有明显的进步。

棉棉:男人的情商真的很低,他们是和女人完全不同的人。而且很多时候,一个优秀的男人身边总会跟着一个傻傻的女人。我是不指望男人会懂得爱情了。在感情这种细腻高深的东西面前,他们有时真是低等动物。

这样的一段对话,被摘录出来用黑体置于篇首的话语却是:

赵赵:越精彩的女人,生活中的变化也就越快越多,男人反而显得保守了。

棉棉：男人的情商真的很低，在感情这种细腻高深的东西面前，他们有时是低等动物。①

这是意味深长的。这样的处理可以有两种理解：第一，社会对于单身基本还是持一种负面的态度，正因此，正面的信息被特意放大了；第二，对正面信息的放大过程中，清晰地彰显了时尚媒介的立场。但无论如何，单身还是一种需要寻找出路的生活方式，这在全篇的话语中是能清楚地感知到的，这也在媒介后期的话语中得到了印证——寻找到了出路，单身也会有单身的甜头。

学会单身七十二变，让你时时品尝单身的甜头。……单身女人的盘子里，除了爱情，还有些什么呢？

音乐。她们是城市夜幕中的音乐精灵，用自己的音乐抚慰和诉说。她们拥有与众不同的独立生活，精彩、敏感而美丽。

时装。无论是怎么穿都流行的蓝调牛仔，还是代表都市风范的干练搭配，抑或将风靡世界的亚洲风暴和波普艺术都披挂上身，她们就是优雅时髦的化身。

唇膏。无论她是否天天化妆，每一个女人都会拥有一支唇膏。从单身看出她的秘密。

鲜花。千娇百媚的花朵开到她的屋里，打扮单身生活。就算没有他送来的，也要快乐地拥有自我的空间。②

如果说之前对于单身还是婚姻，媒介话语主要集中在如何把单身生活过得更好一些，或者换句话说，单身"也可以"很美好；那么到了后来，在媒介的话语中，单身成了一种"更美好"的生活方式。如《如果爱，请接受我的"单身"方式》③强调女性作为个体的独立性，并以为"单身心态"是一种更可取的两性相处的方式。"事实上，一个在爱情中完整保留自我的女人对男人来讲有永久的吸引力。因为你的'单身心态'不断激发他们的征服欲。"在这篇文章中，单身的现实问题全都被抛开不谈，偶尔的单身被描述成最为美好的时光，并推举出具体的榜样来证明其美好。

保持爱情心态"单身"化，恐怕没有谁比演艺明星做得更极致。尽管他们有矫枉过正之嫌，不过略学一二招对我们很有好处。……刘嘉

---

① 肖卉.旧单身 VS 新单身——赵赵、棉棉锵锵谈[J].世界时装之苑 ELLE,2003(6).

② 叶路.单身，就是一份自助餐[J].世界时装之苑 ELLE,2003(6).

③ 如果爱，请接受我的"单身"方式[J].世界时装之苑 ELLE,2006(8):129-130.

玲与梁朝伟的关系直到现在依然云山雾罩。嘉玲一会儿与其亲热牵手，一会儿又在绯闻乱飞之际澄清自己与梁只是好朋友。表面伪装单身实则享受稳定的爱情生活是不是女人青春永驻的秘密？为什么要在与人相识的第一天就告诉人家你名花有主？有意无意伪装单身、增加一点神秘感、多些约会机会难道不好吗？

在社交中，单身与名花有主者享受待遇往往不同。一个经常享受单身待遇的女性一定比将老公孩子挂在嘴上的女性心态年轻。①

在这两段文字中，单身或者保持单身的心态，相对于婚姻，被界定为是一种更多姿多彩的、更可取的生活方式。即便有稳定的感情，为了更好的生活，有时也要伪装单身。在这样的逻辑中，单身成了一种优于婚姻的生存方式。在另一篇《10 大城市单女的快乐生活》②中，单身的负面意味荡然无存，单身是一种"更快乐"的生活方式。

世界是平的，但城市依然保留着它们的个性。你在哪个城市生活，你做什么工作，它们便成为你无法掩饰的表情。城市里的单身女性们，你们是否快乐、充实？COSMO 采访了全球 10 个城市的单身女人，她们都从事着一项与自己城市的特色密切相关的职业并乐在其中，她们享受着城市与工作给予她们的物质和心灵的双重支持，通过自己的努力达到向往的生活状态。③

单身不仅是快乐的，而且是真正实现自己的一种方式。如对来自里约热内卢的一个 30 岁的桑巴舞者的采访中所说的："能在世界最美丽的城市生活，我怎么能不快乐？我爱这座城市向上、健康、令人愉悦的风格。我总是努力保持身材，每天都要健身。这种生活让我心情愉快，压力也会消失。练习桑巴也是一种很好锻炼！我喜欢做的另外一件事是主持电视节目，我主持的是一档综艺节目，每次录节目都是一次和嘉宾以及观众一起的开心经历。"④因此，"没有所谓'单身'这种事，难道我们不都是跟着心灵的呼唤，向自我实现的道路迈进吗"？⑤ 在此处，单身不仅被描绘成了快乐的生活方式，而且其存在本身也被淡化。单身还是婚姻，就如选择做会计还是做舞者一样，是每个个体自我实现的

---

① 如果爱，请接受我的"单身"方式[J].世界时装之苑 ELLE,2006(8):129-130.

② 晓元,小非.10 大城市单女的快乐生活! [J].时尚 COSMO,2008(9):216-224.

③ 晓元,小非.10 大城市单女的快乐生活! [J].时尚 COSMO,2008(9):217.

④ 晓元,小非.10 大城市单女的快乐生活! [J].时尚 COSMO,2008(9):218.

⑤ 晓元,小非.10 大城市单女的快乐生活! [J].时尚 COSMO,2008(9):217.

自主选择。这样,就彻底地抛弃了单身的负面意味——单身甚至不再是与婚姻相对立的一种生存状态,只是个体间不同的一种生活状态。

至此可见,时尚媒介对于社会中既存的单身现象的挑战走过了一条较清晰的路程:一开始是被动地应对单身的问题,为单身群体出谋划策,让单身者看到单身也可以生活得很美好;尔后,刻意建构单身的美好意味,有意将单身置于比婚姻更美好的境地,这是对单身处于劣势的观念的一种抵抗;再后,则干脆无视单身——没有所谓"单身"这种事。如此一来,将原本的问题当作一种不值一提的常态来对待了,这对于传统的男大当婚女大当嫁的观念,可以说是从根基上给予否决了,从而把原有的社会文化中存在的关于婚姻还是单身的裂缝进一步撑大了。

(三)两性关系

传统的两性关系中男性是选择的主体,女性是选择的客体;男性是观看的主体,女性是观看的客体。笼统点说则是男性处于主动的地位,女性处于被动的地位。但 21 世纪的时尚杂志,特别是女性时尚杂志,对男女两性之间的这种关系进行了挑战。

1.选择与被选择

传统的两性关系中,女性是不可以太过主动的,矜持被认为是淑女的一项基本特质。但在时尚刊物的话语中,女性对于男性的选择显得日益主动,在很多话语中,女性已摆出明显的主动选择的姿态。如《乏味男人靠边站》[①],光是从标题就可看出,言说的方式是命令式的,言说的力量是很大的,表达了某种选择的决心与倾向。

> 和一个乏味的男人约会?这样的女人未免太不会讨好自己!披着羊皮的狼会吃了你,披着绚丽外衣实则乏味的男友却会沾你一身老气。他们通常会以近乎完美的假象迷惑你。需要用你的火眼金睛,认清他们的真实面目,立即开始清理。为了能闪烁于快乐的烈焰中,女人要以当年焚书坑儒的狠心彻底淘汰掉一批这样的男人。让我们来帮你完成这件艰巨的工作,把扮作罗密欧的猪八戒筛选出来!
>
> 他的标签:
>
> 1.始终扮演着较为强悍的社会角色。他们打拼事业,掠城夺地,并且不停被灌输"你是男子汉,男子汉大丈夫一定要坚强的"观点。

---

① 小八,陈薇.乏味男人靠边站[J].世界时装之苑 ELLE,2006(8):133-135.

2.鄙视认为那样的男人是一种病态,并且不屑阅读时尚杂志和言情故事。

3.爱说女人虚荣,不爱给女朋友搭配衣服。

4.天天穿得一样,不肯接受女友为自己买的衬衣。

乏味揭底:

1.女人有时候喜欢男人在自己面前撒娇,女人会觉得自己被依赖,要不,对着一个严格要求自己的男人,真的很累很乏味。

2.别把我们的温柔怜惜当成善良好哄,该挣钱的挣钱,该养家的养家,说到底,男人撒娇不也图个女人一笑? 何必吝啬?

3.这样的男人会觉得男人就该和男人混,女人就该和女人玩,没有异性朋友的他们怎么会懂得笼络女人的手段? 只可以每天为他洗衣服做饭而不能欣赏其他帅哥,休了他吧。

在这里,男性不仅被女性审视,还被逐一分析。对于不合意的乏味男人,文章给出的建议是"休了他吧"。在中国历史上,向来只有休妻,而没有休夫。当一个男人不合意时,女性也用"休"一词,正是表达了女性在选择时的主动权。全篇的语气非常强势,体现了一种直接对抗社会既定成规的决心——"以当年焚书坑儒的狠心"。

2.看与被看

一直以来,女性是看的客体,而男性是看的主体;女性是审美的客体,男性是审美的主体。时尚杂志,特别是女性时尚杂志对这种关系形成了挑战。女性时尚杂志中的男性内容部分,基本上是一种女性对男性的观看,特别是对于男性的身体,更是不厌其烦地描述着、展示着。"什么样的男人最性感? 男人最性感的部位是哪里?[①]"这些成了女性时尚刊物中关于男性最热衷的话题。

男人的哪个部位最性感? 请众姐妹进行公平投票,答案揭晓:Absolutely Abs! 腹肌才是性感的王道。——这个答案适用于大卫王、贝克汉姆、吴彦祖。同样也适用于众多虽不拥有性感偶像头衔,却拥有同样坚实腹肌的日用男。

"从本能上来说,雌性动物看雄性动物最注意的还是腹肌。"清华田径队的生活留给孙天立的不仅是坚实的腹肌,其腹肌理论同样坚实:"20 岁以前,更注重腹肌的纹理和皮脂的厚度。30 岁以后更注重

---

① 何潇,F 落·尔.男人的性感地图[J].时尚 COSMO,2009(8):478.

它的健康。腹肌性感不仅来自纹理质感,成熟感也会对女人产生一定魅力。"①

这种观看集中在女性对男性身体的观看,因此对于男性的展示,也如对女性的展示一般,尽可能地展示身体本身。赤裸上身的男性(见图4.3),可以说是此部分内容的标准像,赤裸全身的男性(见图4.4)亦不难寻觅踪影。对于所谓的性感偶像不仅逐一分析身体的性感部位,并配以大幅裸露身体照片,在此,男性成了女性观看的对象。

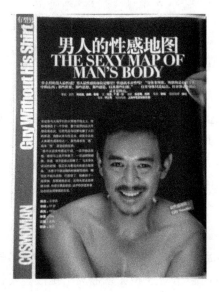

图 4.3 《时尚 COSMO》
2009 年第 8 期内页(1)

图 4.4 《时尚 COSMO》
2009 年第 8 期内页(2)

我们爱男人!我们更爱男色!养眼的男人是女人眼中的奢侈品,未必需要,却期待拥有。正因为如此,我们从来都不停止为你收集全世界一手性感男人的工作。今年 COSMO 再次联合了世界各版编辑,给你带来了当下最炙手可热的国民性感偶像。②

在这段文字中,男人不仅被区分为养眼与否,而且养眼的男人被称为"奢侈品",这样的用词,赤裸裸地将男性置于了被女性消费的地位。相对于现实中已

---

① 何潇,F落·尔.男人的性感地图[J].时尚 COSMO,2009(8):478-481.
② 全球 COSMO 票选最性感男人[J].时尚 COSMO,2009(8).

然存在的两性关系的多元化,时尚杂志用更直接、更有力的方式放大了本已存在的价值观之间的裂缝。

通过大量的、集中的对于性及两性文化的挑战,时尚杂志在话语中,将这种挑战更推进一步,笼而统之为对一切主流精神的挑战,一些反主流的内容被时尚杂志突出彰显着。如:

> 波西米亚精神,简单说就是追求精神自由。追求反叛,个性张扬,不信仰一切主流精神。不断以异端的方式挑战主流霸权,不停止以对"边界"永远的突破与冒险作为生活常态与人生准则的精神。时尚不是"追时髦"。而是敢于在主流文化大背景下,做出遵从自己的选择。①

在这样的话语中,这些媒介通过时尚宣告着对一切主流精神的挑战。但若仔细梳理分析,挑战领域还是有限定的,主要限定在前述的性及两性文化之间,对于国家、民族、政治等领域内的主流意识形态,几乎是从不触及的。在话语中宣告挑战一切与事实上的有限挑战之间是存有矛盾的。另外,时尚杂志的挑战话语是以一种游移甚至对立的方式呈现出来的。在不同的语境中,对于两性关系是维持传统还是挑战传统,并不是永远一致的。在很多时候,对于两性关系,时尚杂志还是会维持传统观点的。如"可别把晚妆和浓妆画上等号,COSMO的调查显示,似乎没有什么男人愿意带浓妆艳抹的女朋友出门。因此 COSMO的建议是善用一些适合的颜色在眼妆和唇妆上,巧妙点缀迷离眼神和性感朱唇,搭配蓬松自然的挽发髻。看似随性慵懒的造型却能为你赢得惊喜的加分"②。在此,女性的妆容是以男性的审美标准来确定的;男性依然是处于一种看的主体的地位。又如前述的床友一文,一方面文章传递着性与爱是可以分离的,追逐纯粹的性快感是人的基本权利,但与此同时,又说选一个有妇之夫做床友是不道德的。追究起来,是自相矛盾的。但作为一种仅供休闲阅读的文本,而非研究论证的材料,时尚杂志的高调挑战的宣告,在某些时候是可以建立起挑战的意义的——用一种矛盾的方式。

总之,一方面时尚已渗入所有的领域,成为一种重要的社会文化;另一方面时尚是一种挑战精神。这就意味着时尚不仅无所不在——因而极其重要;而且时尚的意义变动不居——因而高深莫测。在这样两重力量的交织下,时尚就成了既重要又高深的事物。这些页面上的内容传递着这样一个信息:如今的时尚

---

① 时尚 COSMO 2011 年 10 月号导语。

② 倪昊.6 分钟超速性感美妆术[J].时尚 COSMO,2009(8).

有深度,有专业性,不再是一目了然的了。相应的,一些关于时尚的特定组合词汇开始频频出现,如时尚真谛①、时尚密码②、"时尚流言学"③等。随着挑战一极的意义的引入,在更为抽象的层次上,对于时尚意义的总结就不可能再如之前那样,完全归结于美了。或许套用时尚媒介自己的话来总结才较恰当:"在这里,我不得不重复一句老话:时尚就是一种生活方式。"④这样一来,时尚原本在审美领域的限定就被突破了,而渗透至整个生活方式,甚至生存方式。

第四节　时尚媒介的自我推举

时尚的意义变得不再确定,但与此同时时尚并没有就此消失,事物还是有时尚与不时尚之分的,也就是说,时尚并不是没有了标准与方向的,只不过这个标准与方向更隐晦了。这使时尚成了一个需要经由阐释才能把握的事物。谁具有阐释权,谁就有了对时尚的掌控权,谁就拥有时尚的追随者。正是在时尚意义的复杂化的同时,时尚媒介进一步展开了自我推举的旅程。在这个旅程中,时尚媒介解构了过往的时尚话语权威,建构了新的话语权力等级,并且将时尚话语的等级体系日益复杂化。时尚作为一种组织,其纵向的层级结构不断地被推高,时尚媒介自身成了最终的时尚裁决者。

一、对于时尚话语人群的颠覆

2008 年以后,在时尚媒介的话语中,对那些大牌设计师、著名时尚评论者的态度,存在着一个明显的转折。时尚杂志不约而同地开始了对这些所谓的时尚Icon 的解构。《时尚 COSMO》2009 年第 8 期对所谓的时尚"恶"势力进行了分析,对人们惯常认识当中的时尚 Icon 进行了全面的解构,此文可视为是这种解构的代表性篇章。

> 时尚圈真是一个鱼龙混杂的大世界,疯人、贱人、恶人各有各的生存之道。当然,"恶人"并非十恶不赦,好与坏并非泾渭分明。恶人的

---

① 时尚真谛探索记[J].世界时装之苑 ELLE,2011(10).

② JOYCE,何晓珺.激增摩登感摆脱冬日陈旧造型[J].瑞丽服饰美容,2007(1):128-136.

③ 时尚流言学[J].世界时装之苑 ELLE,2011(10).

④ 陈鉴.编辑寄语[J].上海服饰,2007(1).

生存之道总是有一点点小聪明，常常打破框架，think outside the box。所以，虽然天使都痛恨恶魔，可是，有朝一日，让天使尝尝恶魔的滋味，一定甘之如饴。关键是，你有当恶魔的特质吗？你能从容不迫地与恶势力抗争，与恶势力和平共处吗？Well，这不是一个值得传授的秘籍，却是可以识破的诡计。

这是开篇的一段导读，在这段导读中，传达了几个意思。第一，时尚圈并不是均质的；第二，所谓的"恶人"在道德层面上，是很难区分好坏的；第三，成为时尚圈的恶人，是有一些特性的，而且这些特性是有掩饰的，因而称为诡计，但与此同时，这些诡计掩饰得并不过分，因而是可以识破的。不管最终此文对于不同的个体起到了什么样的作用，这段导读对于时尚圈的大人物至少不再是膜拜的态度，而代之以一点点的嘲讽。在谈到设计师恶势力的内容时，嘲讽的态度就更为明显。

设计师恶势力，梦尚未醒

身为与时装界唇齿相依的时尚媒体，理所当然以"共存亡"的心态，鼓励时装界的欣欣向荣。不但全心全意地赞美还用亦正亦邪的形容词给予嘉许，比如：Galliano 的疯狂，是创意；McQueen 的诡异，是戏剧；Viktor & Rolf 的颠倒，是突破；Margiela 的怪异，是前卫；Commedes Garcons 的破坏，是革新；Gaultier 的色情，是欲望……只要漂亮可穿，时装迷们有余地寻欢作乐，设计师们不妨继续天马行空。

可是，我也很想做一个像股票基金"垃圾评级"的时装版本，拜设计师们和生产商趁早梦醒，别再装神弄鬼，别再附和炒作，更别再浪费资源。

原本伦敦学院派一向有大批不顾及穿者感受的设计师，因当地市场实在太小，唯有凭一股锐气以"惊吓装"博取媒体和大众眼球后，到他乡谋出路。可是，前卫不当的下场，就是"比利时六子"如今只剩Dries van Noten 的冰冷现实。Gareth Pugh 应该有所警戒。

近年配饰以"巨"取胜。手袋大得像行李，适合每天逃难。项链越来越像死囚的枷锁，珍珠大如乒乓球，底下再坠一枚铜镜，叫人抬不起头来。2009 秋冬 Lavin 更以"大灯泡药丸"为颈间重头戏，要靠肩膀的力量"扛"。2009 秋冬，Nina Ricci"倒钩小丑靴"，还有 CFDA 刚出炉最佳女装设计师品牌 Rodarte 的无数绷带搭扣 S&M 裤靴（最大的快感是立刻脱下），简直丑得令人发指！说到底，时装迷爱穿的只是美服,不是戏服。

在这里那些如雷贯耳的名字被一一点名,他们的设计还被称为"装神弄鬼",表达了作者的一种嘲讽态度,对于之前设计师不分青红皂白就被正面追捧的现实,进行了有力的打击。虽然,从全文来看,对以设计师为代表的所谓时尚Icon的批评并不是彻底的,更说不上是革命性的,但相较于前一阶段,将设计师视作时尚标准的态度,此时的设计师成了可以被调侃的对象。这在事实上已将之前的时尚Icon赶下了神坛。

文中分析到设计师之所以被全面接受,是在于与时尚业共谋的时尚媒介。当这样的文字出现在同样也属时尚媒介的刊物上时,这种话语就多了另一层意味:这才是一份真正的、权威的时尚刊物——这样的刊物无须拜倒在设计师与时尚工业的大名之下。在此话语中,时尚媒介的层级被建立起来了,大量与时尚工业共谋的时尚媒介是低级的时尚媒介;更高级的时尚媒介是像"我"这样能独立于时尚工业的媒介。如果关联其时竞争十分激烈的时尚媒介阵营,这样的话语事实上是一种对整个时尚媒介阵营进行层级化的举措。对时尚媒介阵营的层级化,同时也是对于时尚媒介受众群体的层级化:那些不分青红皂白地拜倒在设计师名下或品牌名下的读者是被我们清理出阵的。

大人物恶势力,霸住不走

香港《信报》董事兼财经专栏作家曹仁超,4月底接受香港《Milk》周刊专访,一席话看得我恶向胆边生。记者问到有关香港年轻一代的前途,曹先生答,"为什么要我把位子让出来给你坐?我这个位子,月入十几万,坐得好舒服,为什么要我走?!我不仅不走,我还专门不让你上来……我作为农庄的主人,没有理由教只猪去唱歌嘛!只要你们乖乖听话,乖乖做小猪,那我就有猪肉吃了!对不对?聪明人,要Think outside the box嘛!要超越上一代,就不要一味听话,否则永远成为上一代的Copy"。

难得有前辈讲得这么坦白,虽然听起来真的很有挫败感,好像过去所有的努力,原来全是白费力气。但是,真的,为什么学校不教,父母不早点告诉我?世上所有的规则都是上一代的大人物定的,循着他们的老路,我们最多只是在Copy上一代的表面皮毛。那又凭什么要上一代的大人物让路给我们,不是他们霸着不走,而是他们根本没有责任让路。

你看,Karl Lagerfeld,地位俨然是时装界的皇帝,掌舵Chanel、

Fendi,Lagerfeld 一年近 20 个系列,还有出版社、客串设计、掌镜广告。每个编辑都想从 Lagerfeld 口中套出几句"名言",灌成一篇独家大作。他的确有问必答,但他只回答正对着他的那个人,琐碎而简短,切中要害,英、法、德、意,你问哪种语言他答哪种语言,但他绝不重复,"否则我一辈子答不完"。旁人听不懂只好事后公关听现场录音一句句核对猜测翻译。他音量不大,也不高声,因为"嘴唇幅度越大,越丑"。他的助手,像伺候皇帝般伺候他,连每一件 Goyard 行李箱都用保鲜膜层层包裹。他喜欢纤细的男人与中性的女人,越不正常越能从他们生活中寻得灵感。可是不管多喜欢,照样即用即弃。他坐拥顶级的精工坊,以他为优先服务,但是他自己却自由度高得能效劳竞争对手。除非他钦点接班人,否则谁能推他下台?……

在这一部分关于时尚圈的大人物的论述中,传达了一个非常明晰的意思:时尚圈的大人物只不过就是被一群不知道挑战的小人物哄抬出来的。因此,(1)没什么大人物;(2)如果有一群懂得挑战、知道 Think outside the box 的小人物存在,势力大如 Karl 的人物其实也没什么,关键是整个时尚圈的其他跟从者,都被这种势力驯服了。

> 但凡"势力",都代表了一种特权,人时而生畏,时而羡慕又嫉妒。你会对"善势力"习以为常,却无法漠视"恶势力"的存在。"美丽"本身就是一种特权,也从中助长了时尚恶势力的蔓延,用尽一切天时地利的另类方法,霸占视觉的空间,推翻美学的神坛,继而用最保守的手段,成都结派地巩固地位,淹没挑战、驯服信徒。渐渐地,你会发现,善,只是"恶"的壁垒;恶,只是一种脱颖而出大刀阔斧破旧立新演化"善"的方式。可是遗留下来的"恶势力",成就了是非。[①]

这是对全文的总结。纵观全文,作者用嘲讽的态度表达了两层显明的意思:一是时尚圈本不存在什么大人物,一切设计师、评论者、名博主本来都不足以成为执掌时尚话语权的个体,他们之所以成为一种一统天下的势力,正在于被驯服的大部分小人物对他们的执迷。二是时尚圈中被驯服的大部分(包括时尚媒介)只不过在各种利益的驱动下(如灌成一篇独家大作)维系着这些势力。这就是全部的诡计。一旦这个诡计被识破了,时尚圈的那些所谓令人着迷的"恶魔"们也就不再存在了。在这个识破诡计的过程中,此文就自动地带有另一

---

① 奕方. MEET 时尚恶势力[J]. 时尚 COSMO,2009(8):252-255.

层的意思。那就是,这个诡计的识破者及言说者,才是时尚圈真正的大人物。正是她/他在指引着人们掌握时尚的真谛。当然这层意思是隐含的,是通过对于时尚圈各种表层现象的揭露,让读者对此话语者不断地产生期待与感激(感激此人带领我们走出了诡计对我们的掌控)的过程中形成的。总之,在这样的话语中,不仅解构了那些时尚话语权的掌控者,同时也完成了对于时尚话语权的新的掌控者的建构。时尚话语的权威人物的地位转向了解构者——包括作者与发布此内容的时尚媒介。

这反映出当这些时尚媒介日益成熟,时尚资讯,特别是来自这些时尚大人物的资讯,不再成为稀缺资源时,对于这类资源的仰视就显得不再必要,这类资源就不再被动员,于是在话语中对此类资源采取了另一种态度,甚至让其不再成为一种资源。但与此同时,随着时尚媒介体系的日益复杂与壮大,读者成为更重要的资源。争取读者,成了竞争日益激烈的时尚媒介必须要面对的问题。因而,在话语中推举读者,赋予读者至上的地位,成为另一种与之伴随的话语策略。如:

卡尔是谁?

前不久,当 Karl Lagerfeld 出现在尼斯机场的时候,除了他那一身经典打扮之外,肩上居然背了一只环保布袋,上面写着巨大的"Karl Who(卡尔,是谁)?"无独有偶,Marc Jacobs 也曾经开过同样的玩笑,他在一件童装背心上写下过"Marc Who?"。对此,法国版 ELLE 评论说,Karl 提出的这个颇有"存在主义"色彩的问题正说明,不要靠那些沉甸甸的名字来"伪装"自己,说不定,当有人跟你说起 Karl Lagerfeld,你要说"我才不认识这个人",这才是真的时髦![①]

又如《时尚何去何从》说到当世上的一切都有了时尚意识时,其实时尚领军人物的地位也就跟着消失了。[②] 这种解构其实有两层作用。第一,直接的作用,是赋予时尚的追随者——读者,更高的主动性,让读者意识到自己的独特性,或者说一种符号特征,并在这种特征中与其他人群划定界线,实现团结。换句话说,使读者的自我鉴定能力成为一种被动员起来的利益,并在这种利益中实现团结。第二,伴随着在读者方面的这种利益动员,事实上是让读者从追随原来

---

① 卡尔是谁? [J]. 世界时装之苑 ELLE,2009(8):81.

② WILLAMS P. 时尚何去何从 IN/OUT GAME[J]. 世界时装之苑 ELLE,2008(10):160-163.

的时尚大人物转移至追随新的时尚势力——那些一直会为你指点时尚迷津的刊物,从而最终团结在这些刊物的周围。正因此,对于时尚势力的解构的话语成为时尚媒介,特别是已较成熟的时尚媒介的共同选择。

二、时尚作者群体:时尚媒介的代言人

对传统的时尚话语群体的解构与新的权威话语主体的重新建构是同步进行的。新的时尚话语群体最主要的力量是那些专栏作者。对于这些作者,不仅每期在紧靠目录的位置对作者个人进行介绍,而且每期的《主编寄语》中,也会对这些人群的新作进行介绍,赋予这个人群极高的时尚阐释权。这个群体与读者言说时,很多时候也是采取一种高高在上的、命令发布者的口吻进行言说。如:

给爱时髦的你

尽管此时此刻的你,正在阅读一本 ELLE 杂志,但是你确定懂得如何阅读吗?

顾名思义,"时尚杂志"好好把漂亮的衣服呈现给你就好了,为何还要女人心事、职场风云、艺文动态……这些看起来和穿衣打扮一点关系都没有啊? 要解决这个问题,就要追溯到"fashion"这个英文单词的原意上:它不仅仅只是名词,还是个动词;不仅仅指一堆漂亮入时的衣服,还指"使你变时尚、时髦"——这绝对是一个系统大工程! 古时候就有"沐猴而冠"的讲法,猴子即便是洗了澡,穿戴整齐了,仍旧不能成为人。因此,fashion 作为一个动词,还得接管内在精神的部分,脱了"猴气",才能与华服相得益彰。不然,哪怕是件出自巴黎名师之手的高级定制服,也只能是"富者服之章其富,贫者服之章其贫;贵者服之章其贵,贱者服之章其贱"。

一本负责任的时尚杂志,当然不能不管自己的读者是谁,直白露骨地秀给你看一周七天该怎么安排自己的穿着,而是要让"时尚"慢慢地渗入你的骨髓,让一切都自然而然地在外表体现出来。"授人以渔"是正途,而不是给你那条有了这顿没下顿的"鱼"。

好吧,ELLE 确实会告诉你当季的潮流趋势。那并不意味着,你每季都要严格遵守这些流行条规,把自己打扮成"会走路的时尚杂志"。亲眼见过在时装周的外场,来自日本的时装编辑穿着 Balenciaga 数年前红极一时的"鲜花盔甲",感觉他整个人几乎要被衣服吞没掉,

没人关心他到底是谁,像看个笑话。那些每季最熠熠生辉的单品在媒体上,拥有无上的曝光率。那些无血无肉的物质才是媒体上的"大明星";你的气场大不过它去,会毫无疑问地被它吃掉,成为它的传播者,而你自己在哪里?

这个世界没有人敢拍着胸脯告诉你,什么是绝对客观的美。时装杂志只是为你提供了许多选择,而并非替你做出了抉择。它们在报道当下正在流行的锦衣华服时,要调集包括图文在内的各种手段来告诉你它背后的文化是什么,被注入了人脑的元素后,又会呈现出什么样貌。它们教你如何"举一反三",日后可以变成你自己的主张。时装大片美轮美奂,又何尝不是在用镜头,告诉你一件衣服所能呈现出的无尽可能性,人、布景,以及每个摄影师独特的镜头语言,都在丰富着一件毫无生命力可言的衣服的有限表现力。

哪些东西造就了独特的你?一堆足以证明社会身份的证件、包括容貌在内的身体特征,以及由文化塑造出的个人气质。穿衣打扮,实在是件不容易的事,需要通过学习来掌握其中的"道"。作为更高境界的"穿衣之道",实则是一种能熟练地把自己的内在,通过服装外化出来的技术;是站在人前,朱唇未开,光是凭借你的着装,便能让人准确领略到你三分内在风景的本领。因此,fashion 作为动词,必须让你内外兼修,在日积月累中让时装成为真正能为你所用的东西,而你不再只是它的奴仆。

在过去的五六年里,我采访了很多全球顶尖的时装界大师。他们但凡提及 fashion,最多用到的一个词是"sophistication",字面意思翻过来,就是"世故"。但这个词安在 fashion 身上,更多的不是我们熟悉的"老于世故",而是在穿衣打扮方面,拥有深厚积淀的圆熟。他们全都相信,和穿衣服的人相比,他们设计出的再厉害的衣服也是不重要的。他们更乐意描绘一个充满独立精神的女性形象,穿着他们所设计的时装,便是终极的美丽。因此,一本好的时尚杂志必须懂得如何动用文化,以及人的元素,来提升时装本身的局限;而作为读者的你,也应该学会如何更好地读懂这本好杂志的良苦用心。①

读完全文,可以感受到作者一种高高在上的、启示者般的态度。从一开始对于读者是否能读懂一本时尚杂志表示怀疑开始,一直到对于设计师所说的穿

---

① 林剑. 给爱时髦的你[J]. 世界时装之苑 ELLE,2011(10):114.

衣打扮的圆熟的解释,俨然是一位导师,一位启智的精神领袖。

《ELLE》上对此文作者林剑的介绍如下:"资深时尚评论人。通晓时装、音乐、艺术、设计,人生爱好是在浮世中寻找感官的欢愉。自称比他懂时装的,不如他写得好;比他写得好的,不如他懂时装。"这样的介绍传达了两层意思:第一,林剑是最优秀的时尚评论作者——尽管是自以为的;第二,《ELLE》的作者群体就是由这样一群真正具有时尚权威的人员所组成的。如除了林剑之外,同一期的作者还有林奕华、张悦然。《时尚 COSMO》对于专栏作者奕方的介绍则如下:"奕方(美国)生于上海,14 岁移民美国洛杉矶,主修国际金融学,副修艺术史及比较文学。现任企业并购、商业策划,并主持多份美容专栏,出版《美容圣经 The Beauty Bible》,Blog. sina. com. cn/yvonnehou。"①这些重要的专栏作者并不是完全固定的,但有一点是肯定的,无论是找谁来撰文,这些作者都得有一些可辨识的身份,哪怕不是此领域。换句话说,在专栏作者方面,时尚杂志绝不承担培养新人的工作。一个尚未具备任何可以炫耀的资本的新人,是与此领地绝缘的。这部分人群,不仅要写得好,更关键的是还要有担当得起作为时尚权威的身份。因此,各种头衔是必需的,实在没有什么可介绍的,至少也得是"资深"的。当然这种资深不仅仅是一个词语而已,而是指作者在现实中在某些领域确已具备相当的知名度与威望,确是有一定资格的。不过,这种资格并不是有严格的专业限定的,是一种较宽泛的领域内的资格。如《上海服饰》一度还请刘仪伟做专栏作者。像是回应刊物对自身的推举,这些作者在文中也会对刊物的地位进行确认。如前文中林剑对《ELLE》这本杂志也顺带着一起恭维了——这本杂志是有良苦用心的。这显出了作者与编者的一种"共谋"。在这种共谋中,这些作者群体的原本的各种文化资本转化成了时尚资本——通过在时尚媒介的刊物页面的不断出场。

对于这类与杂志实现共谋的作者群,时尚杂志也给予了独特的展示方式(见图 4.5)。这些杂志不仅在个人的文后刊出对作者的介绍文字,而且配以相应的照片。这基本是各刊对于重点作者的标准版式。如果比对其他作者的个人信息的处理方式,这可以说是一种彰显特权的方式。对于一般的作者,这时期的时尚杂志采取了弱化个人信息的处理方式。有些文章,作者的信息十分隐匿,甚至会在中缝接近装订线的位置才出现作者姓名②,若不仔细查找,很难找到作者的相关信息。而且,进入 21 世纪后,时尚杂志在目录页都不再显示作者

---

① 见《时尚 COSMO》2008 年 9 月期第 62 页。

② 对于一些流行情报类的信息,作者及编者的信息在时尚杂志中通常位于装订线的附近,以不影响信息的完整性。

信息,这使得普通作者在时尚杂志中很难获得被关注的机会。这样对作者的不同处理方式,使得时尚媒介中的作者具有了不同的等级地位。

图 4.5 《ELLE》2011 年第 11 期及《时尚 COSMO》2008 年第 9 期内页

三、时尚编辑:时尚的最终裁决者

这个阶段,各路编辑都开始在话语中"出场"。编辑不再是幕后的组织者,而直接跑到台前来发言。所有的杂志每期都有编辑的"露出"。如《ELLE》每期都有《美容编辑心得》,不仅介绍编辑的心得,还出现编辑的个人形象。她们通常是以试用者的身份,对最新的美容产品及技术进行试用体验的介绍。如:

美容总监 Helena

不论是光疗美容还是护肤品,我都很看重安全。曾经尝试过为期半年的午餐光疗美容:Reenex 的皮肤更生及冷冻光疗程,当时打动我的理由是它能"停止"三年的肌肤衰老,对于抗皱、松弛、斑点、出油等几乎所有问题都有改善作用,而且绝对安全。疗程两周一次,每隔一次会先进行皮肤更生,其实就是化学换肤;接下来用波长为 1540 纳米

的射频深入 200～500 微米的真皮层刺激纤维母细胞,5℃的冷冻技术
则不会让人感觉到任何灼痛,反而凉凉的很舒服,眼周和嘴角部位还
可选择特殊的加强护理,最后是保湿面膜镇静舒缓。也许皮肤本身没
有什么问题,做完后我没有感受到质的提升,周围的人也没发觉我做
了医疗美容,午饭倒是少吃了很多顿伤了胃。我相信这种温和安全的
疗程确实可以减缓衰老(而且过程中你会更注意保护皮肤),但是对于
皮肤底子不错或者不急于解决问题的人来说不是划算的选择,毕竟平
均一两千元一次的花费让你对它的预期远高于此。也许三年以后,会
有又温和又有效的新技术再让我心动。[①]

　　这类文章都有两个特点:一是对于编辑的身份都有明确的交代,一般都会
包括姓名与职位的介绍,有的刊物还会附有个人照片;二是总是充斥着大量的
专业术语与技术参数,如上文中的"1540 纳米的射频""200～500 微米的真皮
层""纤维母细胞""5℃的冷冻技术"等。从互文性来看,这类试用的文类很像是
技术说明书的转译本——将技术说明书转化成一般的消费者较能理解的方式。
这不仅是针对光子嫩肤,即便是对于通常的护肤品的介绍,也总是充斥着读者
可能永远也搞不清楚的专业名词——很多时候是专业技术的英文缩写。翻开
任何一本时尚杂志,在美容部分,一定会遇到大量的此类单词。这类词汇已多
到无法列举的程度了。这类专业名词在信息的传递上或许起不到什么作用,却
会让人感到一种专业性——来自于技术说明书的专业性。这样的文类赋予编
辑一种专家的身份。

　　作为专家的编辑自身成了媒介话语的重要内容。《ELLE》的"每期必有"就
有"编辑花絮"。《时尚 COSMO》则有一个栏目叫"本月编辑最爱",在这个栏目
中,各个编辑以个人的名义推荐她们/他们认为好的产品。对于编辑的展示,
《上海服饰》做得更全面。各个编辑几乎都有大量的版面露出个人信息,或是言
语的,或是图像的。另外,《上海服饰》实行责任编辑制,每期都由不同的编辑担
任责任编辑,而担任当期责任编辑的编辑都会有专门的个人信息的露出,这使
得《上海服饰》上充满了一大群"名编辑"以及他们主持的栏目。如纳薇、茜茜、
娃娃都是这个时期的著名编辑(参见附录一《上海服饰》目录)。若是遇到重大
节日,时尚杂志上编辑"露出"的分量则更大,而且内容上更多的是关于编辑的
个人生活方面。如:

　　　　ELLE 23 岁啦、ELLE 的编辑们 23 岁时都经历了什么? 他们用

---

① 　美容编辑心得[J].世界时装之苑 ELLE,2011(5):395.

140 字微博体讲述当年好时光。

> 李孟苏 ELLE：23 岁我做了回 15 分钟名人。那年大学毕业分配在一家三线工厂工作，属国家干部，拿定岗工资 176 元，住在家属院里，每天听工厂广播里的号声上下班。不甘心今生就这样交代给体制，遂于 23 岁下半年辞掉公职，一通撩啊，要去追新生活。此事轰动前单位，我大大出名，余波影响至少 5 年。

> ELLE 小海：毕业后我成了伤不起的电视人，时尚节目的采编工作刺激好玩且辛苦。熬夜是常态，也不爱化妆，好在那时我们更相信自然就是美、丽质须天成，没想过以后我会整天和化妆以及一群比女人还懂美容打扮的男人打交道。加入 ELLE 是那一年最大的事，也是最好的事，从女孩到女人，最宝贵的时光就在这里。

> 小泰：23 岁开始在 ELLE 工作，刚好编辑部也在 23 楼。那时开始接受现实，怀揣梦想的年岁。23 岁，以为做什么事感觉都差不多，其实差得很多。23 岁不是没有理想，而是理想定得太多。23 岁，除了火星去不了，哪儿都想去。23 岁，没有房子面朝大海，却一样安然自得感受这尘世的幸福。①

又如《上海服饰》中关于某个编辑的露出内容如下：

> 方旭华：作为《上海服饰》的编辑，我很喜欢现在这份与服饰密切相关的职业。因为每一天都在关注流行，这个工作让我体会到很多快乐与成就感。工作之余，我最喜欢是旅行。离开几天自己熟悉的环境，去感受一下另一种人情、风情，在游历中打开眼界，让心做一节"有氧操"，让生活变得丰富多彩，有滋有味。……②

这类文章的文类，其实就是人物采访稿。这样的文类，把编辑置于与杂志采访对象类似的地位，完成了自身对于自身的采访与展示。时尚杂志的编辑本身是时尚话语的重要内容之一，是这个阶段时尚杂志共同的特征。对于时尚杂志的读者来说，这个群体才是时尚的最高权威者。《时尚 ESQUIRE》的一本春夏别册的介绍文字，更为露骨地表现出了编辑对于自身的推举。

> 时装设计师说：要有光，于是 T 台灵光四射。

> 时装设计师说：还要有音乐，于是我们听到了天籁。

---

① 态度[J].世界时装之苑 ELLE,2011(10):102.
② 编辑秘密大公开[J].上海服饰,2005(4):

　　　时装周的忙忙碌碌中，你会发现有的不仅仅是璀璨的衣服，还有
　　这些璀璨背后的灵感和音乐。《时尚先生》的编辑说：要有时装也要背
　　景和文化，于是有了这本《春夏非时装圣经》。[①]

　　这段文字从文类来说，是套用了圣经中上帝的言说方式；从三段递进的逻辑来看，形成了这样一种印象：时尚编辑才是时尚的最终上帝。

　　不过，作为群体的时尚编辑的重要性与作者一样，并不是平均分配的，这里面存在着很多细微的等级差异。主编或执行主编在这种等级中被置于最高的地位。至 2008 年前后，时尚媒介的主编或执行主编的卷首语，基本上有了一种标准格式。这种标准格式具备以下特点：

　　（1）这是一本刊物中最重要的内容，通常置于内容的最前部分，起到对本期内容的导读作用。这一点在所有的时尚杂志中是完全一致的。所有的刊物都在最靠前的位置安排《主编寄语》。《上海服饰》的《主编寄语》更是直接与版权页拼在一起。

　　（2）所有主编的落款都附有手写签名。当其他编辑与作者均没有手写签名时，这种手写签名传达了一种关于特权的信息：签名者具有凌驾于一切之上的特权。这让人感觉刊物似乎是一种个人产品，签名者是刊物内容的拥有者或者最终解释者。

　　（3）关于主编的内容都配有独特的版式。主编或执行主编的形象一律高居在内容之上，形成一种睥睨天下的气势（见图 4.6）。当独特的手写签名再配以独特的版式时，特权的感觉更为强烈。不过，各刊采纳这样的版式的时间是有先后的，而且有的刊物在此之前还经历过很多其他的形式。但是至 2008 年以后，这样的版式已基本是一种标准格式。这里面唯一不太一样的是《上海服饰》，《上海服饰》的《主编寄语》没有照片，只有签名。此外，对于这种版式的遵守的严格程度各刊也是有些差异的。相对来说，《时尚 COSMO》与《瑞丽服饰美容》基本是严格遵守此版式的，而《ELLE》与《时尚 ESQUIRE》偶有些变化，主要在于主编照片的放置位置。但无论如何，《主编寄语》相对于刊物的其他内容，是用一种特殊的方式加以呈现，这是毫无疑问的，主编是时尚话语中的一个特殊人物是不容置疑的。

---

　　① 参见 Alexis 文、孙赛赛编《春夏非时装圣经》卷首语。《时尚 ESQUIRE》2006 年 3 月随刊赠送。

图 4.6 部分时尚刊物内页

图片来源:(从左至右)《时尚 COSMO》2008 年第 9 期;《ELLE》2011 年第 10 期;《瑞丽服饰美容》2006 年第 1 期;《时尚 ESQUIRE》2003 年第 10 期。

说明:这种版式是 2008 年以后时尚刊物统一的版式,任何同一期的版式基本都是如此。此处由于笔者对于样本采集的时间有先后,因此图片不是来自于同一期。

(4)《主编寄语》的话语方式亦存在着一种基本的模式。下面以 3 篇来自不同杂志的《主编寄语》为例进行分析。

《时尚 COSMO》

FOREVER YOUNG!

时装潮流季季变,难道就没有一个不变的趋势吗? 有一天,我习难我的时装编辑们,冥思苦想了半天,一编辑突然豁然开朗似地大喊一声:"Forever Young!"一句话引得众人频频点头。

对,Forever Young! 永远年轻!

放眼今天的 T 台,真的是青春的天下。优雅回归? 今天的优雅已不是端庄持重,多一点青春有一点放肆;强势女人装扮流行? 不是那种硬邦邦的老古董,加入一点点调皮的性感才好;穿金戴银? 融入运动的感觉才够时髦……不是装嫩,不是扮可爱,T 台上的流行就是今日我们的写照。

流行"永远年轻"? 那我们岂不是会更焦虑? 又到年底了,又老了一年。

记得自己 19 岁上大学的时候,看着 25 岁刚毕业的女班主任,我和周围一堆女孩羡慕地说:"您的皮肤保养得真好。"在 19 岁的我们看来,25 岁已经很老了,而且不是都说,女人从 25 岁就开始衰老了吗?今天再让我听到什么女人从 25 岁就开始衰老这些话,我会建议把说话的人当恐怖分子抓起来。

那时的我还畅想过自己 30 岁的模样:盘头,套装,举止端庄,连嗓音都得优雅,怎么也得照着奥黛丽·赫本的模板发展……遗憾的是我后来发现榜样的力量确实不是无穷的,我甚至反思:我怎么就优雅不起来呢?

我做杂志,天天都在谈截稿期——我后来发现,女人是最愿意给自己设置各种 Deadline 的人——25 岁开始衰老;30 岁前要结婚;40 岁要完成财富积累……

这些 Deadline 把我们搞得很焦虑,人也在未"达标"的挫折感中变得越来越没有光彩。

前一段,凤凰卫视主持人胡一虎谈到自己出道时,被台湾 COSMO 杂志评为"性感"男人的感受时说的一段话很有意思:"年轻时看性感,看到的是'性',所以很反感;现在看'性感',看到的是'感'。"

对啊,有了敏感、性感、质感综合起来的"感",再加上孩子般的心灵和人生智慧的历练,女人真的可以做到 Forever Young!

2007 年就要过去,明年我们又年轻了 1 岁![1]

《ELLE》

优雅 23 年

这个月,ELLE 中国版 23 岁。1988 年,这本国际时装杂志在改革开放的春风中悄然降临中国,那个时候国内还没有网络,大家生活在一个面积很大可是视野很小的环境里,时髦的年轻人还不关心巴黎时装周的流行趋势或国际女性的新生活观念。1988 年第一期,ELLE 120 页。23 年过去了,你的变化,我的变化,我们和我们生活的城市的变化,造就了这本杂志的诸多变化,"她"变成了你现在手里的样子:中国面孔中国原创越来越多,新名词新概念新创意越来越多,内容和广告都越来越多,厚重到不可思议……

---

① 徐巍. Forever Young! [J]. 时尚 COSMO,2007(12).

　　如果只选择一个形容词放在这本杂志前,你选择哪个词? 在很多年里,这本杂志带给我最强烈的感受是"优雅"两个字。20 年前,"优雅"离我很远,我一直仰望着那两个字,想着什么时候才能成为这本杂志里的那些女人啊——自信,知性,美丽,从容……编辑部在做这期杂志时集体回忆自己 23 岁的青葱岁月,我对自己 23 岁印象最深的是那个时候只穿黑白灰三个颜色的衣服,认为只有这样穿才"成熟"才"优雅",才会让别人觉得自己是个有脑子并有品位的女人。

　　这么多年摸爬滚打的青春过来,聆听那些出色女人的故事,走过这个世界的很多角落,终于慢慢懂得,优雅对女人来说,是沉落在心底的一杯好茶,不能心急,不能心贪,不能心躁,那一种味道,是日复一日小小的火候慢慢熬出来的。成长的过程中常有痛苦和纠结,曾经想过"优雅"会不会是一个女人的负担? 现如今大家都讲究自我和个性,还要宽容和大气么? 还要教养和素质么? 物质化的时代,是不是数字可以代替一切? 后来懂得,当优雅渗进骨子里,最得益的不是别人而是自己。优雅女人可以在柴米油盐中找到乐趣,可以因一本好书而喜悦,可以不轻易为利益动摇,可以淡定地看身边风生水起,冷暖自知,张弛有度,真的可以因"知足"而"常乐"。优雅是一个女人的内功,小到一个微笑,大到对人生某一个重大变故的态度,不会因为刻薄他人他事而有太多的表情纹,但真的有了皱纹并不焦虑,岁月本来就是优雅最好的朋友。

　　虽然穿上一条得体的小黑裙是优雅的,但是优雅真的不仅仅是一条小黑裙。讲究穿戴对女人来说是一件值得一生孜孜不倦追求的乐事,而优雅是我们从女孩到女人,从一个不谙世事的小姑娘到一个母亲的过程中,最值得用心力修炼的品质,这种内心的智慧将让我们的人生在无常岁月中相对安稳而美好。

　　一个人的心是宽的,眼界才宽,日子才会越走越宽。希望 ELLE 是这样一个你身边的可以让你心更宽的优雅女友。

　　感谢 23 年来看着 ELLE 和我们一起成长的朋友们,我们虽然永远不会再回到 23 岁,但是我们可以永恒优雅。①

---

① 晓雪.优雅 23 年[J].世界时装之苑 ELLE,2011(10):84.

《上海服饰》

快乐是自己创造的

朋友 Richard 不久前和我讲了一个关于海特尔·卡尔森的女孩的故事：他的朋友海特尔·卡尔森一直是美国时装品牌设计师 Nicole Miller 的得力副手设计师，主管各种款式的时尚面料的新品开发。Richard 生活之余最大的爱好是在全球旅游。2003 年的一天，一个满脸络腮胡子的陌生人走进海特尔·卡尔森的设计室，对着她们微笑，惊讶之余，她们才认出原来就是那位老友。消失了 3 个多月，走了 20 多个国家的他，突然出现在人间。这个场景从此改变了海特尔·卡尔森的生活。

有一天，海特尔·卡尔森突然辞去了服装设计师的工作，并告诉大家，她将要踏上自由的旅程。她的想法得到了男朋友的赞同，他们在出游前一年，省吃俭用，从一个大房子搬到小房子，从两人房搬到六人房。她说，为了梦想，她愿意付出所有。一生只有一次。

写这篇文章的时候，她和男友依旧在旅途上。有的时候，他们会在世界某个地方出现，与朋友偶遇，然后，匆匆告别，继续上路。

听到这个故事，周围好些朋友流露的表情是赞赏和美慕，继而联想到如果是我……云云。当然，也有一些人的兴奋非常短暂，他们自由的狂想在现实面前迅速降温了，然后，他们转身回到一成不变的生活中去。

所谓的现实的力量，真的那么强大，以至于人会无能为力吗？是不是，只有在不断变幻的时髦潮流中，陶醉得目眩神迷，那才是触手可及的快乐？

在我看来，能有像海特尔·卡尔森的勇气，剧烈地、毅然决然地改变生活模式，非常人可为，这可能就是我对她钦慕有加的原因吧！可是，就像她遇到满脸胡子陌生的老友，被触动那样，我也被她的故事打动了。改变自己的生活，给自己创造时间和机会，走到陌生的远方，在苍茫天地间，体验另一种深沉的呼吸，感觉另一种脉搏的跳动，这何尝不是比笙歌夜宴、霓裳华服更彻底的快乐？这样的生活，并不难实现，它需要的,只是比平时多一点的勇气和决心吧。[1]

从这三篇来自不同杂志的《主编寄语》来看,存在着以下共同点:(1)文章结构基本由两大部分组成:第一部分是引子——个人或他人的故事,作为叙述的铺垫;第二部分从铺垫引出最终的结论。这个结论通常都是类似于启智的言语。(2)与这样的结构相应的,主编的言说方式属于一种诱导的方式,在铺垫的带领下达到一个新的结论点,如:"对啊,有了敏感、性感、质感综合起来的'感',再加上孩子般的心灵和人生智慧的历练,女人真的可以做到 Forever Young!"或者,"一个人的心是宽的,眼界才宽,日子才会越走越宽。希望 ELLE 是这样一个你身边的可以让你心更宽的优雅女友"。又或者,"改变自己的生活,给自己创造时间和机会,走到陌生的远方,在苍茫天地间,体验另一种深沉的呼吸,感觉另一种脉搏的跳动,这何尝不是比笙歌夜宴、霓裳华服更彻底的快乐?这样的生活,并不难实现,它需要的,只是比平时多一点的勇气和决心吧"。(3)从编读双方的关系来看,读者被设置于聆听者的角色,是一个有待启发的角色;而编者是一个启发者与带领者。在这样的关系中,主编被赋予一种时尚先知的角色。

总之,在时尚的话语中,编者被置于更高的地位,编者中的主编更是以独特的方式彰显着自身的重要性。笼统地说,编辑作为一个群体,被推至无上重要的地位,时尚编辑自身就是时尚媒介话语中的关注焦点。

四、编读之间的关系

随着时尚杂志体系的日益庞大,时尚杂志间的竞争日益激烈,读者成了时尚杂志最稀缺的资源。因此读者的重要性,在媒介的话语中首先得到了足够的体现。所有的读者互动的版块与栏目都被放置在明显的位置,并且给予读者展示的空间;而且刊物还会直接言明,对于刊物来说读者是最重要的。所做的一切就是为了你——"读者上帝"[2]。

读者虽然重要,但与编者的关系却是不平等的。随着刊物的成熟,编者与读者的分离已更清晰。如前述,读者在时尚的问题上,不是讨论者,也不是参与者,而是被教育者。但与此同时,读者又是最重要的资源,因而在话语中,团结与分离并举的策略是非常明晰的。

---

[1] 陈鉴.快乐是自己创造的[J].上海服饰,2008(2).
[2] 王嫣芸.读者上帝[J].世界时装之苑 ELLE,2006(1).

作为国内发行量第一的服装杂志,《上海服饰》受到众多读者喜爱的同时也受到同行的关注,经常有读者好奇地写信来想了解:是怎样的一些人在做着这本精彩的杂志? 其实我们的编辑很普通,我们杂志出挑的窍门也很简单,那就是我们勤奋努力地想将最好的东西献给读者,我们始终将杂志的质量看成杂志的生命线!

现实生活中,我们编辑普通得不能再普通,下面是我们这些编辑们的生活秘密大公开,看,我们普通得不能再普通了。[①]

在强调编者与读者分离的同时,又强调了编者是普通得不能再普通了,也就是与你一样的人。言说的口吻是朋友式的,是一种有意亲近的姿态。又如"这个九月,是《瑞丽服饰美容》的第 11 个生日,对读者发自内心地微笑了 11 年,如潺潺流水般传递着实实在在的流行与美丽、关心和鼓励"[②]。这时候言说的口吻是亲切的,可以看到编者刻意地对读者显示亲近,以及通过亲近来实现团结的策略。但对于读者的这种团结,并不是永远以亲切平等的口吻言说的。有时刊物会以高高在上的策略对读者发号施令。如前述林剑对于读者是否懂得读 ELLE 的质疑——"尽管此时此刻的你,正在阅读一本 ELLE 杂志,但是你确定懂得如何阅读吗?"[③]这样的言辞其实是更普遍的。

另外,团结的策略是以冲突的形式来达成的。如前述关于时尚圈的恶势力一文,讲到 Karl 之所以能占据皇帝般的地位,就在于那些被驯服的媒介,跟屁虫般地唯 Karl 马首是瞻。当如此言说时,就把这些刊物及刊物的编者与读者以及其他类似的时尚媒介放在了对立的位置。如此一来,"我们"之间的团结也就实现了。这不能仅视作市场的细分策略。诚然,随着竞争的加剧,各个媒介对自己的读者有了更精准的区分,这确实符合市场细分的需求。但这些时尚媒介不仅圈划了目标读者,而且还将非目标读者置于了敌对的位置——正是那些与时尚工业共谋的时尚媒介及其受众成全着所谓的时尚 Icon。在这样圈划的同时,则让自己同属于时尚媒介阵营,处于更优势的地位,也赋予自己的读者更大的优势,从而进一步加强团结。

在攻击所有的时尚异类时基本都是这样的话语策略。一方面是将这些异类树为"我们"的敌人,另一方面因为有了敌人,"我们"方才团结。这在林剑的文中也是如此的。"好吧,ELLE 确实会告诉你当季的潮流趋势。那并不意味

---

① 编辑秘密大公开[J].上海服饰,2005(4).
② 冯莉.像糖果一样甜美的微笑[J].瑞丽服饰美容,2006(9).
③ 林剑.给爱时髦的你[J].世界时装之苑 ELLE,2011(10):114.

着,你每季都要严格遵守这些流行条规,把自己打扮成'会走路的时尚杂志'。亲眼见过在时装周的外场,来自日本的时装编辑穿着 Balenciaga 数年前红极一时的'鲜花盔甲',感觉他整个人几乎要被衣服吞没掉,没人关心他到底是谁,像看个笑话。"①此处对于日本时装编辑的嘲讽,结合前文,事实上也表达着这样的意思——只知道潮流的那些时尚人士是我们不屑的,即便是一个时装编辑。这样的编辑做出来的时尚杂志及其读者就是"我们"的"敌人"。正是通过这样的对抗,把自己的读者团结起来了。因而,团结是通过建构冲突来达成的。当然,这同时也意味着,如果你不是这类对象,就不是"我们"的读者,从而把边界给划清了。

另外,读者也如作者一样,彼此之间有着不同的时尚段位。这个阶段,伴随着电子媒介的兴起,读者的参与互动更多了。这些时尚杂志都会不定期地刊登来自网站上的读者参与的内容。在读者的参与互动中,读者之间不再是整齐划一的位置了,有些读者在媒介话语中呈现出具有更高的时尚领悟力,接近于时尚作者,从而被置于更靠近时尚媒介的地位,用柯林斯的话来说,即更靠近链条的封口端。②

时尚真谛探索记

Jasmin_zeng2010:穿什么同年龄无关,同气质绝对有关! 好看的衣服穿在有气质的人身上一定加分,不管她的年纪是多少! 前提是一定 keep fit。

感悟上海:我还是能穿 20、30 岁时的衣服,只要身材不走样,不是太夸张的样式我通吃! 关键是要有好的心态,要善待自己啊!

壶冰莹:九月 ELLE 第 371—374 页为臭美人士@Pat2015 必读,我确信确认确定你读了以后有强烈共鸣。我读完了。与其在巴黎买一箱包包啥的,不如买伊内斯撰写的《巴黎女人》,你会发现,其实我们基本不用买衣服,全是关于基本款的拿捏和运用,由 54 岁的她和 17 岁的女儿亲自演绎。

微博Ⅵ:以前在沪上看见过两位近 70 岁的阿姨,一样的优雅,一样的有韵,气质并不逊于二十多岁的小姑娘,所以记得了,印下了。年

① 林剑.给爱时髦的你[J].世界时装之苑 ELLE,2011(10):114.
② 兰德尔·柯林斯,迈克尔·马科夫斯基.发现社会之旅[M].李霞,译.北京:中华书局,2001.

轻时,活个漂亮与青春,年长时,活得是气质与风韵,居然也是一本时间与光阴的教科书。

春天的阿芒:深刻喜欢这一句:"关键是不要把自己变成资产阶级女人——珍珠项链,直筒短裙,外加头箍,而是应该让自己具有摇滚风格。"

康康MAMMA:可以是可以,但也得有身材才行呀。人毕竟是名模,这身材保持得多好呀。

破晓630:看了几本时尚大师们的书,总结起来有相同规律:1.自信,相信自己是最美的,散发出自然舒展的迷人气质;2.优质基本款,卡其风衣、白衬衫、小黑裙、基本款鞋……少而精;3.出彩的配饰,特别是单品,基本款鞋搭出个人风格;4.坚持运动,挺拔优雅,身材不走样,每天精心打扮是需要毅力的,美,是一种长期信用。

这部分内容,栏目的名称为"时尚真谛探索记",而不是简单的"读者来信",这样的名称传达出两层意思:一是这些读者的内容不是跟杂志本身的商讨或是交流,而是代表他们自己对于时尚的发言;因而不纳入"读者来信"栏目中,而是一个独立的版块。在一定程度上,这些发言者也可视为作者,但与真正的作者还有些距离。二是从栏目的名称来看,时尚是有真谛的,这些真谛是需要探索的;这些刊登出来的言语,是被时尚媒介认可的对于时尚真谛的一种探索,因而这些读者是更懂得时尚真谛的读者,因此他们也具有一定的时尚话语权。或者说在时尚段位上,他们/她们具有比其他未能得到展示的读者更高的时尚段位。

总起来看,这时候时尚杂志对于读者的关系,类似于家长与孩子的关系。家长对于孩子的言说,有时温和、有时激励,既告诉孩子哪个孩子是坏孩子,也告诉孩子哪个孩子是好孩子。不过,家长作为一个群体,本身也存在着更细微的等级关系,但在整体上,家长具有终极的解释权。

小　结

时尚的意义在这个阶段是在两个方向上发展的。一方面,时尚依然是一种有限定的美,都市、年轻、女性(重装饰)依然是时尚之为美的意义——虽然男性已大举进入时尚的视野。这种美,以身体为中心;性感是时尚之为美所终极追求的目标。在这个方面,时尚之为有限定的美的意义得到了强化与拓展。另一方面,时尚还是具备挑战精神的生活方式。这种挑战主要集中在性及两性关系上。这方面的问题本身是中国社会价值观多元化的现实中存在着的一条裂缝，不过，时尚媒介通过挑战与维持并举的策略，把这条裂缝极尽所能地撑大了。由于时尚的意义具备挑战的维度，这同时暗示着既有的时尚意义都不再确定，都将面临挑战。对于时尚本身的挑战，首先集中体现出来的就是时尚存在的领域。在这个阶段的时尚媒介的话语中，时尚成了渗透进所有领域的概念，时尚对现代社会的重要性进一步提升。

至此，时尚的意义不再确定，但时尚媒介的重要性得到了史无前例的突显。原有的时尚权威人士的地位受到挑战，新的时尚话语群体起而代之。新的时尚话语群体具备如下特征：话语群体的等级日益复杂，群体结构呈现纵向发展的态势；伴随着不断增多的等级，编者的地位上升；时尚杂志的主编成为最终的时尚命令发布者。

同时，时尚言说者与接收者的关系日益复杂。团结与冲突并举的话语策略十分明显，在冲突中团结读者，在团结中对读者的体系进行等级划分，这是时尚媒介对读者的基本话语方式。在这种过程中，时尚媒介成了一个等级分明、纵向结构明晰的组织。主编是最高领导者，其次是明星作者与编辑，再次是一般的作者及设计师，再其次是懂时尚的读者，尔后是一般的读者。在这种层级结构中，时尚杂志建立起了绝对权威的时尚解释权。时尚是何意义，关键得看时尚媒介怎么说。如此一来，时尚的意义已在事实上被消解了。

附　录

一、《上海服饰》2008 年第 1 期目录

二、《时尚 COSMO》2008 年第 12 期(十五周年庆刊)目录

专　题

　　明　星

　　特别企划

　　3F 女人

　　女性视界

　　COSMO 客座总编辑

　　职场充电

　　情　场

　　至情至性

　　爱情操盘手

　　他

时装

　　时装发布

　　流行情报

　　热门单品

　　潮流解码

　　明星衣品

　　时装顾问

　　特别企划

　　年轻阵线

　　成熟阵线

　　流行姿态

　　非常时装

　　潮流启示录

　　美装私房

说时尚

时髦密码

美容·健康

美容发布

流行情报

新语丝

妆　点

本月头条

新彩妆

面面俱到

美品抢先报

美遍全世界

精明美人

健　康

每月必读热力榜

明　星

电　影

音　乐

图　书

展　览

设　计

时　装

美　容

男性专刊

了解男人

美男子

扮靓男友

美男计

生活方式

热门驿站

COSMO 时尚奥运会

旅　游

食　尚

星相学

最后一击

每月必有

封面介绍

卷首语

读者信箱

时尚生活

男性视角

时尚名利场

美人计

美容顾问

品牌盛事

美容前沿

美容圈

热门驿站

时尚圈

派　对

信　息

读者俱乐部

三、《ELLE》2008 年第 10 期（20 周年纪念刊）目录

时　装

流行先锋

72 玫瑰之吻

74 潇洒新嬉皮

76 都市格纹

78 摇滚珠片

80 黑衣天使

时髦配饰

84 水晶装饰

86 我爱摇滚

88 漆皮至上

90 奢华手工业

92 红与黑

名人秀

时髦升级

时装报道

衣　商

时装档案

时装报道

专　题

封面明星

世说男女

测　试

男　士

生活方式

每期必有

第五章　时尚是什么?

　　中国媒介话语中的"时尚"经历了 30 年左右的发展后,其意义与 20 世纪 80 年代初期相比,已发生了很大的变化。这个意义的变化过程始终是与美缠绕在一起的,但与美的关系又是处于不断的变化之中的;另外,进入 21 世纪之后,时尚的意义增加了另外的维度,这使得时尚的意义变得越来越不确定。在时尚的意义越来越不确定的过程中,时尚媒介自身的地位日益突显。借用福柯的异托邦的概念,中国媒介话语中的"时尚"已走向了一种"想象的异托邦"。

第一节　"时尚"的变迁

　　在汉语中,时尚一词早已存在。但是现代意义的时尚与时尚杂志的兴起有密切关系。中国的时尚杂志源起于 20 世纪 80 年代创办的服饰杂志,如《时装》《上海服饰》《中外服装》等。这批改革开放后创办的服饰杂志奠定了中国时尚杂志的根基。1988 年《ELLE》创刊,我国真正有了今天所谓的时尚杂志。连同一批创办于 80 年代的服饰生活类杂志,这些杂志可在宽泛的意义上视为时尚杂志。这些早期的时尚杂志大量的内容集中在服装方面,或者说时装方面。在这个阶段,严格地说来,时尚还不是一个独立的概念,时尚只是被当作时装的同义词,对时尚的理解当然也囿于时装的意义。

　　1978 年中国开始改革开放。经过"文化大革命",人们迫切需要还原生活领域的应有面貌。在 20 世纪 80 年代,中国社会迎来了一股匪夷所思的美学热。这股热潮席卷的范围之广泛,让人叹为观止,甚至"出现女工买黑格尔《美学》;工人邀请学者到工厂讲美学;在大学里,理工科、医科也开设了美学课的情况"[①]

---

① 胡宗勇.20 世纪 80 年代初中国美学热的缘起[D].成都:四川师范大学,2005:1.

在这股美学热中,美的地位被提高到史无前例的高度;关于美的讨论达到了史无前例的广度。在这种关于美及美学的热潮中,一切人们心向往之而之前被禁止的事物,都被人们推上美的神坛。时装也如此。在媒介的话语中,时装被合法化为一种美,而时装之所以需要传播,正在于这是一种美,这种美是需要与奇装异服相区分的。借着这样的逻辑,这些刊物在时装上找到了立足点,作为一个教育者而存在的立足点。虽然"文化大革命"已经结束,但奇装异服依然像个幽灵,缠绕在老百姓的日常生活中。对于奇装异服,无论在质上还是量上其时是没有明确的界定的;但奇装异服是丑的、是需要在整个时装世界中加以剔除的,还是一个牢固的观念。随着开放、随着西方时装的进入,辨别时装与奇装异服,成了时尚杂志自赋的责任。在这样的话语中,有别于奇装异服的时装被纯粹视作艺术,其目的纯粹就是美。时装之与经济、消费、历史、性别、阶层等所有可能的方面的意义,在此时的媒介话语中都是缺失的。关于时装的所有话语集中在美的单一维度。美,自然是无界限的,是作为一种生命共享的愉悦特质来对待的。在这样的话语中,时装理应是全民共享的艺术、全民共享的美。这种共享,不分地域,不分性别,不分年龄,不分阶层。一切用于界分人群的社会性概念,如阶层、民族、性别,在美的面前都统统消失了。作为时装的同义词的"时尚",其意义就是全民共享的美。

有意思的是,时装被视作一种艺术,与西方世界关于时装认识的步伐存在着时间上的一致性。1983 年伊夫·圣洛朗 25 年回顾展在纽约大都会博物馆展出。之前,该博物馆展出的都是艺术品。这时开始,西方世界展开了关于时尚究竟是不是一种艺术的激烈讨论。如果时尚是艺术,那么它与视觉艺术共享的基本概念是什么? 这个问题成了西方人研究时尚是不是一门艺术的关键性问题。[①] 有意思的是,就在差不多的时间节点,在世界另一头的中国,在完全没有其他讨论与论证的前提下,相关媒介就直接将时装纳入艺术体系中加以认识与传播。这种时间上的契合性,很容易让人以为国内关于时装与艺术关系的认识源自西方。但这种时间上的契合性只是一种外在的一致性。时装与艺术关系的认识,中西方产生的背景、历经的进程是大相径庭的,而且两者对于美的理解也是存在差异的。因此,这种表面的一致性不能归结为是对于西方人观点的直接输入。

1993 年《时尚》创刊。《时尚》创刊后,时尚杂志体系初步形成。时尚杂志开

---

① 关于这方面内容可参见 Sung Bok Kim 的博士论文 Fashion as a Domain of Aesthetic Inquiry: A Postmodern Assessment of Critical Writings on Fashion in America between 1980 and 1995。

始了对于"时尚"的大讨论。这个讨论在 1995—1997 年间达至巅峰。1996 年，《上海服饰》还专门组织了关于时尚与流行的讨论。大量的作家及社会知名人士参与了这次讨论，有人甚至认为这是一次关于时尚的"民间运动"。① 这个阶段是"时尚"建构的关键时期。在这个阶段的讨论中，一方面对于时装的认识逐渐丰富，时装不再被纯粹地视为艺术；另一方面时尚与时装相分离，成为一个比时装外延更宽广的概念。与此同时，时尚一词的新用法不断涌现，既可作名词，亦可作形容词，在有些场合，甚至可兼作名词与形容词。在这样两方面力量的推动下，"时尚"成为一个自足的概念——既不同于时装，也不同于流行。不过，从时装沿袭而来的美，依然还是"时尚"的要义所在。只不过，此时的美不再是泛化的美了，而是适用于某个人群的美——有限定的美。

经过近 20 年的经济发展，进入 20 世纪 90 年代中以后，中国进入了城市化乃至都市化的进程。在这个进程中，中国的城市数量激增，而且原有的城市都以都市作为自己的发展目标。在这个阶段，时尚杂志对于乡村的关注悄悄地转变了，乡村只是作为时尚的对立面才存在，只是作为一种田园回忆才存在。时尚与乡村的关联彻底消失，时尚成了都市特有的事物。与此相应的，就是兴起于 20 世纪 30 年代的"摩登"一词，此时开始在媒介话语中频频亮相，并一直延续到今天。此乃时尚之为美的第一重限定——都市。时尚主要是年轻人的事，在话语中达成了共识。原本全民共享的美，至此成了年轻人独享的美。时尚杂志中原有的中老年内容都悄然消失了。这构成了时尚之为美的第二重限定。这些刊物开始将时尚更多地与女性相关联。作为一种美，时尚大多只适用于女性，男性在时尚领域甚至还被认为是有些尴尬的。因此，这个阶段对于时尚的意义基本可归结为：都市年轻女性的美。

进入 21 世纪，特别是 2005 年以后，国内的时尚工业与时尚消费都已较发达，时尚杂志的竞争日益激烈，价值观的多元化成为中国社会非常突出的问题。在这个阶段，媒介话语在强化原有意义的同时又展开了对原有意义的解构与重构的工作。一方面，时尚之作为都市、年轻的美的意义得到了强化。不过不同于上一阶段，这个阶段强调的是年轻的感觉或状态，而不是指时尚仅适用于年轻人。另一方面，这个阶段时尚男刊大量崛起。这些时尚男刊对于时尚与男性关系的建构起了重大的作用。在时尚男刊中，时尚对于男性来说，其实也就是重视细节的修饰与装饰，其最终的目的之一，是要达成性别间的吸引。在这一点上，时尚男刊延伸了原本时尚关于"女性"的限定。至此，

---

① 金骏，瘦马.时尚：正在进行的"误读"[J].上海服饰，1997(1)：11.

"女性"不再是对时尚适用面的一种限定，而转化为一种性别间的吸引力——性感。换句话说，时尚话语中的性感，其实是基于原本用来评价女性对男性的吸引力的一套指标，主要是源于作为被观看的身体的视角下适用的那套指标而界定的。

与此同时，时尚的意义还增加了一个新的维度：挑战。在笼统的叙述中，时尚杂志强调对于一切主流精神的挑战。但实际上这种挑战的话语是有局限性的，主要集中在性、婚姻及两性关系上。这也是其时中国社会多元价值观冲突较显明的一个领域。虽然媒介在话语中一再地强调挑战，但挑战的话语并不是一以贯之的，而是采取挑战与维持并举的方式，在有的场合强调对于传统价值的挑战，但在另一个场合又体现对于传统价值的维系。这样的话语方式其结果自然不可能生成一种新的统一的价值观，而只能将原本相异的价值观更加极化、把原本的文化裂缝撑得更大。通过挑战的话语，从前后不同时期的言说力量来看，时尚媒介确实把现实中已然多元化的价值观间的差异放大了，把原本存在的文化裂缝进一步扩大了。但正因为所谓的"挑战"，时尚本身的意义也同时潜在地受到了挑战。"时尚"变得不再那么确定。在媒介话语中，"时尚"最终只能被笼统地归结为：一种具备挑战精神的生活方式。这样，"时尚"就超越了审美领域。但挑战与维系并举的策略，让"时尚"在很多时候，依然事关审美，这似乎又让"时尚"具有某种确定性。如果说一个概念的确立需要具有明确的内涵与外延，那么这个时候，时尚媒介已在一定程度上解构了之前自己建立的"时尚"意义——其内涵与外延都不再确定。

总的来说，"时尚"的意义变迁经历了三个阶段：一是作为时装的同义词的"时尚"，是全民共享的美；二是具有独立意义的"时尚"，是一种有限定的美，仅适用于都市、年轻、女性；三是更为复杂的"时尚"，超越美，是一种具有挑战精神的生活方式。这时，在作为美的一极，时尚拓展了原有的适用面，进入所有的领域；不过其审美的趣味依然根植于都市、年轻、女性的审美取向；与此同时，在时尚媒介的话语中，"时尚"的意义还多了另一极，即挑战精神——不过这种挑战是与维持传统并行存在的。这样一来，"时尚"就变得再也确定不了了，但同时又显得与更多事物相关联了。

虽然"时尚"的意义最终变得不再确定，但是"时尚"的存在范围，却逐渐清晰——"时尚"逐渐聚焦于身体，身体是时尚的中心点。这又使看起来行将消解的意义有了稳固的着力点。这样的话语方式正是波德里亚所说的牟取①的方

---

① 让·波德里亚.消费社会[M].刘成富，全志钢，译.南京：南京大学出版社，2001.

式。只是在媒介话语中,时尚聚焦于身体不是显见的,是隐含的,是一条内在隐含的线索。20世纪80年代,"时尚"是作为时装的同义词而存在的。对于时装的讨论集中在生产方面,特别是《上海服饰》,充斥着大量具体而微的时装的设计与生产技巧。而且这个阶段的刊物,都会附上一些实用的时装剪裁图,以方便人们自行制作。从现实来说,这是适应其时生活水准的举措。[①] 但从与身体的关系来说,这个阶段更多地关注身体的覆盖物——身体的外围。进入21世纪以后,对于这些物品的关注慢慢减少了,而代之以对美容健身的关注,也即对身体本身的关注。这些内容目前还处于增加的趋势。因而从整个趋势来看,"时尚"从单纯对物品的关注逐渐聚焦到对身体的关注,身体日益成为时尚的中心点,物品则以一种身体的周边或衍生物而被理解。越是接近身体的空间,越被认为是时尚的核心领地。时尚的存在领域成了一系列以身体为中心的同心圆,越是靠近身体的空间,越是重要的时尚领域。

此外,"时尚"的意义变迁中,虽然美是一以贯之的内在线索,但"时尚"与美的关系是有变化的。在20世纪80年代末90年代初,当"时尚"等同于时装被视作一种纯粹的艺术时,"时尚"作为一种美,是纯粹用于欣赏的。在话语中,时尚及时尚的物品是远离生活的。在媒介话语中,关于时尚的话语像是另一种类型的配图诗歌。90年代中以后,"时尚"作为一种有限定的美,其与日常生活的关联前进了一步,这体现在那些原本作为艺术品以整体展示的服装,经常被分解成实用的各个部分,如开衩、腰线、颜色等,而加以分析;或者对于时尚物品的展示有了具体的人们可知晓的现实场景,如某个地点明确的办公室或消费场所。待到2000年以后,特别是那些以实用著称的"日系"时尚刊物崛起后,"时尚"作为一种美,已日益融入日常的消费中。日系刊物中大量的对于各种现实情景的再现,以及在这种再现中对于穿衣打扮的指导,让时尚直接指向了日常消费。这时候,可以看到"时尚"已明显裹挟着消费主义的理念而侵入人们的生活。这时候的美,人们对待它,已不是如最初对于艺术品那般的态度了——欣赏、远观,而代之以分析并占有。但与此同时,纯粹地远观式的美还依然存在于杂志的话语中,甚至也处于增加的趋势,如日益增多的对于艺术及艺术品的介绍。这正如史文德森所说的那样,时尚奉行的是一种补充的机制,而非替代的机制。[②] 因此,虽然还是作为美,但"时尚"与美的关系,或者说时尚媒介中美本

---

① 如果参照西方社会对于时尚杂志的认识,这些早期的杂志在严格的意义上不能被视作时尚杂志。但由于这些刊物在整体上与时尚在我国的传播与认识有关联,在宽泛的意义上,可被视作时尚杂志。这也正是本书将这些刊物包括在内的原因。

② 拉斯·史文德森.时尚的哲学[M].李漫,译.北京:北京大学出版社,2010.

身的意义，已变得复杂，甚至对立。在这种不断补充的机制中，时尚之意变得越来越扑朔迷离。

第二节　时尚的话语策略

从传播历程来看，时尚并不是一个独立于时尚媒介之外的事物，而是与媒介自身、与读者、与社会现实等各个方面纠缠在一起的。在回答时尚是什么之前，还需要进一步厘清上述各个方面的相互关系。

一、时尚的意义与社会文化背景

在我国的媒介话语中，时尚的意义变迁是与社会文化背景有关联的，在不同阶段的媒介话语中，社会文化背景以不同的方式参与着对时尚的意义建构。时尚媒介对于社会文化背景的勾连方式在各个阶段是不一样的，这种勾连方式上的不一样，是与时尚媒介自身的处境有关系的，是在各个不同的处境下对于大的文化背景的一种策略性的运用。

在时尚初涉的阶段，严格地来说，"时尚"还没有独立的意义，"时尚"是当作时装的同义词来使用的，而此时，时装本身都还不是一个被广泛接纳的事物。这与我国的历史进程有关系。在"文化大革命"中，时装被认为是属于资产阶级生活方式，是被国家的主流意识形态所批判的。虽然在这些媒介初涉时尚的阶段，"文化大革命"早已过去，但是对于资产阶级生活方式的抵制并没有完全消除。一些不被主流审美所接纳的时装被归结为奇装异服。不少人在主观上认为采纳这些服装是不健康的，是会危害青少年成长的。持主流意识形态的人们认为这些服装就是奇装异服，是必须在我们的社会主义社会中剔除的。在这样的背景下，以传播时装为己任的服饰类杂志，作为一个新生事物，首先要解决的就是存在的合法性问题。此时，恰逢中国社会的美学热，这几乎是一项席卷全民的学习及讨论热潮。其实，受教育程度不高的老百姓并不关心这样的热潮对于美学的贡献是什么或有多少，而是在参与这种热潮的过程中，将爱美作为人的一种天性确立起来，使美上升为一种生存的基本权利，而赋予它存在的合法性，进而赋予一些相应的日常行为以合法性，比如打扮各自的身体。新生的服饰类杂志亦投身至这股热潮中，将自己存在的全部合法性诉诸美。换句话说，凭借美，服饰杂志获得了合法性，时装亦获得了合法性。这个阶段，美与时装的关系，在话语中是以喊口号的方式出现的，在媒介话语中被视作是一种不证自明的关系。这些刊物连同其承载的时装,正因为不分青红皂白地披上了美的外衣,而获得了"站队"的资格。但反过来,时装的发展对于美,或者说对于美学的推动有何作用,是在媒介话语中看不到的,这时候对于美只是一种"凭借"——类似于一种狐假虎威式的凭借。

20 世纪 90 年代,中国经济的发展推动了都市化的进程。都市化的进程不仅带来了城市数量的激增,还推动了有别于乡村文化的都市文化。1996 年以后,时尚刊物逐渐获得了市场认可,时尚也成为一个社会的热门词汇。在这个时候,时尚媒介对于时尚的意义,在空间上全部落在了都市上面。乡村与乡村文化在时尚的世界里基本消失。美的共享性也随之消失。时尚的生存地域日益清晰,那就是都市。即便偶有乡村内容,乡村也只是作为都市的一种对立面而存在的,在时尚杂志中,乡村是用来提亮都市的暗面,或者是都市的遥远梦境。换句话说,在时尚的世界中,乡村不再是现实。在这个过程中,时尚的适用地域与都市的关联,在话语中依然是没有任何交代与解释的,一切看起来都自然而然——似乎根本不存在之前那一段时尚属于全民共享的时代。这时候对都市的勾连体现在话语中,是作为一种想当然的事实来接纳的——既不予以讨论,也不予以解释,只是一味地呈现来自都市的时尚,并进一步强调了时尚之于都市的关系。在整个社会的都市化进程中,时尚杂志贡献了属于时尚这一极的都市文化,如对于所谓都市白领及白领文化的建构。这个意义的建构过程是与整个社会的大的文化变迁一起前行的,是汇入整个都市化的潮流之中的,或者说是参与其中,并在其中起相应的作用的。更准确点说,时尚杂志致力于具象化都市的生活方式,并在这种具象化中提升人们对都市的美好感受——在时尚的一极来说,都市是更值得追求的,都市化进程当然是迈向美好生活的必需历程。对于都市化,时尚杂志采纳的一种勾连方式可以说是"融入其中"。

进入 21 世纪后,中国社会的价值观多元化成为社会文化中的显见现象。在这样的文化背景下,时尚杂志再次将时尚的意义与现实的文化背景相关联。时尚杂志,特别是走高端线路的"欧美系"杂志开始参与至这个价值观多元化的进程中。不过这种参与并不是笼统地、全面地勾连这个文化背景,而是将所有注意力集中在了时尚与性以及与两性关系上面,并对这些关系的勾连统一至"挑战"话语,从而在一定程度上瓦解了之前确立起来的"时尚"意义。不过,挑战与维持是并行的。只是在话语中,挑战是显见的,而维持则是隐蔽的。这样的结果是,现实中原本存在的有关两性关系的不同观念间的裂缝再度扩大。从这个意义上来说,"时尚"不仅"在"现实中,而且在一定程度上"影响"了现实——通过进一步扩大某些文化裂缝。

从这样的三个阶段来看,可以发现:(1)与当前的社会文化主题相契合,是所有时期所有刊物的共同选择;(2)媒介话语对于文化背景的勾连,在不同的阶段有不同的策略。当媒介的生存正当性都需要证明时,媒介对于大的文化背景采纳一种倚靠的方式,从而证明自己亦是有存在的合法性的。随着自身媒介地位的逐步上升,在都市化的进程中,时尚媒介极大地贡献了都市时尚生活以及消费主义文化的内容。对于都市化的勾连,时尚媒介可谓是积极投入。到了 21 世纪之后,时尚媒介的地位史无前例地提高;社会大的文化背景方面不再有相对一致的走向,人们感受到价值观的多元化,且担忧过于碎片化的价值取向。对于这样的文化背景,时尚杂志采纳了一种更主动的勾连方式,即在肯定传统价值观的同时又高调挑战传统价值观,进一步撑大了既有的文化裂缝。总起来看,在时尚的话语进程中,时尚媒介日益主动,"时尚"对于现实的影响日益加深。

二、传受双方的关系

中国的时尚媒介创立的初期,中国还没有发达的时尚工业。在生活中,时尚还是一个相对遥远的事物,不仅没有确定的意义,也没有足够量的关注者与实践者。这样的现实背景,对于早期的时尚媒介来说,不仅要完成时尚意义的建构,还要为此意义找到接收的对象,同时还要完成作为时尚传播者的自我建构。从传播学的角度来说,不仅需要建设用以传播的信息,而且要为此信息寻找接收的对象;并同时建立起传受双方的特定关系。换句话说,这些刊物要成为一种无"介"之"媒"。因此,"时尚"意义的变化与时尚的话语主体及读者对象的关系变化是交织在一起的;"时尚"意义的变迁亦是始终围绕着传受双方的关系而变化的。也因此,这个中国版的时尚意义,无论在哪个节点上,都无法纳入西方学者已有的探索之中。

在时尚意义建构的初期,"时尚"等同于时装,对于时尚意义的建构集中在对时装的意义的完善。编读双方的关系是视媒介自身在时装领域的地位而定的。《上海服饰》由在服饰领域具有相当权威性的上海服饰协会主办。倚仗权威,《上海服饰》采取了一种高高在上的言说态度。首先,对读者进行了十分清晰的界定——划定了谁是自己的读者,谁不是自己的读者。其次,编者与读者,或者说信息传递者与接收者亦分离得十分清晰——编者是美的传播者,读者是美的接收者。再次,在界定读者的同时,赋予读者一种特殊的身份:这些读者还将是更大量的人群中的关于服饰美的传播者与教育者。这种身份赋予读者一种特殊的符号资源。《上海服饰》的读者不是普通的美的接收者。在《上海服饰》的话语中,其读者是美的中间传递者,由他们将来自编者的美的信息转译后传递给普通大众。通过这样的二级传播设置，《上海服饰》的编者对于读者来说，就具有了一种更高的权威性——虽然是隐含的。《ELLE》由译文社与法国的《ELLE》合办。法国版的《ELLE》是一份老牌的时尚杂志，在法国及其他发达国家具有相当的权威性，但对于其时的中国读者来说，尚不是一份知名刊物。译文社虽然在出版界具有相当的地位，但在时装领域没有什么权威可言。相对于《上海服饰》，如此不同的处境让《ELLE》在传播美时采取了十分不一样的话语策略。首先，对于编读双方没有明确的界分，多以"我们"相称，似乎编读双方处于一个对等的位置。其次，对于读者亦没有划分，似乎天下的读者全是自己的读者。但事实上，《ELLE》高昂的定价本身限定了读者的范围。从读者资源来说，《ELLE》相较于《上海服饰》也处于明显的弱势。当将彼此占有的资源与各自的话语策略相关联时，就显得意味深长。从前述可见，越是具备资源的刊物，越是强调分离——强调冲突，从而使得团结更紧密，在更紧密的团结下，使得信息传递的一方处于更优越的位置。站在传播学的角度来看，有资源的一方更多地采取传递观的传播方式，而缺乏资源的一方更多地采取仪式观的传播方式。

　　进入 20 世纪 90 年代中以后，媒介话语开始强调时尚的适用面。适用面的确立，事实上也暗含着作为一种有限定的美的内在审美趣味的确定，即都市的、年轻的、女性的美，这样就把"时尚"从时装中脱离了出来，而成为一个抽象的概念。在这个阶段，《上海服饰》《ELLE》都获得了长足的发展；《时尚》创刊不久，但也发展势头强劲。在时尚的意义已然清晰，刊物自身的地位已基本确立之时，所有的刊物对编读关系采取了一致的话语策略。这种一致性首先体现在所有的刊物对于编者与读者均采取了界分的话语策略；其次作为编者的一方将时尚的话语群体推出了水面，时尚开始有了专业的话语群体，并将西方的时尚研究者及著名设计师推举为时尚的权威人士。这个时候，所有时尚媒介，像是一个剧院，舞台上的演出者是明星——当然这些明星是有等级之分的，编者像是剧院经理或剧目的策划者，起到幕后规划的作用，也起到向观看者推荐演出者的作用。也即当时尚的意义较为确定，作为一种符号资源已被动员起来，时尚媒介自身也得以确立时，媒介的编读双方，或者说信息传送方式，成了一个有控制的仪式。编者完成对于作者及读者的选择，作者完成对于时尚的演出，观众参与时尚的观看。当然，作者与读者一个位于台上，一个位于台下；一个具有言说什么的权力，一个具有参与与否的权力。从这一点上看，双方具有某种对等的位置，而编者是隐于幕后的策划者，不为观众认知，言说主要由作者来完成。作者言说什么，当然还是需经由编者的选择才能实现的。但编者的言说必须转由作者来完成。而且，作者是市场上的明星，被赋予权威，是多方争抢的对象。虽然，编者在表面看起来有选择权，但事实上，作者具有更大的主动权。因此，从这个方面来看，作者、编者与读者各自均有一些空间，是三股角力，但还是有些位置的区分的，作者的地位是高于编者的，而读者只有选择接收或不接收的权力。

2005 年以后，时尚杂志间的竞争再度激烈，有限的读者资源成为刊物争抢的对象，在话语中读者被赋予了一定的权力。这时候，媒介对于编读双方的关系建构中非常明显的一点变化是，编者从幕后走到了台前。编者不仅完成对于作者的选择，而且自己开始对读者言说——编者已不仅是组织者也是表演者。而且此时编者群体内部也有了不同的等级，不同等级的编者具有不同的言说方式；另外作者群体也有不同的等级。那些先前的时尚权威被解构了，能与刊物呈现出某种内在一致性的作者被推举为明星作者。这些作者很多时候直接替刊物摇旗呐喊。而其他作者则相对不被重视，这种不被重视既是相对于明星作者的受重视程度，也是相对于上一阶段作者的受重视程度而言的。读者也有了不同的等级之分，一般读者与得到展示的读者被置于不同的时尚段位。在这样的层层分离后，时尚媒介已然是一个等级分明的组织，处于组织最高端的是主编们。这些主编往往以一种启示者的态度对读者言说——无论是用温和的还是生硬的口气。这时候的媒介更像一个实施家长制的大家庭。虽然家长之间的权力等级不一样，但孩子无论处于什么等级一定是被教育的，这是所有家庭的共性。作者降级为家里雇用的家庭教师，虽然对教育孩子方面有一定的建议权，但最终的裁定权是掌握在各个等级的家长手里面的——不合意的家庭教师可以随时解聘。总之，这个阶段，"时尚"既已确立的意义面临解构，似乎什么样的意义都可能是时尚，关键看最终的裁定者如何说。

从这三个阶段的时尚意义与社会背景的关系及编读双方的关系变化来看，有以下特征：

（1）与各个人群关系的话语策略事关媒介可得的资源。当媒介具备资源时，通常都会对编者、作者与读者进行分层处理，使媒介的组织结构倾向于纵向发展，从而让掌控话语权的人处于更高的权威等级。这使得越是有资源的一方越是容易获得团结——通过圈划"敌人"，从而越是具备权威，因为这时候言说者是处在一个属于自己人的、封闭的空间。

（2）时尚意义的确立程度与媒介组织的层级有关。在时尚的意义不太确定时，编者对于作者的依赖更重些，作者是时尚话语的主体，媒介组织的层级较少；当时尚的意义相对确定时，媒介均倾向于通过纵向化发展组织层级、划清各个边界，抬高自身的话语权，让自己成为话语的掌控者。

（3）媒介的话语权事关对时尚的话语策略。当这些媒介尚未具备足够的影响力时,准确点说,即缺乏足够的话语权时,媒介较急于在话语中为时尚建立起一个确切的意义,如等同于时装;而当时尚媒介的话语权日益强大时,这些媒介则倾向于在话语中将时尚意义的确切性消除掉。有了确立的话语权后,媒介倾向于在既定的概念间撑开一条裂缝,将维持与挑战的话语并置,从而将原本极不相容的意义并处一室。

需要说明的是,这些特征不是独立存在的,也并不能直接作为一种规律用于理解其他情境中的时尚及时尚媒介。这些特征的存在正是由这些刊物的特定的情境所决定的。为此本书不仅致力于总结出这些特征,也致力于细致地描画出这些特征得以成形的特定情境,从而为其他情境中的理解提供更有效的帮助。

第三节　想象的异托邦:无"介"之"媒"

异托邦是福柯提出的一个概念,是在关于空间的讨论中提出的。异托邦是相对于乌托邦而言的。乌托邦是指现实中不存在的一些地点,而异托邦是现实中存在但又不是以一个真正的场所(site)而存在的一些空间。但如乌托邦一样,异托邦是令人迷恋的,是在人类的所有文化中都存在的空间。异托邦就是指这样的一些空间,既"在"又"不在"的空间。福柯描述了这种空间可能的六个特征。(1)在不同的社会有不同的形式与功用;(2)一个异托邦在同一社会不同的历史阶段有不同的作用;(3)异托邦能把互相不相容的东西并存于同一空间中,如电影院在一个二维空间的尽头展示着三维空间,或者如东方的花园,把原本有地理要求的、不可能生长于一处的、来自世界各地的植物同时展示在同一处,好似一个世界的小小包裹;(4)各个不同片断的时间在此并存,如公墓、图书馆与博物馆;(5)是一处既开放又闭合的空间,异托邦并不是每个个体都可以进入的公共空间,进入者要么是被迫的,要么需要经过某种仪式的净化过程方可进入;(6)能够与其他所有的空间相连接(link)。① 总起来看,异质、异时的相容以及边界与准入的清晰,以及与其他空间之间的可连接性,是异托邦的核心特质。用一个不太恰当的比喻,异托邦可以说是一个能够看见海市蜃楼的万花筒。普通的万花筒是有边界(或者说要求)的,能够看到里面那些奇花的人,必须是持有这个筒的人,这是万花筒之于福柯所

① FOUCAULT M,MISKOWIEC J. Of other spaces[J]. Diacritics,1986,16(1) spring:22-27.

说的边界的设定。但一般万花筒里面的那些奇花与现实世界是没有任何联系的，只存在于此筒中，离开此筒在现实中是找不到的。海市蜃楼则刚好相反，它是存在于异地的一种真实景象的折射。看到的景象本身，在另一地是有切实的存在物的。但与万花筒不一样的是，海市蜃楼是没有边界的（在一定范围内来说），是任何在此处的人都可以看到的。异托邦是万花筒里的海市蜃楼。这个空间，既有边界，得持有这个万花筒，但又有关联，海市蜃楼总是某个空间在他处的折射。在空间上看，异托邦像是一处能够抵达现实中的所有事物与地点的存在，但细究起来，又从不在任何一个确定之处而存在。这种空间独立于所有现实中的空间与时间，但同时又可与现实中所有的时空相联系。福柯说最出类拔萃的异托邦就是船只了。它们从一个码头驶向另一个码头，与所有的周围空间有关联，但又不属于任何周围的空间。格罗伊斯在说到苏联的装置艺术时，他认为那些重现苏联建筑、以装置艺术的形态出现在展览馆里的空间，属于福柯提出的异托邦空间。[①] 因为这些将已不存在的建筑作为一种装置展出时，这些空间既属于此处又属于另一个时空，但同时它们既不属于此处也不属于过去的某个时空。今天博物馆中那些关于古人生活的展览，便是福柯所说的异托邦："在"与"不在"同在的这样一些空间。

一、走向想象的异托邦

如果依循异托邦的六个描述特征来看，我国媒介话语中的时尚与其是有相似性的。其一，从前述可知，时尚是根植于中国的现实背景之上的，是与西方既有的意义指向不同的；时尚对于中国文化在不同的阶段，其作用也是不一样的。这恰是异托邦的前两项特征。

其二，从不相容物质的共处来看，媒介话语中的时尚，从时装开始，一路向前，最终走到了今天意味杂陈的时尚——在挑战的同时也十分明确地体现着维系，将两个原本不可相容的意义硬是并存在了一个叫作"时尚"的概念之中。此外，时尚日益向身体聚焦。这种聚焦过程，如果关联中国的社会现实，亦具有双重意义。

其三，对于身体的聚焦、关注对于身体的装饰可理解为是一种反抗、一种解放，特别是比对"文革"期间对身体装饰的禁锢，如对奇装异服的批判；但与此同时，关注身体的装饰也是一种顺服、一种控制，特别是考虑到时尚媒介对于大量西方品牌的推崇，以及那些日系刊物对日常生活不同场景中的身体呈现的重

---

① GROYS B. In the flow[M]. London：Verso，2016：90.

视,事实上又重新将人们拖入了一种控制,拖入了消费主义的控制之中。时尚日益明确的身体中心主义,是一种抗争与顺服同在的话语、解放与奴役同在的话语。时尚日益包含了原本不可能相容的对立面。这正如福柯所说的电影院或东方的花园。

其四,从不同时间的共处来看,媒介话语中的时尚也体现着不同时间片断的共处。在时尚的意义中,关于美,特别是纯粹地用于欣赏的美,是源于80年代的,在时间点上,这个意味指向了20世纪80年代。但随着都市化进程的到来,时尚的意义对于美有了限定,限定在都市年轻女性上面,这时候,都市的意指是体现着90年代中以后的时间片断的。如果时尚后期的意义彻底消解了之前建构起来的关于美的这一极的话,那么其时间的指向倒还是单一的。但问题是后期,特别是挑战的话语兴起以后,纯粹以欣赏为目的的美与以都市消费指向为目的的美是并处于时尚之中。这在时间上正是关联着不同的时间片断。在这个方面,时尚就像是一个博物馆,把不同的时间片断堆叠在了一处。

其五,时尚所关涉的所有的意义及物质均是与其他空间相关联的,即是可以在现实中找到对应点的。时尚媒介作为一种媒介,不是科幻小说,报道呈现的不是虚构物,而是现实存在的事物。虽然有很多相异的事物并处一室,但任何事物都是可以在现实中找到对应物的;虽然总体上看起来十分奇幻,但每一个景象,如果细细追索,都是可以找到"原生地"的。一件奇特的衣服,一条诡异的项链,一座梦幻的城市,一个独特生活方式的采纳者,一种超前的思想意识等等,总是有据可寻的,总是可以找到"原件"的。从这方面来说,时尚杂志像个海市蜃楼的大集合。在这个意义上,时尚达成了与社会所有其他空间的联结。

其六,作为一种异托邦,关键在于空间的开放与闭合问题。如果从隐喻的角度来使用空间概念的话,则是指人群准入的问题。从媒介话语中的时尚意义的变迁及话语策略来看,这个闭合的空间的建立是逐步完成的。在第一阶段,不同的媒介因其资源拥有量的不同,对于边界的划定采取了不同的策略。具备资源者如《上海服饰》对读者采取了分离的策略,为组织划定了边界;而缺乏资源者如《ELLE》没有为组织划定边界,在话语中呈现出对一切读者开放的态度。如果从异托邦的概念来看,这时候都还不能算是一个异托邦,不是缺少边界,就是缺少相异的空间与时间的共处性。如果采纳花园的比喻来解释的话,《上海服饰》就是为自己盖了一个屋子,但在这个屋子里只有一种叫作时装的花朵;而《ELLE》只是站在那朵叫作时装的花朵上向外观望。到了第二阶段,时尚的意义作为美有了限定,这时候,从时间的片断性来看,已有了与之前时间相异的片断;此外,时尚的抗争与顺服的相互对立亦初露端倪。抗争是较为明显的，顺服相对隐蔽些，隐藏在随着都市化的进程而对品牌的推举过程之中。换句话说，花园里有了来自世界不同地方的花。此外，这时开始，所有的媒介都为自己划定了边界——都在话语中对读者进行了分离，描述出符合哪些特征者才是自己的读者。也即时尚媒介在话语中为时尚划定了边界——这时时尚已是一座设有入口的花园。只有那些符合特征者——用福柯的话来说，经过了"净化"的人，被媒介视为知音的人，才是有资格进入这座花园的。因此这个阶段开始，时尚已初步具备异托邦的特征。到了第三阶段，时尚作为一座花园，里面花的品种已十分丰富。这时候，花园所有者为花园增加了更多的入口，以容纳更多的进入者；对应在媒介话语中，则是对于读者地位的提升，强调编者或刊物与读者之间的亲密感。另外，从这个阶段开始，对于各种人群都进行了更细致的层级划分。首先，在媒介话语中对读者有了更细致的区分，对不同的读者给予了不同的层级地位。其次，对于作者，也进行了区分，分为不同等级的作者。最后，对于编者自身也有了更细致的层级区分。依然对应于花园的比喻，这个时候，相当于在花园内部做了更精细化的处理。进入观看者、园丁以及所有者依据不同的层级，也即福柯所说的不同的净化级别，被安置在了花园的不同位置。这种设置有点类似于俄罗斯套娃，一层套着一层，虽然结构相似，但对于整个花园的形态的决定，各层的作用是不一样的。越往里层者，越是花园的权力执掌者。在最中心点，是那些媒介的主编，他们/她们是有权力改变花园整体形态的人群。对于处于外层的人群来说，包括读者、作者与编者，更里一层的空间对于他们来说是另一个异托邦，是需要再次净化后方能进入的。如此这般直至中心层。当然在内在层级逐渐增多的过程中，花园的体量亦日益膨胀，花园的边界亦会不断地向外拓展。但无论如何膨胀与拓展，花园始终是有边界的、是需要经由入口、经过"净化"才能进入的，这是不变的特征，即对应于媒介话语对读者、作者、编者的清晰界定。

这些特征正是异托邦的特征。从前述可见，从时尚意义的第二阶段开始，时尚逐步走向了一个体系日益复杂的异托邦。不过相对于福柯的现实物质的异托邦，这里是一处想象的空间，是在隐喻的意义上使用空间概念的，可谓是"想象的异托邦"。

通过媒介话语对时尚的意义建构过程，我们可以发现想象的异托邦存在着两种建构方式。第一种，从外围开始，即先划定边界，对进入的人群进行净化标准的确立，尔后开始对某个事物进行意义的多样性建构，如早期《上海服饰》的策略。第二种，从内部开始，即先对某个事物赋予各种对立意义，呈现出一种海市蜃楼般的景观，而后再设定边界，如早期《ELLE》的策略。通常，选择第一种方式的，需要更强大的资源，特别是物质资源。建立者一旦划定了边界，就能够在此空间内获得一种权力。这即是柯林斯所说的一旦明确了一个组织的对立面,组织自身就获得了认知,即有了确定的边界,这时候作为动员起组织的那部分人群来说,就获取了对组织的一种命令权。但也正如柯林斯所认为的那样,物质资源在利益动员从而形成组织的过程中,是一种更为重要的资源。①

此外,一旦在隐喻的意义上使用空间概念,异托邦就不一定是单一的一个空间,还可以是层层叠加的空间,如俄罗斯套娃那般。当媒介已然建立起一个单纯的异托邦时,媒介还倾向于复杂化这个异托邦,让此异托邦内里再套一个异托邦,成为一个多重层级的异托邦。对于已然处在外层异托邦的人群来说,更里的一层空间,又是他们渴望进入的另一个异托邦,即异托邦的异托邦。如此这般,当层级越多时,进入此空间的人群也越多,对于异托邦的渴望也越强烈,从而让居于最中心的那一层异托邦具有了无限的吸引力。正是在此意义上,时尚主编们获得了一种命令权——凭借着一堆从不确定的意义。其实,如果用柯林斯的理论来理解的话,这种现象是指组织的层级更多了,从而让居于更高层级的组织的领导者具备了更高的权威。但柯林斯的理论所不能解释的是,为什么这些时尚媒介在话语中的自我推举的策略能够成功?原因正在于他们是通过"时尚",而不是别的什么来推举自己的。而时尚恰好被建构成一处异托邦,这正是推举能够成功的原因所在。如果回到本书的问题:时尚媒介"为什么"以及"如何"凭借时尚获得了成长的空间?答案正在于这些媒介将时尚建构成了一处想象的异托邦,且还在不断地增加内里的层级,让时尚成为一处异托邦的异托邦的异托邦……从而不断地走向更深层次的想象的异托邦,不断地扩大这个想象的异托邦的体量,并同时增加这个异托邦的吸引力。

二、无"介"之"媒"

从时尚的变迁来看,时尚与整个社会文化的进程呈现出高度的契合性,时尚的意义与社会现实有很大的关联,在特定的社会呈现出特定的意义,在特定的社会,时尚媒介也会主动地寻求自身地位。在对时尚本身解构的过程中,中国时尚媒介将自己推举上了时尚的最高裁决者的角色。这不仅仅是对于过往的时尚 Icon 的否决,而且对于一直以来的西方视野下的时尚的意义也在不断地

---

① COLLINS R. Conflict sociology: toward an explanatory science [M]. New York: Academic Press, Inc., 1975:56-59.

进行解构。① 这些内容可视为时尚媒介对西方文化的一种抗争。但与此同时，对于时尚及时尚媒介来说，西方资本主义文化的入侵，是显然存在的，学者们已对此进行了批判②，甚至对时尚男刊也进行了类似的研究③。本书亦在分析中指出，时尚媒介话语对于消费主义的倡导是显而易见的。因而时尚话语本身是一种主动与被动的矛盾结合体。这种矛盾性正是作为异托邦的特质所在——不可相容的相容。

因此，如果比对导论中西方学者关于时尚的探索，就会发现中国媒介话语中的时尚之意完全不在西方既有的理解框架之中。之所以如此，在于西方学术话语中的时尚是一种现实，而中国媒介话语中的时尚是一种异托邦，一种想象的异托邦。这种想象的异托邦将西方社会的时尚带进中国社会，但又是以绝然不同于西方既有的理解对时尚进行了阐释与重构。这很像是博物馆中展出的原始人生活的岩洞。生活在今天的人们既没有对岩洞的需求，也很难对一处岩洞的意义产生原始人般的理解，但参观者们还是聚集在这些岩洞旁边，通过这些岩洞将当下与远古相关联，通过这些岩洞将此空间与其他空间（包括容纳它的这个博物馆、博物馆所在的某个城市，以及来自世界各地的参观者的生存空间）相关联。这个岩洞就"在"此处，但它显然又"不在"此处：正所谓异托邦。

传播学过往的媒介理论，更多的是基于"介"的逻辑展开的——无论是传递观还是仪式观。对于媒介的理解总是以居于两者之间为基本前提的：传者编码，受者对传者的编码内容进行解码，无论编码与解码的意义差异有多大，围绕既定的话题，一定是媒介的基本逻辑。换句话说，我们对于媒介的理解更多的是基于英语词 media 的，而非中文的媒介。英语中的 media，源自拉丁语 medium，意指中间④，因此有关媒介的研究无论如何有差异，介于两者，或至多

①　可参见《世界时装之苑 ELLE》2011 年第 10 期关于中国唐朝时尚的文章。

②　参见张水菊.女性时尚杂志的传播内容和消费主义倾向[J].今传媒,2006(11);杨敏.美丽背后的阴谋——女性时尚杂志批判[J].湖南大众传媒职业技术学院学报,2001(2);刘芳.时尚杂志的女性论述——以《世界时装之苑 ELLE》为个案[J].江苏行政学院学报,2008(2);张国辉.解读女性时尚杂志的不良倾向[J].山东理工大学学报(社科版),2008(2);刘胜枝.时尚杂志女性形象的三大模式[J].河北学刊,2006(2);王磊.高级时尚杂志对女性的表现与消费[J].今传媒,2008(7);付媛.消费欲望的全景图——从时尚看女性杂志与广告共舞[J].中国广告,2004(4);梅琼林.透视时尚杂志的文化策略[J].社会科学,2005(8).

③　曹晋,潇爽.男性时尚杂志与后殖民国家西方资本的扩张[J].新闻与传播研究,2010(5).

④　威廉斯.关键词:文化与社会的词汇[M].刘建基,译.北京:生活·读书·新知三联书店,2005:299.

是在可知的几者之间,一定是其意的要旨所在。"中国的古汉语,只有'媒'字,并无'媒介'一词。"①《说文解字》中关于媒的原文为:"媒即谋也,谋合二姓者也。"若是从中文的角度出发,媒介研究应侧重于谋,而不是两者之间的落位。但即便是强调"谋",也只是"谋合二姓者"。无论是 media 还是媒介,相关研究要跳脱出"居于两者之间的"固识,从其概念本意来看也是非常困难的。

但作为想象的异托邦的时尚及时尚媒介提供了我们一个无"介"之"媒"的可能性案例。这些以时尚为媒的刊物,愣是在一种既没有时尚工业支撑也没有时尚信息需求的环境当中,生存了下来;而且依着一个叫作"时尚"的概念与社会生活的方方面面产生了关联。中国 2010 年之前的这些时尚刊物,作为一种想象的异托邦,从其功能上来看,似乎与社会的所有面向相关联,但又似乎与所有的面向不关联,它们所起的作用是凭着一种基于异托邦的权力,让人们聚合在此处,达成了一种无"介"之"媒"的状态。如果在隐喻的层面使用媒介概念,福柯所说的异托邦其实正是一些无"介"之"媒"。说其无介,并不是真的"无介",而是指其可介于 N 种事物之间,而非两者之间或中间,以至于不能追究其"介"。更准确地说,以内容/信息为归旨,将传播活动参与者界分为传者与受者的区分,不再适用于异托邦以及作为异托邦的媒介——虽然外在的形式依然还是如此。而且作为异托邦,对事物的搭介方式,还不只是链式的介,或桥式的介,或圈式的介,还可能是介之介之介……俄罗斯套娃一般的关系——正如2010 年前中国时尚媒介。这些空间,或隐喻意义上的空间,凭着异托邦的吸引力与权力,将人群吸引、分化并赋权,在此过程中,参与或改变社会的各种关系。

从想象的异托邦出发,来看我国 2010 年前的这些时尚媒介的话,显然不再能把这些媒介理解为"承载"时尚的媒介,而是其与时尚本就绕在一起的。作为概念的时尚之于这些时尚媒介,并不是内容之于物质载体的关系,而是互相成全为一种想象的异托邦的关系——正如博物馆中展出的岩洞,或者在某个当下处所展出的过去的建筑,两者必须在一起才成其为一处异托邦,两者也因而可被同等地视作异托邦——两者是一种互相成全的关系。在这个意义上的媒介,不仅更侧重"谋"之意,而且连同其自身也在"谋合"过程中,一并发生变化的——从"介"的逻辑来看的话,其自身也是被"介"的。这样的"介"还能视作"介"吗?

当看清了时尚是一处想象的异托邦,那么对于时尚与时尚媒介,今天更迫切的问题就不再只是追问有没有来自西方的文化霸权,而是西方的文化霸权在

---

① 黄旦.辨音闻道识媒介[M]//菲利普·N.霍华德.卡斯特论媒介.殷晓蓉,译.北京:中国传媒大学出版社,2019:3.

"多大程度上""以什么形式"形构着中国的时尚，进而影响着中国的文化。若依然把时尚视为一座花园的话，这个问题就具体化为：这个花园里有多少朵来自异域的花？这些花对于进入观看者、园丁以及花园的建造者分别有什么样的、多大的作用？也即是一个关于程度与方式的问题，是追索那些不可相容的物质的占比、组合或谋合及作用的问题。

另外，时尚走向想象的异托邦之旅还带给我们媒介社会学方面的思考。当我们站在今天，当新闻的专业主义受到挑战[①]甚至面临瓦解[②]的时代，当我们思考媒介从业者如何获得权威的问题时，时尚作为一个想象的异托邦是否已提供了一种思路？如果说 Zelizer 的研究[③]为作者权威的建立提供了一种途径，那么中国的时尚媒介是不是可以说通过实践，提供了一种凭借"意义"获得权威的、另一个方向的途径呢？

想象的异托邦将把媒介带向何处？

⋯⋯

---

① 黄旦. 传者图像：新闻专业主义的建构与消解[M]. 上海：复旦大学出版社，2005.

② 迈克尔·舒德森. 新闻社会学[M]. 徐桂权，译. 北京：华夏出版社，2010：133-136.

③ ZELIZER B. Covering the body: the Kennedy Assassination, the media, and the shaping of collective memory[M]. Chicago：University of Chicago Press，1992.

参考文献

中文部分

一、书籍及学位论文

1.阿瑟·阿萨·伯格.通俗文化、媒介和日常生活中的叙事[M].姚媛,译.南京:南京大学出版社,2002.

2.白崇礼.衣着美随笔[M].北京:轻工业出版社,1987.

3.川村由仁夜.时尚学[M].陈逸如,译.台北:立绪文化,2009.

4.崔应贤.现代汉语语法学习与研究入门[M].北京:清华大学出版社,2004.

5.戴安娜·克兰.文化生产:媒体与都市艺术[M].赵国新,译.南京:译林出版社,2001.

6.戴维·斯沃茨.文化与权力——布尔迪厄的社会学[M].陶东风,译.上海:上海译文出版社,2006.

7.凡勃伦.有闲阶级论[M].蔡受百,译.北京:商务印书馆,2007.

8.梵·迪克.作为话语的新闻[M].曾庆香,译.北京:华夏出版社,2003.

9.费尔迪南·德·索绪尔.普通语言学教程[M].高名凯,译.北京:商务印书馆,1999.

10.赫伯特·阿特休尔.权力的媒介[M].黄煜,裘志康,译.北京:华夏出版社,1989.

11.胡春阳.话语分析:传播研究的新路径[M].上海:上海人民出版社,2007.

12.胡宗勇.20世纪80年代初中国美学热的缘起[D].成都:四川师范大学,2005.

13.黄旦.辨音闻道识媒介[M]//菲利普·N.霍华德.卡斯特论媒介.殷晓蓉,译.北京:中国传媒大学出版社,2019:3.

14.黄旦.传者图像:新闻专业主义的建构与消解[M].上海:复旦大学出版社,2005.

15.姜峰.我是一个幸运儿——《上海服饰》自述[M]//上海市出版工作者协会,上海市编辑学会.我与上海出版.上海:学林出版社,1999:243-246.

16.坎贝尔.求新的渴望[M]//罗钢,王中忱.消费文化读本.北京:中国社会科学出版社,2003.

17.康德.实用人类学[M].邓晓芒,译.上海:世纪出版集团,2005.

18.克洛德·列维-斯特劳斯.野性的思维[M].李幼蒸,译.北京:中国人民大学出版社,2006.

19.拉里·A.萨默瓦,理查德·E.波特.文化模式与传播方式——跨文化交流文集[M].麻争旗,译.北京:北京广播学院出版社,2003.

20.拉斯·史文德森.时尚的哲学[M].李漫,译.北京:北京大学出版社,2010.

21.兰德尔·柯林斯,迈克尔·马科夫斯基.发现社会之旅[M].李霞,译.北京:中华书局,2001.

22.雷米·里埃菲尔.传媒是什么——新实践、新特质、新影响[M].刘昶,译.北京:中国传媒大学出版社,2009.

23.雷启立,孙蕾.在呈现中建构——传媒文化与当代中国人精神生活研究[M].上海:上海文化出版社,2007.

24.雷启立.传媒的幻象:当代生活与媒体文化分析[M].上海:上海书店出版社,2008.

25.李欧梵.上海摩登[M].北京:人民文学出版社,2010.

26.罗伯特·劳伦斯·库恩.中国30年:人类社会的一次伟大变迁[M].吕鹏,译.上海:上海人民出版社,2008.

27.罗兰·巴特.流行体系——符号学与服饰符码[M].敖军,译.上海:上海人民出版社,2000.

28.罗谟鸿.当代中国社会转型研究[M].重庆:西南师范大学出版社,2007.

29.骆兆添.译文走向世界[M]//上海市出版工作者协会,上海市编辑学会.我与上海出版.上海:学林出版社,1999:696-703.

30.尼尔·波兹曼.娱乐至死[M].章艳,译.桂林:广西师范大学出版社,2009.

31.诺曼·费尔克拉夫.话语与社会变迁[M].殷晓蓉,译.北京:华夏出版社,2003.

32.潘维.论当代社会的核心价值观[M]//潘维,廉思.中国社会价值观变迁30年(1978—2008).北京:中国社会科学出版社,2008.

33.乔治-埃利亚·萨尔法蒂.话语分析基础知识[M].曲辰,译.天津:天津人民出版社,2006.

34.让·波德里亚.消费社会[M].刘成富,译.南京:南京大学出版社,2001.

35.斯图亚特·霍尔.编码/译码[M]//张国良.20世纪传播学经典文本.上海:复旦大学出版社,2003.

36.孙伟平.论社会核心价值观与价值观多元化[M]//潘维,廉思.中国社会价值观变迁30年(1978—2008),北京:中国社会科学出版社,2008.

37.孙燕君,康建中,梅园粿,等.期刊中国[M].北京:中国社会科学出版社,2003.

38.田汉.三个摩登女性[M]//田汉.田汉全集:第十卷.石家庄:花山文艺出版社,2000.

39.托马斯·梅耶.传媒殖民政治[M].刘宁,译.北京:中国传媒大学出版社,2009.

40.王蕾,代小琳.霓裳神话——媒体服饰话语研究[M].北京:中央编译出版社,2004.

41.王力.王力文集:第一卷[M].济南:山东教育出版社,1984.

42.王岳川.中国镜像——90年代文化研究[M].北京:中央编译出版社,2001.

43.威廉斯.关键词:文化与社会的词汇[M].刘建基,译.北京:生活·读书·新知三联书店,2005:299.

44.西美尔.时尚的哲学[M].费勇,译.北京:文化艺术出版社,2001.

45.徐连明.差异化表征:当代中国时尚杂志"书写白领"研究[M].北京:社会科学文献出版社,2008.

46.严昌洪.20世纪中国社会生活变迁史[M].北京:人民出版社,2007.

47.尤卡·格罗瑙.趣味社会学[M].向建华,译.南京:南京大学出版社,2002.

48.约翰·奈斯比特,多丽斯·奈斯比特.中国大趋势[M].魏平,译.北京:中华工商联合出版社,2009.

49.詹姆斯·W.凯瑞.作为文化的传播[M].丁未,译.北京:华夏出版社,2005.

50.詹姆斯·库兰.大众媒介与社会[M].杨击,译.北京:华夏出版社,2006.

51.赵云泽.中国时尚杂志的历史衍变[M].福州:福建人民出版社,2010.

52.邹千江.冲突与转化:中国社会价值的现代性演变[M].北京:北京科技图文书业信息技术有限公司,2008.

53."中国时尚产业蓝皮书"课题组.中国时尚产业蓝皮书 2008 概要版[M].北京:中欧国际工商学院《中欧商业评论》时尚产业研究中心,2009.

二、期刊文章

54.蔡正鹏,陈向伟.2008 年上半年女性高码洋时尚杂志的竞争格局[J].今传媒,2008(8):84.

55.曹婧.都市"剩男剩女"现象解读[J].人民论坛,2011(17):158-159.

56.范富安.摩登的两个来源[J].语文建设,2005(9):29.

57.范萱怡.国际时尚杂志中文版的经营策略——以"时尚"和"桦谢"集团为例[J].新闻记者,2005(8):65-67.

58.付媛.消费欲望的全景图—— 从时尚看女性杂志与广告共舞[J].中国广告,2004(4):89-90.

59.贺雪飞.论时尚文化的成因及其话语特征[J].当代传播,2007(3):22-25.

60.红尘.论时尚杂志畅销的时代特征[J].新闻界,2005(1).

61.嵇征然.记广州新大新百货公司经营形式的发展[J].商业经济研究,1995(9):45-46。

62.江上幸子.现代中国的"新妇女话语"与作为摩登女郎代言人的丁玲[J].中国现代文学研究丛刊,2006(2):68-88.

63.李荣霞.时尚杂志:同质化中求差异谋发展[J].中国出版,2009(3):34-35.

64.李银河.妇女、家庭与生育[J].江苏社会科学,2004(4):169-174.

65.李银河.家庭结构与家庭关系的变迁——基于兰州的调查分析[J].甘肃社会科学,2011(1):6-12.

66.李银河.性是自由快乐的[J].商务周刊.2005,12(5):158.

67.李银河.中国女性的爱情婚姻与性[J].青年作家,2007(6):62-67.

68.刘芳.时尚杂志的女性论述——以《世界时装之苑 ELLE》为个案[J].江

苏行政学院学报,2008(2):65-70.

69. 刘清平. 论时尚文化的审美意蕴[J]. 学术论坛,2004(3):20-23.

70. 刘胜枝. 时尚杂志女性形象的三大模式[J]. 河北学刊,2006(2):230-233.

71. 刘士林. 都市化进程论[J]. 学术月刊,2006,38(12):5-12.

72. 刘士林. 社会的都市化与审美问题的当代性[J]. 社会科学战线,2006(2):114-119.

73. 梅琼林. 透视时尚杂志的文化策略[J]. 社会科学,2005(8):123-128.

74. 汪新建,吕小康. 时尚消费:意义表达与自我建构的工具[J]. 心理科学,2005,28(4):998-1000,1013.

75. 王汉芳. 世界杂志大鳄上滩,本土时尚杂志的出路何在?[J]. 编辑学刊,2005(3):21-24.

76. 王洁,赵云泽. 从版权合作到内容本土化——时尚杂志的必然选择[J]. 国际新闻界,2006(3):70-74.

77. 王磊. 高级时尚杂志对女性的表现与消费[J]. 今传媒,2008(7):70-71.

78. 吴新慧. 时尚杂志进入战国时代[J]. 青年记者,2006(5):57-58.

79. 杨敏. 美丽背后的阴谋——女性时尚杂志批判[J]. 湖南大众传媒职业技术学院学报,2001(2):23-27.

80. 姚茂军,彭家理. "社会主义核心价值体系"提出的背景、原因与过程[J]. 重庆科技学院学报(社会科学版),2007(5):18-19,24.

81. 叶洋阳. 时尚的社会心理学[J]. 社会心理科学,2005,3(20):27-33.

82. 尹晓冬. 时尚杂志的危机与转型[J]. 编辑学刊,2001(6):11-12.

83. 袁思思. 论我国女性时尚期刊的发展变迁[J]. 淮阴师范学院教育科学论坛,2010(1):6-9.

84. 张国辉. 解读女性时尚杂志的不良倾向[J]. 山东理工大学学报(社科版),2008(2):82-84.

85. 张念. 摩登女性与东方宝贝[J]. 花城,2007(4):199-204.

86. 张水菊. 女性时尚杂志的传播内容和消费主义倾向[J]. 今传媒,2006(11):56-57.

87. 张勇. 摩登考辨——1930年代上海文化关键词之一[J]. 中国现代文学研究丛刊,2007(6):36-50.

88. 周宪. 从视觉文化观点看时尚[J]. 学术研究,2005(4):122-126.

89. 周晓虹. 时尚现象的社会学研究[J]. 社会学研究,1995(3):35-46.

三、网络资源

90. Asa. 中国大陆首个同志骄傲节将炫动上海［EB/OL］. 熊志网站, 发布：2010-10-17.

91. 国家统计局. 年度统计年鉴［EB/OL］. 中国统计年鉴网.

92. 胡德平. 耀邦同志如何看消费——绝不能"好美而恶西施"［EB/OL］. 共识网, 2010-01-20.

93. 李晓蓉. 十三年回头看《ELLE》［EB/OL］. 上海女性网, 2012-06-12.

94. 李宇英. 中国奢侈品消费催生"北京镑"［EB/OL］. 半月谈网, 2012-08-20.

95. 深度时尚：中国时尚杂志的发展历史及横向比较［EB/OL］. 杂志网, 2012-07-13.

96. 谭小芳. 美男经济解读与美男营销分析［EB/OL］. 悦读网, 2011-3-12.

97. 智族《GQ》创刊时尚男刊争夺战白热化［EB/OL］. 新浪尚品, 2012-08-03.

98. 中国百货业发展不完全记录：那些年月的那些事［EB/OL］. 天堂纪念网, 2010-06-11.

99. 中国服装产业90年［EB/OL］. 中国时尚品牌网, 2012-08-20.

100. 中国人最喜欢的奢侈品牌排名［EB/OL］. 美国购物网, 2012-08-20.

101. 中国奢侈品消费全球第一的隐忧［EB/OL］. 中国新闻网, 2012-08-20.

英文部分

ASH J & W E. Chic thrills：a fashion reader［M］. London：Pandora, 1992.

ASSMANN S. Between tradition and innovation：the reinvention of the kimono in Japanese consumer culture［J］. Fashion Theory, 2008, 12(3)：359-376.

BARNARD M. Fashion theory：a reader［M］. London, New York：Routledge, 2007.

BARNARD M. Fashion as communication［M］. 2nd ed. London：Routledge, 2002.

BAUDRILLARD J. Fashion, or the enchanting spectacle of the code［M］// BARNARD M. Fashion theory：a reader. London, New York：Routledge, 2007.

BENSON R. Field theory in comparative context：a new paradigm for media studies［J］. Theory and society, 1999, 28(3)：463-498.

BENSON R. & NEVEU E. Introduction：field theory as a work in progress

[M]//BENSON R. & NEVEU E. Bourdieu and the journalism field. Cambridge, Malden:Polity Press,pp. 1-25.

BLUMER H. Fashion:from class differentiation to collective selection[J]. The sociology quarterly,1969(10):275-291.

BOURDIEU P. Distinction:a social critique of the judgement of taste[M]. Cambridge,Massachusetts:Harvard University Press,1984.

BREWARD C. Fashion on the page[M]//LINDA W. & ABBY L. The fashion reader. Oxford,New York:Berg,2007.

CHRISMAN-CAMPBELL C. When the meaning is not a message:a critique of the consumption as communication thesis[M]//BARNARD M. Fashion theory:a reader. London,New York:Routledge,2007.

CRISMAN-CAMPBELL K. From Baroque elegance to the French revolution 1700-1790[M]//LINDA W. & ABBY L. The fashion reader. New York:Berg,2007.

CRAIK J. The face of fashion:cultural studies in fashion [M]. London: Routledge,1993.

CRANE D. Fashion and its social agendas:class,gender and identity in clothing [M]. Chicago:University of Chicago Press,2000.

COLLINS R. Conflict sociology:toward an explanatory science [M]. New York:Academic Press,1975.

COLLINS R. What does conflict theory predict about America's future? 1993 presidential address[J]. Sociological perspectives,1993,36(4):289-313.

DAKE D. Aesthetics theory[M]//SMITH K. ,MORIARTY S. ,BARBATSIS G. ,et al. Hand book of visual communication:theory,methods,and media. Mahwah,New Jersey,London:Lawrence Erlbaum Associates,Inc. ,2005.

DAVIS F. Fashion,culture and identity[M]. Chicago:University of Chicago Press,1992.

FINNANE A. Changing clothes in China:fashion, history, nation[M]. New York:Columbia University Press,2008.

FLÜGEL J. C. The psychology of clothes[M]. London:The Hogarth Press and the Institute of Psychoanalysis,2008.

FOUCAULT M. & MISKOWIEC J. Of other spaces[J]. Diacritics,1986,16 (1):22-27.

FREUDENBERG H. Fashion,sumptuary laws,and business[J]. The business history review,1963,37(1/2):37-48.

GRONOW J. Taste and fashion: the social function of fashion and style[J]. Acta sociology,1963(36):89-100.

GROYS B. In the flow[M]. London: Verso,2016.

HAMILTON J. A. The macro-micro interface in the construction of individual fashion forms and meanings[J]. Clothing and textiles research journal,1997, 15(3):164-171.

HARDT H. Social theories of the press: constituents of commnunication research, 1840 to 1920s[M]. Maryland: Rowman & Littlefield Publishers,2001.

KAISER S. B,NAGASAWA R. H. & HUTTON S. S. Construction of an SI theory of fashion: part 1. Ambivalence and change[J]. Clothing and textiles research journal,1995(13):172-183.

KAISER S. B,NAGASAWA R. H. & HUTTON S. S. Truth,knowledge,new clothes responses to Hamilton, Kean, and Pannabecker [J]. Clothing and textiles research journal,1997,15(3):184-191.

KAWAMURA Y. Japanese teens as producers of street fashion[J]. Current sociology,2006,54(5):784-801.

KEAN R. C. The role of the fashion system in fashion change: a response to the Kaiser,Nagasawa and Hutton Model[J]. Clothing and textiles research journal,1997(15):172-177.

KIM S. B. Fashion as a domain of aesthetic inquiry: a postmodern assessment of critical writings on fashion in America between 1980 and 1995[D]. From Proquest database.

MICHAEL R. S. , NANCY J. R. Consumer behavior: in fashion[M]. N. J: Prentichall,2004.

McCRACKEN G. Culture and consumption: new approaches to the symbolic character of consumer goods and activities[M]. Bloomington: Indiana University Press,1988.

OELKERS D. B. Fashion marketing[M]. Mason,Ohio: South-Western,2004.

PARTINGTON A. The gendered gaze[M]//HONEY N. Woman to woman. Bath: Hexagon,1990.

PARTINGTON A. Popular fashion and working-class affluence[M]//A J. , WILSON E. Chic thirlls: a fashion reader. London: Pandora,1992.

PAOLETTI J. B. & KIDWELL C. B. Men and women: dressing the part[M]// KIDWELL C. B & STEEL V. Men and women: dressing the part. Washington,

DC:Smithsonian Institution,1989.

RICHARDSON J. E. Language and journalism:an expanding research agenda [M]//RICHARDSON J. Language and journalism. New York:Routledge, 2012.

ROBERTS C. Evolution & revolution:Chinese dress, 1700s-1900s [M]. Michigan:Powerhouse Pub,Museum of Applied Arts and Sciences,1997.

ROUSE E. Understanding fashion[M]. Oxford:BSP Professional Books,1989.

SAPIR E. Fashion[M]//Encyclopaedia of the social sciences 6. New York: Macmillan,1931.

SCHIPPER K. The Taoist body[M]. KAREN C. trans. Duval,Berkeley and Los Angeles:University of California Press,1993.

STONE G P. Appearance and the self[M]//Rose, A. Human behavior and social processes. Boston,MA:Houghton-Mifflin Co,1962.

STONE G P,FARBERMAN H A. Introduction[M]//Stone G P,FARBERMAN H A. Social psychology through symbolic interactionism. 2nd edi. New York: John Wiley and Sons,1981.

WELTERS L. Introduction[M]//WELTERS L, LILLETHUN A. The fashion reader. Oxford,New York:Berg,2007.

WU J. Chinese fashion:from Mao to now[M]. New York:Berg,2009.

ZELIZER B. Covering the body:the kennedy Assassination,the media,and the shaping of collective memory[M]. Chicago:University of Chicago Press, 1992.

后 记

现在已经是 2020 年。

我坐在电脑前,就着一杯咖啡,正在完成此书的后记。咖啡很苦,但就是这种又苦又酸的味道让人着迷。一着迷,就成了生活方式。可细想起来,我曾经是不喝咖啡的。事到如今,竟然都想不起来是什么时候咖啡亦成了我生活的必需。可以肯定的是,一定与时尚传播有关。中国的城市特别是沿海城市,正在成为全世界的咖啡消费中心。有些老宅,包括一些很"中国"的老宅,都被各咖啡连锁品牌占据了。这种中西合璧的场景正成为城市的"时尚"。除了一些文化保护机构,鲜有人质疑这种占据的正当性。人们似乎觉得被"时尚"捕获是"应该的",甚至是"活该的"。在某些群体中,"时尚"不仅是必须的,甚至还被视作美德。在当下,"时尚"几乎成了席卷一切、吞噬一切的文化黑洞。

可时尚究竟是什么?

一提到这个问题,人们就迷茫了。对于学者来说,这个问题简直不是一个可以提的问题,因为时尚似乎关乎社会生活的所有面向:从较宏观的世界资本流动结构到较中观的话语权力分布乃至群体的身份认同,在每一个面向上,时尚都是一个竞技场,时尚都是一处既有压制又有自主,在压制中感到自由、在自由处受到压制的所在。挪威哲学家斯文德森断言道:时尚正在成为社会的驱动力。[①] 而且,时尚似乎也关乎个体生存的所有面向:从性别认同、到身体认同、到年龄认同、到种族认同、到审美感知……哪一处可绕开时尚?

一句话,时尚太过复杂。

因此,让人迷恋。

---

① 拉斯·斯文德森.时尚的哲学[M].李漫,译.北京:北京大学出版社,2010.

作为中国人，更是迷恋。因为中国不像欧美地区有一种较广泛流传的关于时尚业的历史叙述——虽然可能的叙述还可以有 N 种版本。但无论如何，在这些地区人们是可以找到一个较为公认的关于时尚及时尚起源的叙述的——至少在非学术研究领域如此。可生活在 2020 年的中国人，能够强烈感受到的只是时尚之疯狂。所有的事物都在言说自己是如何如何时尚的，时尚是如何如何重要的。可时尚疯狂着的是什么呢：衣着吗？化妆吗？图像吗？城市空间分布吗？生活方式吗？知识生产吗？性别权力吗？……而时尚为何能疯狂？借着资本权力？借着价值体系？借着当下的媒介格局？借着人类的心理认同？……如果想要严肃认真地探究一下这些问题，都会发现迷雾重重。

拉什认为在这个信息时代，过往的那种批判理论已经无法存在了。因为反思性的批判得立足于另一个超验（transcendental）的领域，从那个超验的领域来照见现实的各种权力分布与权力操控。而在今天，全球化的信息秩序已将所有超验的领域吞没在自身中——通过连接与去连接。时尚亦如此。通过各种连接与去连接，以时尚或反时尚之名，时尚变成了一个巨大的星系，什么都可以关联，什么也都可以去关联，正如亭台楼阁的老宅里面的那些 Café。这样的事物正在左右我们的生存世界。人类既迷恋它又憎恨它。如果生命力还是一种追逐自由的力量，人类必然还将对这个黑洞进行更深入的探究——看得更清楚些，生命的自由度才可能更大些。

站在此时此刻中国人的立场上，我们还有不同于西方学者的关切点，我们有我们寻求自由的方向。无论是何种关切，都无非是为了把此黑洞照得稍稍亮一些，从而让生命在面对它时，自由度能稍大一些。那么，会有彻底照亮此黑洞的一天吗？我想不会有。因为所谓黑洞，就是连这种照亮的企图也会被其吸收的。就如我花了近十年完成的关于时尚的这种分析，最终会不会也被"时尚"本身所吸纳了呢？

我不知道。

正因此，我们才需要更不懈地去探究时尚。或许，正是在这种探究行动中，我们获得了时尚的自由度——虽然依然在时尚中。

这样的自由，可不可以算作时尚带来的启示呢？

我一直在想着……

致　谢

原本想把书做得干净爽朗，直抵正文，没有那些无味的"客套"，但书稿进行至此，方才发觉不致谢不足以表达内心的波澜，也不足以表明此书的成书历程中，除了冠在封面的一个名字外，其余起着重要作用的"潜伏者"们。这实非"客套"。

首先，必须感谢我的博士导师殷晓蓉教授。从 2009 年博士入学开始，我就对时尚现象产生了浓厚的兴趣，但此时关于时尚的传播研究尚未如今天这般受到重视。当周边的同学都在致力于更重大的命题时，我却成天很拧巴地非要绕在这么一个琐碎的日常问题里。殷老师是我的导师，不仅没有阻止我的拧巴，还是第一个认真地与我深入交流相关问题的学者，对于我的很多分析提出了质疑。这些质疑对于完成此书，其作用是很关键的。

其次，我必须感谢此书的责任编辑蔡圆圆女士。因是一个历时研究，这本书所涉及的材料很庞杂，蔡老师均逐一核对修正，工作量实在很大。直至二校，我还在大量地改动。此书的完成，责编的专业水平与敬业程度起到了举足轻重的作用。

再次，感谢我的硕士导师邵培仁教授对于我研究工作的鼓励与敦促。邵老师总是时不时地提示我要加紧研究，因为时尚的传播研究意义重大。这让我不敢懈怠。

除了以上三位，我还要感谢咱们读书会的十一位读友。在这个纷杂的世界，咱们的读友不定期地从上海、苏州、杭州的各个角落聚合至某处，为了某个向度上的些许自由，承受着各种不便。这对我来说，是一种生命层面的认同。另外，感谢张建中先生对书稿的阅读与评点，感谢徐晓玲女士对古籍材料的指正。

当然，我还想特别感谢正在阅读此书的读者。在这个日益"微"化的时代，眼前这本充斥着N多细节材料的书，实在不是一种"时尚"。正因为我们不想在"微"化的时代，连"想""思"的自由也被一同"微"化了，你我才不惜用有限的生命时间致力于如此琐碎迂杂又日常的问题。

一句话，感谢所有"想飞"的生命……